ESPRIT

DU CODE NAPOLÉON,

TIRÉ

DE LA DISCUSSION.

TOME TROISIÈME,

CONTENANT

Le Titre *Du Divorce.*

CET OUVRAGE SE TROUVE,

à Paris, chez MM. CLAMENT frères, Directeurs des Archives du Droit françois, rue de l'Échelle, n.° 3, au Carrousel.

ESPRIT
DU CODE NAPOLÉON,

TIRÉ

DE LA DISCUSSION,

OU

CONFÉRENCE historique, analytique et raisonnée du Projet de Code civil, des Observations des Tribunaux, des Procès-verbaux du Conseil d'état, des Observations du Tribunat, des Exposés de motifs, des Rapports et Discours, &c., &c.;

DÉDIÉ À S. M. L'EMPEREUR ET ROI,

PAR J. G. LOCRÉ,

Secrétaire du Conseil d'état, Membre de la Légion d'honneur.

A PARIS,
DE L'IMPRIMERIE IMPÉRIALE,
M. DCCC. VI.

ESPRIT
DU CODE NAPOLÉON,

TIRÉ

DE LA DISCUSSION.

ADDITIONS AUX TOMES PRÉCÉDENS.

DÉCRETS IMPÉRIAUX, AVIS du Conseil d'état, et INSTRUCTIONS MINISTÉRIELLES, qui ont paru depuis l'impression des volumes précédens, et qui se rapportent aux titres qu'ils contiennent.

TOME PREMIER,

TITRE II.

DES ACTES DE L'ÉTAT CIVIL.

CHAPITRE II, Ire PARTIE, N.° Ier *Des Déclarations de naissance,* pages 394 et 395.

DEPUIS la confection du Code civil, le Grand-Juge Ministre de la justice a été fréquemment consulté par les Préfets sur la conduite que devoient tenir les Officiers de l'état civil à l'égard des enfans morts-nés, et de ceux qui naissent vivans, mais qui meurent avant qu'on ait pu constater leur naissance.

Voici l'opinion du Ministre :

« Il ne peut y avoir de difficulté sérieuse, a-t-il dit, relativement aux enfans qui naissent morts. Ces individus étant considérés, en droit, comme n'ayant jamais été au monde *, ne pouvant, par conséquent, ni succéder ni transmettre aucun droit, il n'y a pas lieu de constater leur état civil, de dresser un acte de naissance, ni même de décès proprement dit, mais seulement de délivrer une permission d'inhumation.

» Cependant le Comité de législation de la Convention a décidé, dans une réponse à l'un des Maires de Paris, en date du 8 thermidor an 3, que l'on devoit remplir, à l'égard des enfans morts-nés, les mêmes formalités que pour les individus qui sont trouvés morts avec des signes ou indices de mort violente; que l'officier de police devoit, en conséquence, avant l'inhumation de l'enfant, dresser un procès-verbal constatant la reconnoissance, et en remettre un extrait à l'officier public, pour rédiger un acte de décès, motivé sur les circonstances.

» Le Comité paroît avoir eu en vue, en prescrivant cette mesure, d'assurer la tranquillité des familles, et de dissiper les soupçons sur le compte des femmes ou filles en état de grossesse, en faisant connoître ce que leur fruit étoit devenu.

» Malgré ce motif, on peut douter que cette décision doive être suivie comme règle générale. En effet, la police ne doit agir que dans les cas où il s'élève des soupçons de quelque délit; et l'événement d'un enfant mort-né, qui est l'effet ordinaire d'accidens naturels, ne peut, à moins de circonstances particulières, être

---

* *Qui mortui nascuntur, neque nati, neque procreati videntur, quia nunquam liberi appellari potuerunt.* L. 129, §. De verb. signif.

assimilé au cas d'une mort présumée violente. La présence de la police auroit donc l'inconvénient de jeter mal-à-propos l'alarme dans les familles. On ne trouve d'ailleurs, soit dans l'ancienne législation, soit dans le Code civil, aucune disposition qui indique la nécessité de tenir un procès-verbal dans cette circonstance. Il doit donc suffire de prévenir de l'événement l'officier de l'état civil, pour qu'il délivre l'autorisation d'inhumer, après s'être transporté auprès de l'enfant, conformément à l'article 77. Rien n'empêche, il est vrai, qu'il ne rédige en même temps une espèce d'acte de décès; mais cette formalité paroît inutile et superflue.

» Les mêmes réflexions sont applicables au cas d'un avorton venu avant terme, quand même il auroit donné quelque signe de mouvement ou de vie.

» Mais il en est tout autrement des enfans qui naissent vivans et à terme, c'est-à-dire après six mois, quoiqu'ils meurent peu après leur naissance *. Ces enfans, s'ils sont nés *viables*, sont saisis des successions échues depuis leur conception, et ils les transmettent à leurs héritiers. *(Article 725 du Code civil.)* Il importe donc de constater leur naissance, ainsi que leur décès.

» Il s'agit de savoir, à leur égard, s'il suffit de dresser un seul acte ou procès-verbal de décès, avec mention des déclarations faites sur la naissance, ou s'il doit être dressé deux actes distincts, l'un de naissance, l'autre de mort.

» Il paroît plus régulier de faire ces deux actes, parce qu'il s'agit ici de deux faits bien distincts; que la loi veut, en général, qu'ils soient portés séparément sur les registres, et qu'en fixant ainsi l'époque précise de la naissance et du décès, l'officier de l'état civil pourra prévenir beaucoup de difficultés.

---

* *Si vivus perfectè natus est, licèt illicò, postquàm in terrâ cecidit, aut in manibus obstetricis decessit, nihilominùs testamentum rumpit.* L. 3, Cod. *De post. hæred. instit.*

A 2

» On peut dire néanmoins que l'officier civil, dans cette hypo-thèse, n'ayant pas vu l'enfant en vie, ne sauroit constater ce fait légalement ; que la foi des actes de l'état civil réside dans son propre témoignage autant que dans celui des témoins : c'est pour cela qu'on doit lui présenter l'enfant, et qu'en cas de péril et d'urgence, il doit lui-même se transporter près de la mère. La loi n'a donc pas voulu s'en rapporter uniquement aux déclarations des parties, ou des témoins qui sont choisis par elles, sur-tout s'agissant d'un fait qui peut changer entièrement l'ordre des successions.

» On peut ajouter que l'officier public n'est pas juge, ni chargé de faire des informations ; qu'il doit tout simplement énoncer dans les registres les faits déclarés et dont il a pu s'assurer par lui-même ; et, pour ne rien préjuger dans l'espèce, il doit dresser, non un acte de naissance, mais un procès-verbal contenant les déclarations relatives à ce fait, et l'inscrire sur les registres* ; que c'est dans ce sens qu'on a considéré la chose au Conseil d'état lors de la dis-cussion.

» Il est vrai que ce mode pourroit être suivi sans inconvénient ; mais ce n'est pas une raison d'écarter le premier, consistant à rédiger un acte de naissance et un autre de décès. Le mode le plus simple est aussi le plus convenable ; la loi a déterminé les cas où il est nécessaire de dresser un procès-verbal, par exemple, dans le cas d'exposition d'un enfant nouveau-né ; elle ne l'exige point dans la circonstance dont il s'agit.

» D'ailleurs, de même que dans tous les actes de naissance, l'officier de l'état civil doit énoncer l'heure précise de la naissance, quoiqu'il n'y ait pas assisté, de même il peut certifier ici le fait de la naissance, c'est-à-dire que l'enfant est né vivant, d'après les déclarations qui lui sont faites et dont il est à portée dans ce moment

---

* *Voyez* le Procès-verbal du 6 fructidor an 9, *tome I.er, page 149.*

d'apprécier la sincérité ; seulement il doit faire mention dans cet acte de naissance, que l'enfant lui a été représenté mort, afin qu'on ne suppose pas qu'il étoit vivant encore lors de la rédaction de l'acte : par là il ne préjuge rien sur la *viabilité*, ni sur les droits des parties intéressées, et s'il s'élève des difficultés, les Tribunaux prononceront en ordonnant, s'il y a lieu, telle autre preuve qu'ils jugeront nécessaire. »

Cette opinion a été adoptée par le décret impérial du 4 juillet 1806, lequel est ainsi conçu :

ART. Ier *Lorsque le cadavre d'un enfant dont la naissance n'a pas été enregistrée sera présenté à l'officier de l'état civil, cet officier n'exprimera pas qu'un tel enfant est décédé, mais seulement qu'il lui a été présenté sans vie. Il recevra de plus la déclaration des témoins touchant les noms, prénoms, qualités et demeures des père et mère de l'enfant, et la désignation des an, jour et heure auxquels l'enfant est sorti du sein de sa mère.*

II. *Cet acte sera inscrit à sa date sur les registres des décès, sans qu'il en résulte aucun préjugé sur la question de savoir si l'enfant a eu vie ou non* (1).

_____

(1) *Voyez* Bulletin des lois, *tome* xxix, *bulletin 104, page 288.*

DÉCRET IMPÉRIAL

Relatif aux Actes concernant l'état civil des François - professant le Culte luthérien.

QUOIQUE le décret qui va être rapporté concerne des actes antérieurs au Code civil, on a pensé néanmoins qu'il ne seroit pas inutile de le placer à côté des règles destinées à guider les Magistrats et les Officiers de l'état civil.

Voici les motifs qui ont fait rendre le décret.

La loi qui attribue aux administrations municipales le droit de constater l'état civil des citoyens, a fait tout ce qui étoit nécessaire pour l'ordre du temps présent et pour celui de l'avenir; mais elle n'a pu pourvoir aux inconvéniens du passé. Avant cette loi, les religions dissidentes n'étoient pas tolérées, et il n'existe aujourd'hui, pour les personnes qui les professent ou qui les ont professées, aucun moyen de retrouver la date légale de leur naissance, de leur mariage ou de leur mort, à moins qu'elles n'aient consenti à des professions apparentes de Catholicisme, et qu'elles n'aient réussi à les faire agréer par les ministres de ce culte, alors exclusif en France.

Il existoit cependant à Paris une église luthérienne formellement autorisée : elle étoit attachée à la Légation de Suède; elle étoit ouverte, de l'aveu du Gouvernement, aux Luthériens françois; leurs actes civils y étoient constatés, et les extraits de ces actes, souscrits par l'aumônier de la Légation, étoient admis, après les légalisations requises, par toutes les autorités françoises. Le même établissement s'étoit formé en Suède pour les François et les Suédois catholiques , auprès de la Légation de France. Cette tolérance mutuelle étoit le résultat d'un accord entre les deux Gouvernemens.

Cet état de choses a duré , pour la Suède, jusqu'au règne de *Gustave III,* qui permit à Stokholm l'établissement d'un curé catholique françois, sans réciprocité.

Le chapelain de la Légation suédoise à Paris continua d'exercer les fonctions paroissiales., d'enregistrer les actes de l'état civil, et d'en délivrer des extraits. Ce n'est qu'à dater de la loi du 20 septembre 1792, que le recours à ces registres a cessé d'être utile. Mais ce recours pour les actes antérieurs à l'époque de la loi, est toujours resté indispensable.

Dans les circonstances, il souffroit quelques difficultés ; c'est pour les lever que le décret suivant a été rendu.

ART. I.er *Il sera fait , par un commissaire interprète de notre Ministère des relations extérieures, un extrait général des actes concernant l'état civil des François professant le culte luthérien, dont les naissances, les mariages et les décès ont été enregistrés antérieurement à la loi du 20 septembre 1792 par des chapelains étrangers, à ce autorisés.*

II. *La traduction desdits registres , certifiée par le commissaire interprète de notre Ministère des relations extérieures , sera remise , après légalisation de la signature dudit interprète, par notre Ministre des relations extérieures, à notre Procureur impérial près le Tribunal civil du département de la Seine, pour par lui être requis du Tribunal la réunion au dépôt général des actes civils de notre bonne ville de Paris , dont le garde délivrera ultérieurement les extraits à qui de droit.*

III. *Jusqu'au temps où ce dépôt sera effectué, notre Ministre des relations extérieures est autorisé à légaliser la signature des chapelains actuellement en exercice, à la suite des extraits délivrés par eux des actes de leurs registres.*

IV. *Il sera fait par notre Ministre des cultes un rapport et un projet de décret pour l'établissement d'une église consistoriale ou d'une succursale luthérienne à Paris.*

V. *Nos Ministres des cultes et des relations extérieures sont chargés de l'exécution du présent décret* (1).

***

(1) Décret du 22 juillet 1806; *voyez* Bulletin des lois, *tome xxix, bulletin 108, p. 352.*

LIVRE I.ᵉʳ

LIVRE I.er

DES PERSONNES.

TITRE VI.

DU DIVORCE *.

QUESTIONS GÉNÉRALES.

CETTE matière n'étoit pas du nombre de celles dont le Législateur peut ne s'occuper que pour en tracer les règles. ; Le divorce, proposé par une bouche impure, introduit au milieu de grandes

---

* Ce titre a été présenté au Conseil d'état le 14 vendémiaire an 10, par M. *Portalis*, au nom de la Section de législation, et discuté dans les séances des 14, 16, 24 et 26 vendémiaire, 4 brumaire, 6, 14 et 16 nivôse, et 22 fructidor an 10 ;

Communiqué officieusement au Tribunat le 26 fructidor ;

Rapporté de nouveau au Conseil d'État le 20 brumaire an 11, après la conférence tenue entre les membres du Conseil et ceux du Tribunat ;

Adopté définitivement le même jour ;

Présenté au Corps législatif le 18 ventôse an 11, par MM. *Treilhard*, *Emmery* et *Dumas*, Conseillers d'état, M. *Treilhard* portant la parole ;

Communiqué officiellement par le Corps législatif au Tribunat, le 20 ;

Rapporté au Tribunat le 27 par M. *Savoye - Rollin*, au nom de la Section de législation ;

calamités $ (1),.depuis long-temps inusité en France , s'étoit
trouvé entouré , dès son berceau , de toute la défaveur attachée aux institutions dont l'origine remonte à des temps
désastreux.

Ce n'étoit pas , sans doute, une raison pour le rejeter : une
institution nécessaire peut naître au milieu des idées les plus
insensées ; mais c'étoit un motif pour le soumettre à un nouvel
examen.

D'un autre côté, la séparation de corps n'étoit pas oubliée; on
la réclamoit même de toutes parts *.

Dans cet état de choses, on avoit à choisir entre la législation nouvelle et la législation ancienne, ou à chercher un
tempérament pour les concilier.

Le Législateur se voyoit donc forcé de s'occuper d'abord de
quelques questions générales.

Avant de les exposer, il convient d'en indiquer la source.

Adopté par le Tribunat le 28;

Discuté au Corps législatif le 30, entre les Orateurs du Gouvernement et MM. *Savoye-Rollin, Gillet* et *Pictet,* Orateurs du Tribunat, M. *Gillet* portant la parole;

Décrété le même jour ;

Promulgué le 10 germinal.

(1) *Voyez* le Discours de M. *Carrion-Nisas,* Tribun, *tome I.er, page 468.*

* *Voyez pages 18 et 19.*

NOTIONS PRÉLIMINAIRES.

JE dois rappeler ici les motifs qui forcent la loi à venir au secours des époux malheureux, les moyens par lesquels on peut atteindre ce but, les variations que notre législation a éprouvées sur le choix de ces moyens.

Je fixerai ensuite les diverses questions que ces variations faisoient naître, et les principes d'après lesquels elles devoient être décidées.

Des Causes qui rendent nécessaire soit le Divorce, soit la Séparation de corps.

« LA légèreté des esprits, la perversité du cœur, la corruption des mœurs » (1), « ces passions violentes qui ont fait et qui font encore tant de ravages dans le monde, peuvent troubler l'harmonie qui doit exister entre deux époux » (2); ¶ elles peuvent conduire à des excès assez graves pour rendre à ces époux leur vie commune insupportable ¶ (3). « Les monumens de la jurisprudence, qui sont aussi le dépôt des foiblesses humaines, n'attestent que trop cette triste vérité » (4). ¶ Trop souvent les excès ont été tels dans l'intérieur des familles, qu'on s'est vu forcé de permettre la rupture d'unions que, dans le droit, on regardoit cependant comme indissolubles ¶ (5).

---

(1) M. *Treilhard,* Exposé des motifs, Procès-verbal du 19 ventôse an 11, *tome II,* page 540. — (2) Discours préliminaire du Projet de Code civil, *page xxix.* — (3) Ibid. — (4) M. *Treilhard,* Exposé des motifs, Procès-verbal du 19 ventôse an 11, *tome II,* pages 540 et 541. — (5) Ibid., *page 540.*

« Si l'on pouvoit raisonnablement espérer, par quelque institution que ce fût, de remédier assez promptement au désordre,
pour que l'on n'eût plus besoin du remède; si l'on pouvoit trouver
le moyen d'assortir si parfaitement les unions conjugales, d'inspirer
si fortement aux époux le sentiment et l'amour de leurs devoirs
respectifs, qu'on dût se flatter qu'ils ne s'en écarteront plus dans
la suite, et qu'ils ne rendront plus le Législateur témoin de ces
scènes atroces, de ces scandales révoltans, qui durent forcer si
impérieusement la séparation de deux époux; ah ! sans doute, si
l'on pouvoit, par quelque loi salutaire, épurer tout-à-coup l'espèce
humaine; on ne sauroit trop se hâter de donner ce bienfait au
monde. Mais s'il est défendu de concevoir de semblables espérances,
si elles ne peuvent naître même dans l'esprit de ceux qui jugent
l'humanité avec la prévention la plus indulgente, il ne reste plus
que le choix du remède à appliquer au mal qu'on ne sauroit
extirper » (1).

Il ne s'en présente que deux. Il faut ou rompre le mariage par
le divorce, ou en faire cesser les effets par la séparation de corps.

L'un et l'autre moyen ont été alternativement employés.

Le Divorce a été d'abord en usage.

« Le divorce n'est point une découverte que la philosophie puisse
réclamer : il a commencé avec les nations sauvages » (2).

« Il a existé chez les Romains » (3).

« Il a été admis en France par les Rois de la première race » (4).

---

(1) M. *Treilhard,* Exposé des motifs, Procès-verbal du 19 ventôse an 11, *tome II,*
page 541. — (2) M. *Portalis,* Procès-verbal du 14 vendémiaire an 10, *tome Ier, p. 299.*
— (3) Discours préliminaire du Projet de Code civil, *page xxxij.* — (4) M. *Portalis,*
Procès-verbal du 14 vendémiaire an 10, *tome Ier, page 297.*

`« Il l'a été successivement dans tous les pays policés » (1) ,
¶ pratiqué universellement jusqu'au neuvième siècle ¶ (2).

L'établissement de la religion chrétienne n'y a pas d'abord fait
obstacle ; car « le principe de l'indissolubilité du mariage a été
controversé dans l'Église même : *S. Épiphane* et *S. Ambroise* ont
cru que le divorce pouvoit avoir lieu pour cause d'adultère ;
S. Augustin est le premier qui ait fait adopter l'indissolubilité
absolue ; et néanmoins l'Église grecque a conservé le principe de
S. Ambroise et de *S. Épiphane*. Dans les articles proposés au treizième
siècle, pour la réunion de l'Église grecque avec l'Église romaine,
on ne parla point du divorce, dans la crainte de mettre obstacle
à cette réunion. Depuis, le concile de Trente donna un semblable
exemple de condescendance : il avoit d'abord préparé un décret
pour anathématiser l'opinion contraire à l'indissolubilité absolue
du mariage ; les ambassadeurs de Venise représentèrent que ce
décret blesseroit les Grecs, habitans des îles soumises à la domination de leur république ; le concile changea son décret, et se
borna à prononcer anathème contre ceux qui prétendroient que
l'Église se trompe lorsqu'elle déclare le mariage indissoluble. Les
premiers Pères se contentoient d'exhorter l'épouse répudiée à ne
pas se remarier : cependant ils permettoient aux époux de dissoudre leur mariage pour embrasser la vie religieuse ; ce qui prouve
qu'ils ne regardoient pas comme absolu le principe de l'indissolubilité » (3).

Aujourd'hui même encore le divorce est en usage dans les pays
protestans.

Pourquoi a-t-il été effacé de la législation des François ?

C'est ce qu'il faut examiner.

---

(1) M. *Portalis,* Procès-verbal du 14 vendémiaire an 10, *tome I.er, page 297.* —
(2) Discours préliminaire du Projet de Code civil, *page xxxij.* — (3) M. *Portalis,*
Procès-verbal du 14 vendémiaire an 10, *tome I.er, page 297.*

Comment la Séparation de corps a remplacé en France le Divorce.

« Le divorce a dû céder à la fin aux nouveaux principes qui furent proclamés sur la nature du mariage. Tant que la religion catholique a été dominante en France, tant que les institutions religieuses ont été inséparablement unies avec les institutions civiles, il étoit impossible que la loi civile ne déclarât pas indissoluble un engagement déclaré tel par la religion, qui étoit elle - même, une loi de l'État : il faut nécessairement qu'il y ait de l'harmonie entre les principes qui gouvernent les hommes » (1).

Un nouvel obstacle est ensuite venu augmenter la difficulté d'autoriser le divorce ; il ne pouvoit se soutenir auprès de l'institution qui faisoit des ministres du culte catholique les ministres civils du mariage, car « il eût été absurde de les forcer à agir contre leur croyance » (2).

Cependant, les motifs qui avoient fait admettre le divorce ne laissoient pas de subsister. « Il étoit toujours aussi dangereux qu'inhumain d'attacher, sans aucune espèce de retour, deux époux accablés l'un de l'autre » (3). Il ne demeuroit pas moins incontestable que « la loi devoit offrir à des époux outragés, maltraités, en péril de leurs jours, des moyens de mettre à couvert leur honneur et leur vie » (4).

« De là vint non-seulement en France, mais encore chez tous les peuples où l'indissolubilité du mariage est consacrée par les lois civiles, l'usage des séparations, qui relâchent le lien du mariage sans le rompre » (5).

---

(1) Discours préliminaire du Projet de Code civil, *pages xxxij et xxxiij*. — (2) M. *Portalis*, Procès-verbal du 14 vendémiaire an 10, *tome Ier, page 297*. — (3) Discours préliminaire du Projet de Code civil, *page xxix*. — (4) M. *Treilhard*, Exposé des motifs, Procès-verbal du 19 ventôse an 11, *tome II, pages 541 et 542*. — (5) Discours préliminaire du Projet de Code civil, *pages xxix et xxx*.

Comment le Divorce a été à son tour substitué en France à la Séparation de corps, et dernier état de la Législation sur cette matière.

CET état de choses dura long-temps. « Le dogme de l'indissolubilité du mariage traversa un long cours de siècles, et il ne fut renversé que par un de ces événemens extraordinaires, qui ne sont, il est vrai, que l'effet de la méditation et du temps, mais qui éclatent toujours comme le tonnerre au milieu des hommes imprévoyans et inattentifs.

« Nos lois politiques, en ramenant parmi nous la liberté des consciences, l'assirent sur la base de la liberté des cultes : ces deux principes posés, il en résulta la division du pouvoir civil et du pouvoir religieux ; celui-ci devint, à l'exemple de tous les pouvoirs du même genre, l'accessoire et l'ornement du premier, mais il cessa d'y être identifié » (1).

« De ce moment, il n'y eut plus de confusion : le contrat civil fut séparé du sacrement » (2), et les motifs d'après lesquels le divorce avoit été aboli, perdirent leur force. Le ministre du mariage, en effet, ne fut plus qu'un officier civil qui remplit une fonction toute civile; le Législateur, toujours engagé à ne pas blesser les religions qu'il avoit consenti à recevoir dans l'État, ne fut plus obligé cependant d'ériger en lois les principes particuliers d'aucune croyance.

« Heureuse la France, si elle n'avoit pas été emportée au-delà de toutes les limites, par le tourbillon impétueux des réformes! C'est en empruntant les maximes et les procédés des tyrans, que d'insensés promoteurs d'une liberté indéfinie rèvoient le despotisme

(1) M. *Savoye-Rollin*, Tribun, *tome I.er*, *page 431.* — (2) M. *Portalis*, Procès-verbal du 14 vendémiaire an 10 , *tome I.er*, *page 297.*

p ar-tout oùils ne rencontroient pas la licence , et proscrivoient la liberté des cultes comme un outrage envers la liberté même. Mais ne poursuivre un culte que dans ses signes extérieurs, étoit un triomphe imparfait et trop facile : il avoit pu se cacher dans les replis des consciences ; les mains de la terreur se chargèrent de les ouvrir, et de l'immoler dans son dernier asile. Ainsi, tandis que les lois de police attaquèrent les croyances religieuses dans les temples , sur les places, au sein des foyers, d'autres lois les bannissoient avec la même violence de tous les actes importans de la vie civile. La loi du divorce, promulguée en 1792, avoit, pour ainsi dire, commencé l'exécution de ce système persécuteur : on la voit, d'un côté, prodiguer de si larges issues à la rupture des mariages, qu'elle en a fait la proie de toutes les passions licencieuses du cœur humain ; et de l'autre, affectant une sévérité inouie , supprimer d'un trait l'usage des séparations de corps. Quel motif pouvoit la pousser à une contradiction si choquante, que celui d'enlever au culte catholique le seul remède qu'il avoue, et de mettre le divorce aux prises avec toutes les consciences, en lés opprimant sous le poids de la nécessité » (1) ?

Tel étoit l'état de la législation lorsqu'on s'est occupé du Code civil.

Des Questions auxquelles les variations et le dernier état de la Législation donnoient lieu.

Trois systèmes , on vient de le voir, s'étoient succédés en France.

Dans l'un, le divorce seul étoit en usage ; mais la séparation n'étoit ni admise , ni repoussée : elle n'étoit pas connue ;

Dans l'autre, la séparation excluoit le divorce ;

---

(1) M. *Savoye-Rollin*, Tribun, *tome I.er, page 432.*

Dans.

Dans le troisième, le divorce excluoit la séparation.

On ne pouvoit pas revenir au premier : nous n'étions plus dans les mêmes termes, puisque, depuis, la séparation de corps avoit existé.

Mais on n'étoit pas néanmoins réduit à choisir entre les deux autres, car on pouvoit trouver un terme moyen qui les conciliât, en admettant tout-à-la-fois la séparation et le divorce.

Dans cette position on avoit trois questions à examiner :

La première, s'il convenoit de maintenir le divorce ;

La deuxième, s'il convenoit de rétablir la séparation ;

La troisième, si, en supposant que les deux institutions dussent être admises, il falloit les établir parallèlement.

D'après quels principes ces Questions devoient être traitées.

MAIS avant d'aborder ces questions, il falloit se fixer sur les principes d'après lesquels on les décideroit.

Étoit-ce par ceux de la religion du plus grand nombre, ou par les principes de la politique ?

La difficulté se trouvoit déjà levée par les maximes qui ont été exposées au titre *du Mariage* *. On les a rappelées.

« La religion, a-t-on dit, dirige le mariage par sa morale ; elle le bénit par un sacrement.

» La morale de la religion proscrit le divorce et la polygamie ; mais la loi civile n'est pas obligée de se plier à tous les préceptes de la morale religieuse : s'il en étoit autrement, les lois ecclésiastiques deviendroient les seules lois de l'État, parce qu'il n'est rien que la morale ne règle par ses préceptes.

» Quant au rit, qui bénit l'union des époux, il suppose le

_____
* Voyez *tome II, pages 8 et suiv.*

3.   C

mariage et ne le forme pas. On ne peut donc dire que le mariage appartient en entier à la religion : il existoit avant elle ; et on ne l'a fait intervenir que pour attirer la bénédiction du ciel sur un des engagemens les plus importans de la vie.

» Aussi le mariage a-t-il toujours été une des matières du droit civil ; toujours la loi civile en a déterminé les empêchemens dirimans, et les cas où il est dissous. C'est pour cette raison que quand les premiers Chrétiens trouvoient dans la loi civile quelque disposition qui leur sembloit blesser leurs principes, ils ne la réformoient pas eux-mêmes par un réglement ecclésiastique ; ils s'adressoient aux Empereurs, et sollicitoient la modification de la loi, de la seule puissance qu'ils reconnussent avoir le droit de régler la matière du mariage » (1). ſ C'est aussi à cause de la distinction que l'Église fait elle-même entre le contrat civil et le sacrement , c'est parce qu'elle avoue que le mariage subsiste et est valable sans que le sacrement soit intervenu , qu'elle reconnoît les mariages des hérétiques et des infidèles, et ne les oblige pas à les réhabiliter lorsqu'ils se convertissent à la foi ſ (2).

Aussi personne n'a-t-il prétendu que les principes religieux d'aucune croyance dussent être exclusivement suivis par le Législateur.

Ce n'est pas cependant qu'il n'y ait eu des réclamations dans l'intérêt des cultes. Mais loin qu'elles tendissent à donner aux principes de l'un une préférence exclusive sur les principes des autres, elles n'avoient au contraire pour objet que de leur assurer à tous une égale faveur.

Les Cours d'appel se sont récriées contre le Projet de Code civil, non parce qu'il admettoit le divorce, qui n'est pas dans les principes

---

(1) M. *Portalis*, Procès-verbal du 14 vendémiaire an 10, *tome I.er*, *pages 296 et 297.* — (2) M. *Portalis*, ibid., *page 297.*

des Catholiques, mais parce qu'il repoussoit la séparation qui leur en tient lieu (1).

Au Tribunat, une voix s'est élevée, même contre le projet de loi, qui cependant rétablissoit la séparation de corps. On l'a accusé de ne pas ménager la religion *de la plupart* (2). « Voici, a-t-on dit, sur cent François, quatre-vingt-dix Catholiques qu'on va exposer, de gaîté de cœur, à ce qu'il y a de plus cruel pour le cœur de l'homme, c'est-à-dire, à des remords, à des regrets éternels. Et pourquoi? De peur d'exposer dix non-Catholiques à ce qu'il y a de plus léger et de plus ordinaire dans la vie, c'est-à-dire, à une simple privation » (3).

Cependant ce discours n'alloit pas à faire passer dans nos lois les principes des Catholiques au préjudice de ceux des autres religions. Son auteur admettoit au contraire le divorce. Il pensoit seulement qu'on devoit l'abandonner à un pouvoir discrétionnaire qui, pour le permettre, se régleroit sur les circonstances et aussi sur l'opinion religieuse de chacun, et que l'offrir aux Catholiques avec des conditions et des formes qui permissent de le regarder comme assuré, c'étoit les exposer à fausser leur croyance (4).

On étoit donc généralement d'accord que le Législateur n'étoit pas obligé de prendre exclusivement pour bases de la loi les principes d'un culte quelconque, fût-ce le culte de la majorité; et que, sous ce rapport, les questions relatives au divorce et à la séparation de corps devoient être « discutées, abstraction faite de toute idée religieuse » (5), en respectant toutefois le principe politique de la liberté des cultes.

---

(1) Observations de la Cour d'appel de Montpellier, *page 14*; — de Nancy, *pages 4 et 5*; — de Nîmes, *p. 7 et 8*; — d'Orléans, *p. 13, 14 et 15*; — de Toulouse, *p. 7 et suiv.* — (2) M. *Carrion-Nisas*, Tribun. *Tome I.er*, *page 471.* — (3) Ibid., *pages 472 et 473.* — (4) *Voyez* ibid., *pages 477 et 478.* — (5) M. *Treilhard*, Exposé des motifs, Procès-verbal du 19 ventôse an 11, *tome II, page 540.*

Abordons maintenant les questions générales qu'il s'agissoit de décider.

I.re QUESTION.

LE DIVORCE DEVOIT-IL ÊTRE MAINTENU EN FRANCE!

Il importe de bien saisir d'abord le point de vue sous lequel cette question devoit être envisagée.

Se plaçant ensuite dans ce point de vue, il faudra rendre compte des motifs qui ont fait admettre le divorce par la politique.

Il restera enfin à fixer l'esprit dans lequel il a été admis dans notre législation nouvelle.

I.re DIVISION.

Sous quel Point de vue la question devoit être envisagée.

Écartons d'abord les faux points de vue sous lesquels on peut considérer la question.

On la présentera ensuite dans son véritable jour.

I.re SUBDIVISION.

La question ne devoit être envisagée ni sous le rapport de la liberté civile en général, ni sous celui des avantages que le Divorce en soi peut avoir.

On a pensé que la faculté du divorce est une conséquence nécessaire de la liberté. Ce sentiment étoit celui des auteurs de la loi de 1792, qui a introduit le divorce en France. Ils s'étoient déterminés à le décréter, et même par voie d'urgence, *parce qu'il importoit*, suivant eux, *de faire jouir les François de la liberté indi-viduelle dont un engagement indissoluble seroit la perte* (1).

On a pensé aussi que le divorce, en lui-même, est une insti-tution si essentiellement bonne, que tout Législateur sage doit se hâter de l'accueillir.

L'une et l'autre opinion sont des erreurs qui viennent de la fausse manière de voir l'institution du divorce.

I. « Ce n'est pas la liberté constitutionnelle qui en est la base; car elle ne donne point de droits arbitraires : elle n'existe au contraire que lorsque l'usage de la liberté individuelle est soumis à des règles qui l'empêchent de troubler l'ordre public; et voilà pourquoi la loi permet et défend » (2).

Ainsi, en traitant la question dans ses rapports avec la liberté civile, on l'envisageoit sous des rapports qui n'existent point.

II. Il étoit également impossible de se déterminer par l'utilité du divorce, car cette institution n'est pas d'une bonté absolue.

Pour s'en convaincre, il est utile de se rappeler les raisons par lesquelles le divorce considéré en soi a été attaqué et défendu.

« Ses avantages et ses inconvéniens ont été diversement pré-sentés par les différens auteurs qui ont écrit sur cette matière » (3).

« Les uns ont parlé du divorce comme d'une institution presque céleste et qui alloit tout purifier; les autres en ont parlé comme d'une institution infernale et qui acheveroit de tout corrompre; ici le divorce est le triomphe; là, c'est la honte de la raison. Si nous croyons ceux-ci, l'admission du divorce devoit déshonorer le Code; ceux-là

---

(1) Préambule de la loi du 20 septembre 1792. — (2) M. *Portalis*, Procès-verbal du 14 vendémiaire an 10, *tome I.ᵉʳ*, *page 298*. — (3) Discours préliminaire du Projet de Code civil, *page xxx*.

prétendent que son rejet eût laissé ce Code dans un état honteux d'imperfection » (1).

Mais il faut entrer dans le détail des raisons qui ont fait embrasser deux opinions si contraires.

« On a dit, pour le divorce, qu'on ôte toute la douceur du mariage, en déclarant son indissolubilité ; que pour vouloir trop resserrer le nœud conjugal, on l'affoiblit ; que les peines domestiques sont affreuses, quand on n'a rien de plus consolant devant les yeux que leur éternité ; que la vie de deux époux qui ne s'entendent pas et qui sont inséparablement unis, est perdue pour la postérité ; que les mœurs sont compromises par des mariages mal assortis qu'il est impossible de rompre ; qu'un époux *dégoûté d'une femme éternelle, se livre à un commerce qui, sans remplir l'objet du mariage, n'en représente tout au plus que les plaisirs ;* que les enfans n'ont pas plus à souffrir du divorce, que des discordes qui déchirent un mariage malheureux ; qu'enfin, l'indissolubilité absolue est aussi contraire au bien réel des familles qu'au bien général de l'État.

» On a répondu d'autre part, qu'il est dangereux d'abandonner le cœur à ses caprices et à son inconstance ; que l'on se résigne à supporter les dégoûts domestiques, et que l'on travaille même à les prévenir, quand on sait que l'on n'a pas la faculté du divorce ; qu'il n'y a plus d'autorité maritale, d'autorité paternelle, de gouvernement domestique, là où cette faculté est admise ; que la séparation suffit pour alléger les désagrémens de la vie commune ; que le divorce est peu favorable aux femmes et aux enfans ; qu'il menace les mœurs, en donnant un trop libre essor aux passions ; qu'il n'y a rien de sacré et de religieux parmi les hommes, si le lien du mariage

---

(1) M. *Treilhard*, Exposé des motifs, Procès-verbal du 19 ventôse an 11, *tome II,* page 541.

n'est point inviolable ; que la propagation régulière de l'espèce
humaine est bien plus assurée par la confiance de deux époux fidèles,
que par des unions que des goûts passagers peuvent rendre variables
et incertaines ; enfin que la durée et le bon ordre de la société
générale tiennent essentiellement à la stabilité des familles, qui
sont les premières de toutes les sociétés , le germe et le fondement des empires.

» Telles sont les considérations qu'on a fait valoir pour et contre
le divorce. Il en résulte que c'est sur le danger et la violence des
passions que l'on fonde l'utilité du divorce, et qu'il n'y a qu'une
extrême modération dans les desirs, que la pratique des plus austères
vertus, qui pourroient écarter de l'indissolubilité absolue les inconvéniens qu'on en croit inséparables » (1).

» Que devoit faire le Législateur » (2) , placé entre ces deux
systèmes ?

« Écarter avant tout et avec le même soin les déclamations que
se sont permises des esprits exaltés dans l'un et l'autre parti : la
vérité et la sagesse se trouvent rarement dans les extrêmes » (3).
« Le divorce en lui-même ne peut pas être un bien ; c'est le remède d'un mal. Le divorce ne doit pas être signalé comme un mal,
s'il peut être un remède quelquefois nécessaire » (4).

Mais, pour se tenir dans un juste milieu, quelle étoit la règle
que le Législateur devoit suivre? Quel étoit le vrai point de vue
sous lequel il devoit envisager la question ?

Je vais l'expliquer.

---

(1) Discours préliminaire du Projet de Code civil, *pages xxx et xxxj.* — (2) Ibid
— (3) M. *Treilhard,* Exposé des motifs, Procès-verbal du 19 ventôse an 11, *tome I*
page 541. — (4) Ibid.

II.ᵉ Subdivision.

La question devoit être traitée sous le rapport de la situation des François.

Si, en général, il n'est jamais permis au Législateur d'oublier que « ses lois ne doivent pas être plus parfaites que les hommes à qui elles sont destinées ne peuvent le comporter; qu'il est obligé de consulter les mœurs, le caractère, la situation politique et religieuse de la nation qu'il représente » (1), combien ces principes ont plus de force quand il s'agit du divorce !

« L'autorisation du divorce seroit inutile, déplacée, dangereuse chez un peuple naissant, dont les mœurs pures, les goûts simples assureroient la stabilité des mariages, parce qu'ils garantiroient le bonheur des époux.

» Elle seroit utile, nécessaire, si l'activité des passions et le déréglement des mœurs pouvoient entraîner la violation de la foi promise, et les désordres incalculables qui en sont la suite.

» Elle seroit inconséquente chez un peuple qui n'admettroit qu'un seul culte, s'il pensoit que ce culte établît d'une manière absolue l'indissolubilité du mariage » (2).

Or, comme s c'étoit pour nous que la question étoit agitée s (3), c'étoit dans ses rapports avec notre situation qu'il falloit l'envisager, et alors elle se réduisoit à ces termes : « Dans l'état actuel du peuple françois, le divorce doit-il être permis » (4)?

---

(1) Discours préliminaire du Projet de Code civil, *page xxxj.* — (2) M. *Treilhard,* Exposé des motifs, Procès-verbal du 19 ventôse an 11, *tome II, pages 539 et 540.* — (3) Ibid., *page 540.* — (4) Ibid.

II.ᵉ Division.

IIe Division.

Des motifs qui ont fait maintenir le Divorce.

Il ne s'agit pas ici de la situation de gloire, de puissance, de prospérité où le génie de ceux qui gouvernent une nation peut la placer, mais de la situation intérieure que donnent à chaque peuple son caractère, ses mœurs et ses habitudes ; circonstances qui déterminent sa législation civile et politique.

Or, l'institution du divorce était réclamée par le principe de la liberté des cultes.

Elle se concilioit avec nos lois civiles sur le mariage.

Justifions ces propositions.

Ire Subdivision.

L'admission du Divorce étoit réclamée par le principe de la Liberté des Cultes.

« Il est parmi nous des cultes qui autorisent le divorce ; il en est qui le prohibent : la loi devoit donc l'admettre, afin que ceux dont la croyance l'autorise pussent en user » (1). ¶ S'il serait injuste de ne laisser que le divorce au citoyen dont la croyance repousse ce remède, il ne le seroit pas moins d'en refuser l'usage quand il est compatible avec la croyance de l'époux qui le sollicite ¶ (2).

Ainsi, « le véritable motif qui obligeoit nos lois civiles d'admettre

---

(1) M. *Portalis*, Procès-verbal du 14 vendémiaire an 10, *tome Ier, pages 298 et 299.* —(2) M. *Treilhard*, Exposé des motifs. Procès-verbal du 19 ventôse an 11, *t. II,* *p. 540.*

3.   D

le divorce, c'étoit la liberté des cultes » (1); « cette faculté se trouve liée parmi nous à la liberté de conscience » (2).

II.ᵉ SUBDIVISION.

Le Législateur devoit se régler sur ce principe.

CEPENDANT, on a prétendu que le principe de la liberté des cultes n'entraînoit pas nécessairement l'autorisation du divorce.

Voyons sur quels raisonnemens on appuyoit cette proposition.

NUMÉRO I.er

Objections contre l'application du principe à la matière du Divorce.

ON a dit que « la seule occupation raisonnable pour le Législateur qui reconnoît plusieurs religions dans un Empire, seroit peut-être de calquer ses lois civiles sur la religion la plus austère; car alors il n'ordonne à ceux-ci rien de plus; il ne fait que permettre à ceux-là quelque chose de moins. Il peut gêner, mais du moins il ne corrompt pas ».

« Eh! quoi, a-t-on ajouté, parce qu'un petit nombre peut user sans remords du divorce, on l'offre à tous! Alors, pourquoi n'a-t-on pas permis la polygamie, simultanée! car enfin il peut y avoir, il y a des hommes parmi nous à qui leur religion la permet, la prescrit même. Pourquoi n'a-t-on pas fait des articles réglementaires pour la répudiation, comme à Jérusalem; pour l'exposition des enfans, comme à la Chine; pour le sacrifice des femmes sur le

---

(1) M. *Portalis,* Procès-verbal du 14 vendémiaire an 10, *tome I.er, page 298.* — (2) Discours préliminaire du Projet de Code civil, *page xxxiij.*

bûcher de leurs maris, comme dans l'Inde ? car enfin on n'a pas interdit à ces peuples l'abord sur nos côtes et le domicile sur nos terres. Ces conséquences sont absurdes, dit-on ; c'est le principe qui est vicieux » (1).

NUMÉRO II.

Réponse aux objections par l'explication du principe de la Liberté des Cultes.

TOUTES ces objections ne venoient que de ce qu'on n'avoit pas bien saisi le principe de la liberté des cultes. Il est facile de prouver qu'en le renfermant dans ses justes limites, il obligeoit d'admettre le divorce, sans mener aux conséquences absurdes qu'on lui prêtoit.

De la confusion des idées sur la nature et l'étendue du principe de la Liberté des Cultes.

IL est ici trois choses qu'on a trop souvent confondues : la liberté des opinions, la liberté de les manifester, et le libre exercice du culte extérieur.

Il en est d'autres qu'on n'a point assez distinguées : ce sont, d'une part, les religions admises dans l'État, et les religions nouvelles qu'on voudroit y introduire * ; de l'autre, les religions admises qui sont organisées par les lois de l'État, et les religions qui, quoiqu'admises, ne sont cependant que tolérées.

De là résulte qu'on donne quelquefois à l'exercice extérieur du culte et à la manifestation des opinions, une latitude qui ne convient

---

(1) M. *Carrion-Nisas*, Tribun, *tome I.er, pages 471 et 472.*

* J'appelle religions nouvelles, non-seulement celles qui n'ont encore existé nulle part, mais encore celles qui quoiqu'anciennes n'ont pas existé jusque-là dans le pays.

D 2

qu'à la liberté des opinions intimes ; à toutes les religions, des prérogatives qui ne sont le partage que des religions admises dans l'État ; et aux religions seulement tolérées, les mêmes droits qu'aux religions que les lois font entrer dans l'organisation sociale.

Il importe de détruire cette confusion d'idées.

1.re *Distinction. De la Liberté des Opinions religieuses, de la Liberté de les manifester, et de la Liberté du Culte extérieur.*

LES opinions religieuses, leur manifestation et l'exercice des cultes, sont évidemment d'une nature différente : l'opinion n'est qu'une pensée ; la manifestation et l'exercice du culte sont des faits.

Pourquoi donc quelques personnes les ont-elles confondus, regardés comme inséparables, et supposé que la liberté des opinions religieuses entraîne inévitablement celle de la manifestation et celle du culte extérieur ?

C'est sans doute parce que la pensée, l'opinion individuelle et intime, étant un bien qu'aucune puissance ne sauroit ravir à l'homme, la loi qui le lui assure a semblé ne lui rien donner ; et par suite on a été conduit à penser que la garantie de la liberté religieuse ne peut tomber que sur la manifestation des opinions et sur l'exercice extérieur du culte.

Il y a là une inadvertance.

Certes, aucune autorité sur la terre n'est assez puissante pour dominer le cœur et la pensée de l'homme, pour disposer de sa croyance et de ses affections. Mais la puissance peut violer cette liberté morale ; elle peut inquiéter les individus pour leurs opinions ; elle peut les en punir. C'est ainsi que dans les premiers siècles du Christianisme, de généreux martyrs n'avoient que le choix entre l'apostasie et les supplices ; c'est ainsi qu'en Angleterre, chez

cette nation qui se prétend si tolérante, si philosophe, le titre de
Catholique a été long-temps un titre de proscription, et exclut
encore aujourd'hui des dignités et des emplois.

Ainsi, la liberté morale des opinions n'existe dans le fait que
lorsqu'elle est soutenue par la liberté politique de conscience. Il
ne suffit pas que je puisse ne croire que ce dont je suis persuadé,
il faut encore que je puisse le croire librement, et que personne
ne s'interpose entre Dieu et ma conscience.

La loi donne donc quelque chose, lorsqu'elle garantit à tous
qu'ils ne seront pas inquiétés pour leurs opinions; lorsqu'au contraire, pour mettre toutes les consciences à l'aise, elle sépare les
institutions religieuses des institutions civiles; lorsqu'elle ne s'en-
quiert pas de ce qu'un individu pense, pour l'admettre à l'exercice
des droits politiques et des droits civils; lorsqu'elle établit, pour
constater l'état civil de chacun, pour le mariage et pour les actes
les plus importans de la vie, un mode qui se concilie avec toutes
les religions; lorsqu'enfin elle règle toutes ses dispositions, « de
manière à ne gêner aucune conscience, à n'enchaîner aucune
liberté » (1).

Voilà des avantages réels qui peuvent exister, sans qu'on y joigne
la liberté indéfinie de manifester toute opinion religieuse quelconque et d'exercer tous les cultes.

Or, puisqu'il est possible de distinguer entre ces choses, elles
peuvent donc subsister indépendamment l'une de l'autre et être
l'objet de réglemens différens.

Au surplus, les réglemens qui se rapportent à la liberté politique
des opinions, à la liberté de leur manifestation, et au libre exercice
des cultes, reposent tous sur la combinaison de ces deux principes :

---

(1) M. *Treilhard*, Exposé des motifs, Procès-verbal du 19 ventôse an 11, *tome II*,
page 540.

Les citoyens doivent être indéfiniment libres dans ce qui n'intéresse pas l'ordre public; ...

Dans ce qui l'intéresse, ils sont sous la direction de l'autorité publique.

Il n'est pas nécessaire de justifier ces maximes : on sait assez qu'elles dérivent du droit qu'ont tous les États de se conserver, combiné avec la liberté des individus. Mais il faut en faire l'application, en déterminant quel degré de liberté elles assurent aux opinions, quel à leur manifestation, quel à l'exercice extérieur des cultes.

Des Opinions intimes. Tant que les opinions demeurent dans l'état de pensée et ensevelies au fond de la conscience, elles ne peuvent nuire à l'ordre public. On doit donc les laisser indéfiniment libres.

Mais, dès qu'elles sortent de la conscience, dès qu'elles se produisent au dehors, elles deviennent des faits qui peuvent être indifférens, utiles ou dangereux à l'État.

La liberté indéfinie des opinions s'arrête donc là; là aussi commence la manifestation.

De la Manifestation des Opinions. Tout Gouvernement sage se gardera bien d'étendre jusqu'à ce point la liberté indéfinie des opinions.

Quand je parle de manifestation, je n'entends pas les communications familières que des amis se font avec indifférence dans le cours d'un entretien ou dans un commerce de lettres : ce seroit porter trop loin les précautions que de s'en inquiéter; ce seroit exercer une inquisition trop odieuse que de mettre des bornes à la franchise et aux épanchemens de l'amitié : il n'y a pas là de manifestation; il n'y a que de la liberté et de la confiance.

Mais du moment que l'exposé des opinions franchit ces limites, qu'il s'opère par des écrits et par des discours adressés à tous, il y a une manifestation véritable. dont il faudra distinguer l'objet pour juger si elle intéresse l'ordre public.

Parle-t-on, écrit-on sur les religions reçues dans l'État, sans mettre en avant de doctrine nouvelle ; il est possible que le Gouvernement le voie avec indifférence, tant que l'ordre et la paix n'en sont pas troublés.

S'efforce-t-on de jeter dans l'État une croyance religieuse, soit nouvelle, soit inconnue dans le pays, de lui concilier des sectateurs, l'autorité publique ne sauroit trop se presser d'examiner l'institution et quelquefois de l'empêcher de s'établir.

Il lui faudra peser les circonstances où se trouve l'État, puis les dogmes, la morale et les pratiques de la religion qu'on se propose d'introduire.

Les circonstances avant tout ; car il est rare que des innovations de cette nature n'excitent pas de commotion ou du moins n'agitent pas les esprits, même dans les États les plus fortement constitués.

Cet inconvénient est dans la nature des choses. Deux motifs décident à embrasser une doctrine nouvelle en religion comme en politique, la passion ou la conviction. Les chefs de parti sont pour l'ordinaire animés par l'envie, la haine, l'ambition, quelquefois par le desir de la vengeance, déguisés sous les apparences du patriotisme ou du zèle pour la vérité ; les disciples emportés par l'enthousiasme et par l'exaltation. Il est bien difficile, lorsque de tels hommes acquièrent quelque autorité, qu'ils ne cherchent pas à renverser tout ce qui leur résiste, tout ce qui les gêne, et à s'établir sur des ruines. La tolérance, la liberté de conscience ne sont que des mots et des prétextes dans la bouche des novateurs. On les emploie tant qu'on est foible : devient-on assez fort pour braver la puissance, on devient aussitôt intolérant. Le reproche d'intolérance convient presque à toutes les religions, sur-tout dans leur origine. Il en est peu qui pour s'établir n'aient essayé de ruiner toutes les autres; et quand la controverse n'y a pas suffi, on y a employé la force toutes les fois qu'on l'a eue.

Ces dangers, inséparables de toute innovation, sont plus ou moins imminens, selon que l'État est plus ou moins fortement constitué, le Gouvernement vigoureux ou foible, le peuple doux ou violent, paisible ou passionné, agité par des événemens récens ou habitué depuis long-temps à l'obéissance et au repos.

Il faudra donc peser ces circonstances; et lorsqu'elles ne rassureront pas contre tout déchirement, il n'y a pas à examiner la doctrine nouvelle; elle doit être rejetée, par cela seul qu'elle est nouvelle et qu'elle peut être l'occasion de troubles.

Mais supposé, ce qui est bien difficile, qu'il n'y ait pas de commotion à craindre par l'effet seul des circonstances, ce seroit toujours s'écarter des règles d'une bonne police que de souffrir une religion nouvelle, avant d'avoir mûrement examiné ses dogmes, sa morale, ses pratiques.

Il y a des dogmes qui ne sont que ridicules, mais il y en a aussi de très-dangereux.

Il est des pratiques dissolues ou barbares et atroces qui sont incompatibles avec un ordre de choses bien réglé. Tolérera-t-on parmi nous le culte infame que les anciens rendoient à Vénus, ou les fureurs religieuses des Bacchantes?

Le seizième siècle nous offre, dans le même trait, un exemple frappant et des malheurs auxquels s'expose un Gouvernement qui ne surveille pas avec assez de soin la manifestation des opinions nouvelles, et de la sagesse que montre celui qui les examine pour les étouffer à leur naissance quand elles blessent le bon ordre.

En 1525, *Muncer* prêche ses opinions extravagantes; elles font
des

des progrès rapides, sur-tout dans la classe la moins instruite du peuple.

Néanmoins le soulèvement qu'excite ce fanatique est bientôt étouffé. Mais il laisse après lui des disciples.

Dans les provinces de la haute Allemagne, la fermeté des magistrats déconcerte ces sectaires, prévient leurs excès, et extirpe pour jamais leurs erreurs.

Dans les Pays-Bas au contraire, et dans la Westphalie, l'autorité est moins vigilante, parce qu'elle sent moins les funestes conséquences de la doctrine nouvelle. Sans doute il pouvoit être indifférent à la tranquillité publique que *Muncer* et ses disciples ne regardassent pas comme valable le baptême administré dans l'enfance et seulement par aspersion ; mais lorsqu'ils prêchoient l'abolition des magistratures et de toute autorité publique, la polygamie, l'égalité absolue des rangs et des fortunes, la communauté de biens, pouvoit-on, sans compromettre le salut public, laisser s'accréditer des opinions aussi subversives de l'ordre social et des lois civiles ?

La suite démontra combien, en pareil cas, l'insouciance est dangereuse.

En 1534, deux hommes du peuple, *Jean Mathias*, boulanger, de Harlem, et *Jean Boccold,* compagnon tailleur, de Leyde, parviennent à se composer un parti formidable ; ils s'emparent de Munster, en chassent le sénat, le clergé, les citoyens les plus distingués, exercent dans la ville des cruautés sans nombre, confisquent les biens des fugitifs, se font apporter les richesses des habitans, établissent leur communauté et les autres parties de leur théorie insensée. Ils ne s'en écartent que dans un seul point, celui de l'abolition des pouvoirs. A la vérité ils anéantissent les autorités existantes, mais c'est pour concentrer en eux-mêmes la toute-puissance. Une multitude égarée ou tremblante se plie aveuglément aux

3.   E

volontés de *Mathias*. Ce rebelle périt : *Boccold* prend sa place, ceint le diadème et règne dans Munster.

Il ne fallut pas moins que les efforts de tous les Princes de l'Empire pour arrêter le cours de ces désordres, qui, pris à temps, avoient été réprimés ailleurs avec la plus extrême facilité.

Je me résume.

L'influence que les religions peuvent avoir dans l'État, soit à raison des circonstances, soit à raison de leurs systèmes, oblige le Gouvernement de ne pas souffrir indéfiniment la manifestation des opinions.

De ce devoir, qui se lie avec la sûreté publique, naît le droit d'examiner, d'autoriser ou de rejeter les doctrines nouvelles, et d'en arrêter la propagation.

Et ce droit, à son tour, impose aux particuliers l'obligation de n'enseigner de dogmes nouveaux qu'après en avoir obtenu la per+mission de l'autorité publique.

Au surplus, ces principes ont été établis implicitement par la disposition même qui a, parmi nous, affranchi les opinions de la gêne que, jusqu'alors, on leur avoit imposée. L'article 10 de la *Déclaration des droits de 1791* distinguoit la liberté des opinions intimes de la liberté de les manifester. *Nul*, disoit-il, *ne doit être inquiété pour ses opinions religieuses :* voilà la liberté des opinions intimes indéfiniment consacrée; *pourvu*, ajoutoit le même article, *que leur manifestation ne trouble pas l'ordre public :* voilà la manifes-tation circonscrite dans des limites et subordonnée à l'autorité publique.

Qui ne sait d'ailleurs que cette disposition ne tendoit qu'à dé-truire la dominance de la religion catholique, et qu'à délivrer les autres religions admises des entraves que leur donnoient les lois.

Ce n'est que long-temps après, et dans la vue d'extirper le Christianisme dans toutes ses branches, qu'on a imaginé d'attribuer-

au principe de la liberté de conscience une extension qu'il n'avoit pas d'abord : on s'en est servi pour introduire je ne sais quel culte de l'Être suprême, tandis que dans le même temps et par la plus étrange contradiction, on comprimoit, on persécutoit toutes les autres croyances; qu'on s'efforçoit d'asseoir sur leurs ruines un culte sans autorité, sans dogmes, sans pratiques; un culte dont la morale étoit incertaine et arbitraire, et que personne n'a jamais pu ni comprendre ni définir.

Mais ce n'est pas d'après ce qui s'est passé à ces époques de confusion et de désordre, où même le principe de la liberté des opinions n'étoit pas respecté, qu'il faut l'expliquer.

De l'Exercice extérieur du Culte. Comme la manifestation des opinions, l'exercice extérieur du culte est un fait; comme elle, il intéresse l'ordre public.

Je considérerai l'exercice du culte dans l'individu isolé et dans une réunion d'individus.

L'exercice extérieur du culte n'est pas un acte indifférent, même dans l'individu isolé. Mais là, le remède est toujours à côté du danger.

L'autorité n'a besoin de surveiller les pratiques religieuses d'un particulier que comme les autres actions de sa vie.

Si elles sont conformes aux lois, elles le sont aussi à l'ordre public, et l'autorité n'a rien à dire. Qu'un individu immole un bœuf à Jupiter, qu'il ne se nourrisse que de végétaux, qu'il fasse de fréquentes ablutions, peu importe à l'État : la loi ne défend pas de tuer des animaux; elle ne détermine pas les alimens dont on se nourrira : elle ne voit dans tout cela que des actes de la vie privée qui n'intéressent pas l'ordre public. Il est vrai que, dans l'intention de celui qui les pratique, ce sont des actes religieux; mais l'autorité publique s'arrête au fait. Il lui suffit qu'en lui-même il soit innocent ; si elle scrutoit les intentions dans les choses qu'elle ne réprouve pas, il n'y auroit plus de liberté.

Si au contraire les pratiques qu'un particulier isolé se permet, sont des actes prohibés, il encourt la peine que la loi y attache : a-t-il immolé des victimes humaines à ses dieux ; il devient coupable d'homicide : a-t-il épousé plusieurs femmes ; il sera puni comme bigame. Sa croyance ne sera pas une excuse : il n'y auroit plus de lois si chacun pouvoit, sous prétexte d'opinion religieuse, s'écarter de celles qui existent. Un ordre de choses est établi dans L'État ; tout doit se plier sous cet ordre ; il ne doit plier sous rien. On n'est souffert dans le pays que sous la condition de s'y conformer, et d'être châtié lorsqu'on le blesse.

Toute surveillance spéciale sur le culte qu'exerce isolément un individu est donc inutile ; les lois qui règlent ce qui est ordonné, ce qui est défendu, ce qui est permis, et la vigilance ordinaire de la police, y pourvoient suffisamment.

Mais ces principes ne sont plus applicables dès que plusieurs pratiquent un culte en commun.

Il se forme alors une association et une secte contre lesquelles, si elles se fortifient, les lois ordinaires peuvent être impuissantes, et qui peut-être troubleront l'État. Alors aussi, et bien plus encore alors, les précautions propres à prévenir les abus de la manifestation des opinions deviennent nécessaires : on a tout à redouter si on les néglige.

Il appartient donc au Gouvernement d'interdire ou d'autoriser l'exercice collectif des cultes.

Ce ne sont pas ici des idées nouvelles ; la liberté des cultes est renfermée dans les limites que je lui donne par celle de nos anciennes constitutions qui s'est expliquée avec le plus d'étendue sur ce sujet ; elle soumettoit l'exercice des cultes à la surveillance de la loi : *Nul*, disoit-elle, *ne peut être empêché d'exercer, en se CONFORMANT AUX LOIS, le culte qu'il a choisi* (1).

Si, même dans une constitution imparfaite et qui n'a pu se soutenir, le principe de la liberté des cultes étoit aussi sagement circonscrit, combien plus ces restrictions doivent-elles être maintenues sous un Gouvernement fondé sur les véritables bases de la civilisation.

Voilà plus de raisons qu'il n'en faut pour prouver que le principe de la liberté des cultes ne va pas jusqu'à autoriser, sans la permission du Gouvernement, l'exercice des cultes nouveaux; que la faculté qu'il donne, la seule qui soit compatible avec le bon ordre et l'institution des Empires, est celle de ne pas embrasser une religion dont on n'est pas persuadé, et de professer publiquement à son choix l'une de celles qui sont admises dans le pays.

2.e *Distinction. Des Religions admises dans l'État, et de celles qui n'y sont pas établies.*

LE pouvoir qui appartient à l'autorité sur la manifestation des opinions religieuses et sur l'exercice du culte extérieur, ne doit cependant pas être exercé d'une manière arbitraire, ni dégénérer en tyrannie des consciences.

Pour en bien fixer les limites morales, distinguons entre les religions reçues dans l'État et celles qui n'y ont pas encore été pratiquées.

Divers cultes existent depuis long-temps dans un Empire : leurs dogmes, leur morale, leurs pratiques sont connues, on n'y voit rien de contraire à l'ordre : ils ont pour eux l'avantage de la possession ; si leur établissement n'a pas été exempt d'orages, ces orages sont passés; depuis des siècles, leurs sectateurs sont paisibles, et la longue tolérance dont ils ont joui justifie assez que leur religion

(1) Constitution de l'an 3, *art. 354.*

se concilie avec la tranquillité publique. Quels motifs justes et raisonnables pourroient les faire bannir?

Il y en a beaucoup au contraire pour les conserver : d'abord, la liberté de conscience , qui ne doit pas être gênée même dans les pratiques extérieures, toutes les fois que l'ordre public est à couvert : puis l'ordre public lui-même, dans lequel ces cultes ont pris leur place. Il faut craindre d'en déranger l'ensemble.

Mais à l'égard des cultes nouveaux, on n'a ni les mêmes raisons ni la même garantie. Quels sont leurs dogmes ? Quelle est leur morale ? Quelles sont leurs pratiques ? Il est même difficile de le savoir : le système de la plupart des religions n'a été fixé qu'à la longue : il y a plus, souvent il a changé, tantôt en bien , tantôt en mal : les disciples de *Muncer* avoient enchéri sur sa doctrine insensée; leurs successeurs ont fait oublier les premiers excès : ces Anabaptistes, d'abord si fougueux , sont devenus les plus pacifiques des hommes : exacts aux devoirs de citoyen , industrieux, charitables , ils semblent, suivant l'expression d'un auteur très-connu *(Bayle)*, vouloir faire réparation à la société des violences commises par leurs fondateurs.

Ces cultes d'ailleurs, fussent-ils innocens, n'ont pas, comme les anciens, leur place marquée dans le système général de l'État. Ils ne sont pas toujours en harmonie avec ce système. Qu'arriveroit-il donc si la liberté des cultes étoit indéfinie ? Qu'il faudroit ou chercher un système de législation qui se prêtât à toutes les croyances nées et à naître ; chose impossible ! ou qu'on seroit obligé de condamner, sous un rapport, plusieurs choses que, sous un autre, on seroit forcé de regarder comme autorisées : contradiction indigne d'un peuple raisonnable !

3.ᵉ *Distinction. Des Religions organisées par les lois de l'État, et des Religions seulement tolérées.*

Cette troisième distinction est une vérité de fait;

Mais il s'agit d'en indiquer la base.

La religion est un point très-important dans un Empire: On vient de voir qu'elle peut servir l'État; qu'elle peut aussi le troubler. Elle est une sorte de propriété pour les citoyens. Sous tous ces rapports, le Législateur se voit forcé d'intervenir pour assurer au peuple l'usage du culte, pour faire tourner la religion au profit des mœurs et de l'ordre public, pour empêcher qu'on n'en abuse, enfin pour organiser la nation sous ses rapports religieux, comme il l'a organisée sous ses rapports civils et politiques.

Mais que fera-t-il entrer dans cette organisation ?

Les religions qui sont dans les mœurs et dans les habitudes du peuple.

Or, les individus qui composent une nation se partagent toujours entre un petit nombre de croyances.

L'une est celle de la majorité ;

D'autres, celles d'une partie considérable de citoyens.

Quelquefois on trouve encore au-delà quelques cultes : mais ils ne rallient qu'une quantité de sectateurs très-foible, lorsqu'on la compare à la population totale.

On ne peut pas dire de ces dernières qu'elles soient dans les mœurs et dans les habitudes. Le culte de la majorité et ceux que pratiquent un grand nombre de citoyens, sont donc les seuls dont on doive s'occuper.

De là, la distinction entre les religions organisées par les lois de l'État et les religions qui, quoiqu'admises, ne sont que tolérées.

Voici maintenant les conséquences de cette distinction par rapport à la législation civile.

Le Législateur n'est sans doute pas obligé d'interdire tout ce que défendent les religions qu'il a placées dans l'organisation de l'État.

D'une part, de deux religions qui ont également cet avantage, l'une peut permettre ce que l'autre prohibe ; et alors comment concevoir des lois qui les satisfassent toutes les deux? Par exemple, l'Église catholique défend pendant certains jours de l'année l'usage de divers alimens ; les Protestans n'admettent pas ce réglement : on ne pourroit donc interdire la vente des alimens prohibés chez les Catholiques, sans contrarier les Protestans.

D'autre part, les lois ecclésiastiques n'ont d'empire que sur la conscience; elles ne sauroient être le type des lois séculières, qui disposent dans un ordre de choses tout différent.

Mais il est difficile que le Législateur refuse aux sectateurs des cultes qu'il admet expressément, les diverses facultés que ces cultes accordent ; qu'il défende ce qu'ils permettent, car sa législation civile en les gênant dans leurs principes , seroit contraire à sa législation politique qui les autorise.

A l'égard des religions seulement tolérées, le Législateur n'est pas obligé envers elles aux mêmes ménagemens : comme leur système n'entre point dans l'organisation de l'État, rien ne l'oblige à y conformer sa législation civile.

Le principe de la tolérance est respecté toutes les fois que les partisans de ces religions ne sont pas persécutés, qu'ils sont protégés au contraire, qu'ils ont le libre exercice de leur culte, et que leur croyance n'est pas contre eux un titre d'exclusion des droits civils et politiques.

Numéro III.

Application des Principes qui viennent d'être établis à la Question du Divorce.

Avec les distinctions qui viennent d'être établies, il est facile de détruire les raisons dont on s'est servi pour soutenir que le principe politique de la liberté des cultes n'obligeoit pas d'autoriser le divorce.

· On a dit : Le Législateur qui reconnoît plusieurs religions dans

un

un État, feroit raisonnablement de se régler sur la plus austère *.

Qu'appelle-t-on reconnoître plusieurs religions !

Si c'est, comme la suite du raisonnement le prouve, permettre à toutes les religions de s'établir en France, je réponds que cette extrême liberté est incompatible avec la sûreté de l'État et avec un ordre de choses sagement conçu. Les opinions intimes sont indéfiniment libres; la manifestation et le culte extérieur ont leurs conditions et leurs limites.

Que si l'on ne parle que des cultes compris dans l'organisation religieuse de l'État, comment pourroit-on se régler plutôt sur l'un que sur l'autre, puisqu'en les approuvant on leur a garanti également à tous l'usage de leurs principes et de leurs pratiques?

On n'ordonne à aucun, rien de plus, va-t-on me dire, on lui permet seulement quelque chose de moins **.

Il me semble que la liberté n'existe que quand la volonté n'est pas comprimée, et que ma volonté n'est pas moins enchaînée quand on m'interdit les actes auxquels elle me porte, que lorsqu'on m'ordonne ceux dont elle m'éloigne; qu'enfin pour être libre il faut tout-à-la-fois et que je ne sois pas contraint à faire ce que je ne veux pas, et que je sois maître de faire ce que je veux. Il est bien entendu, au reste, que je ne parle de cette double faculté que comme elle peut exister dans l'état de civilisation, c'est-à-dire, comme soumise à des règles.

Mais, objecte-t-on encore, la rigoureuse application du principe de la liberté des cultes conduiroit trop loin. Si le Législateur se croit obligé d'accorder le divorce parce que quelques religions le permettent, il ne pourra donc refuser la répudiation, l'exposition des enfans, le sacrifice des femmes sur le bûcher de leur mari, car il y a des religions qui autorisent ces choses, et, après tout, on n'a pas interdit aux sectateurs

---

* *Voyez page 26.* — ** *Voyez Ibid.*

3.   F

de ces croyances l'abord sur nos côtes et le domicile sur nos terres. Si ces conséquences sont absurdes, c'est que le principe est vicieux*.

Non, le principe n'est pas vicieux; mais on le dénature, on lui donne trop d'étendue, en confondant les religions admises dans l'État avec celles qui ne le sont pas. L'usage d'un culte extérieur ne peut avoir lieu que quand la puissance publique le permet.

Sans doute, si dans la suite elle accordoit cette permission à quelques religions encore inconnues parmi nous, il faudroit bien combiner avec ces cultes nouveaux notre législation civile. On y songera alors; aujourd'hui ces considérations sont prématurées et ne peuvent pas influer sur nos lois. Lorsque nous permettrons à la religion des Chinois ou des habitans du Malabar de s'établir en France; lorsqu'elle sera adoptée par un nombre considérable de François, il sera temps de trouver bon que la femme se brûle sur le bûcher de son mari, et que le père expose ses enfans **.

Soit, répondra-t-on : ne parlons pas des religions nouvelles; ne

___

* *Voyez page 26 et 27.*

** Il est une hypothèse plus générale où ces questions peuvent se présenter. Supposons qu'une province dans laquelle le Mahométisme seroit établi, passe sous la domination d'une puissance de l'Europe, on ne pourroit se dispenser de lui laisser la faculté de la polygamie, parce qu'elle seroit dans ses mœurs et dans sa religion; mais il ne s'ensuivroit pas qu'il fallût modifier, par rapport aux autres pays du même État, la législation civile. Chaque peuple doit être gouverné dans ses principes religieux, son caractère ou ses habitudes. Si l'on s'arrête à ces circonstances, on trouvera que tous les peuples civilisés ne forment réellement que deux nations, celle des orientaux et celle des occidentaux. Ces derniers, à quelques nuances près, ont la même croyance religieuse, le même costume, un certain caractère commun à tous; il n'y a de différence absolue sous tous ces rapports qu'entre eux et les orientaux. Il seroit donc très-difficile de transporter les mœurs, et par conséquent les lois, des uns aux autres. Dès lors, il faut que chacun demeure dans celles auxquelles il est habitué. M'opposera-t-on ces maximes tant répétées, que les peuples régis par un même gouvernement doivent aussi l'être par une législation uniforme! Je répondrai par cette maxime plus vraie : *L'histoire de tous les siècles nous apprend que l'uniformité des lois nuit essentiellement à la force et à la bonne organisation des Empires, lorsqu'elle s'étend au-delà de ce que permettent, soit les mœurs des Nations, soit les considérations géographiques.* Lettre de S. M. l'Empereur et Roi au Sénat conservateur, *Moniteur du 23 janvier 1806, n.° 23, page 93.*

nous arrêtons qu'à celles qui existent actuellement en France. Eh bien ! nous avons parmi nous des hommes auxquels leur croyance permet, commande même la polygamie. Vous ne pouvez donc la leur interdire, si par condescendance pour les cultes établis, vous permettez le divorce *.

Je demande si ces croyances qui autorisent la polygamie entrent dans l'organisation religieuse de l'État. Si elles ne sont que tolérées, qu'ont-elles de commun avec nos lois civiles?

Mais je trouve la faculté du divorce dans l'une des religions que la loi du 18 germinal an 10 organise.

Ainsi, considéré dans ses rapports avec notre législation politique, le divorce devoit être admis.

Cependant, comment le concilier avec nos lois civiles, qui consacrent le principe de la stabilité du mariage?

Il ne blesse pas ce principe.

Je vais le prouver.

III.ᵉ Subdivision.

Le Divorce se concilioit avec nos lois civiles sur le Mariage.

En examinant, comme on le doit, la question dans les principes du droit séculier, et abstraction faite de tous principes religieux, il est nécessaire de distinguer entre la perpétuité et l'indissolubilité absolue de l'union conjugale.

« Aucun peuple, d'une civilisation commencée ou achevée, n'a méconnu le caractère de perpétuité attaché au mariage, et n'a refusé de l'admettre. Il se retrouve même chez les nations adonnées à la polygamie, qui, malgré le mélange bizarre de faux et de vrai dont elles souillent leurs coutumes, sont forcées de reconnoître le principe qu'elles déshonorent: et cependant, ce qui n'est pas moins

---

* *Voyez page 26.*

F 2

remarquable aussi, c'est que, dans cet accord unanime sur la manière d'envisager ce contrat, aucune législation, avant l'établissement du Christianisme, soit politique, soit religieuse, n'a assigné au caractère de perpétuité celui d'une indissolubilité absolue. La définition de la loi romaine, que le mariage est un contrat formé par le consentement des deux époux, dans l'*intention* de s'unir pour la vie, présentoit l'opinion de tous les peuples » (1).

« Le mariage est donc indissoluble en ce sens, qu'au moment où il est contracté, chacun des époux doit être dans la ferme intention de ne jamais le rompre, et ne doit pas prévoir alors les causes accidentelles, quelquefois coupables, qui, par la suite, pourront en nécessiter la dissolution.

» Mais que l'indissolubilité du mariage ne puisse recevoir de modifications dans aucun cas, c'est un système démenti par les maximes et par les exemples de tous les siècles. Il n'est pas dans la nature des choses que deux êtres organisés à part soient jamais parfaitement identifiés : or, le Législateur doit prévoir les résultats que la nature des choses peut amener. Aussi la fiction de l'identité des époux a-t-elle été toujours modifiée; elle l'a été par la religion catholique, dans le cas de l'impuissance; elle l'a été par-tout par le divorce. On a admis la séparation de corps, qui est une modification du mariage, puisqu'elle en fait cesser les effets. On est convenu aussi que, lorsqu'il y a impuissance, la matière du mariage manque; que, quand il y a adultère, l'engagement du mariage est violé » (2).

Le divorce en soi se concilie donc avec le principe de la stabilité du mariage, lequel n'entraîne pas l'indissolubilité absolue, mais suppose « l'intention et le vœu de la perpétuité de la part de ceux qui contractent » (3).

---

(1) M. *Savoye-Rollin*, Tribun, tome I.ᵉʳ, page 429. — (2) Le *Premier Consul*, Procès-verbal du 16 vendémiaire an 10, tome I.ᵉʳ, page 327. — (3) M. *Treilhard*, Exposé des motifs, Procès-verbal du 19 ventôse an 11, tome II, page 540.

Le principe de la stabilité ne pourroit être détruit par l'admission du divorce, que dans le cas où une organisation vicieuse de cette institution faciliteroit la légèreté, le caprice, et permettrait aux époux de se jouer du mariage. Il sera donc respecté ; si l'on environne le divorce de formes, d'épreuves et de conditions capables d'en prévenir l'abus ; (1).

Mais l'organisation du divorce est une autre question. Il suffit, quant à présent, d'avoir établi que le divorce, dans son essence et sagement organisé, se concilie avec les principes de notre droit civil sur la nature du mariage; qu'ainsi le Législateur ne se contredisoit pas en l'admettant pour se conformer au principe de la liberté des cultes.

III.e Division.

Dans quel esprit le Divorce a été maintenu.

Le respect pour la liberté des cultes étant le motif qui a fait introduire le divorce, on conçoit qu'il n'a pu entrer dans l'esprit du Législateur de blesser, d'un autre côté, cette même liberté.

Ainsi, « en admettant le divorce, il n'a pas entendu contrarier le dogme religieux de l'indissolubilité du mariage, ni décider un point de conscience. Il suppose seulement, comme on l'a dit ailleurs, que les passions peuvent détruire l'harmonie qui doit régner entre deux époux; il suppose que les excès peuvent être assez graves pour rendre à ces époux leur vie commune insupportable. Alors, s'occupant avec sollicitude de leur tranquillité, de leur sûreté et de leur bonheur présent, dont il est uniquement chargé, il s'abstient de les contraindre à demeurer inséparablement liés l'un à l'autre, malgré tous les motifs qui les divisent. Sans offenser les vues de la religion, qui continue sur cet objet, comme

---

(1) M. *Treilhard*, Exposé des motifs, Procès-verbal du 19 ventôse an 11, t. *II*, p. 545.

sur tant d'autres, à gouverner les hommes dans l'ordre du mérite
et de la liberté, le Législateur n'emploie alors lui-même le pouvoir
coactif que pour prévenir les désordres les plus funestes à la
société, et prescrire des limites à des passions et à des abus dont
on n'ose se promettre de tarir entièrement la source » (1). « La loi
civile peut fort bien, dans la crainte de plus grands maux, ne
pas user de coaction et de contrainte, pour obliger deux époux
malheureux à demeurer réunis, ou à vivre dans un célibat forcé,
aussi funeste aux mœurs qu'à la société » (2).

La loi ne fait donc que régulariser le divorce. « Le besoin de la
langue a seul fait admettre cette expression, *permettre, autoriser*
le divorce. A parler exactement, la loi civile ne le permet, ni
ne l'autorise ; elle se borne à en prévenir l'abus. En effet, s'il n'y
avoit pas de loi, la volonté de chacun seroit la seule règle dans
cette matière ; chacun useroit à son gré de la liberté naturelle :
mais l'ordre public pourroit être blessé par cette liberté indéfinie ;
et c'est pour empêcher ces désordres que la loi intervient. Elle ne
donne pas une liberté que tous tiennent de la nature ; elle ne parle
que pour la restreindre et la circonscrire dans des limites qui ne
pourroient être franchies sans que la société fût troublée. La loi
s'arrête là, et abandonne ensuite à la conscience l'usage du divorce.
Il n'y a donc point de discordance entre les lois civiles et les lois
religieuses : celles-ci sont la morale ; elles poursuivent le désordre
jusqu'au fond des cœurs : la loi civile n'arrête que les désordres
extérieurs, lorsqu'ils troublent la tranquillité publique. La morale
prend l'homme là où la loi civile cesse de le régir : elle va donc
plus loin que la loi civile ; elle condamne ce que la loi civile ne
doit pas apercevoir. C'est ainsi que l'ingratitude, que l'usurpation,
sont des crimes aux yeux de la morale ; tandis que la loi civile ne

---

. (1) Discours préliminaire du Projet du code civil, *page xxix.* — (2) Ibid., *page xxxiij.*

donne qu'en certaines occasions, action contre les ingrats; tandis qu'elle maintient les usurpations, lorsque le laps de temps en a masqué l'injustice. La loi civile dit ici : Je laisse à la conscience l'usage du divorce; mais si l'on en abuse contre l'ordre, je le défends » (1).

Au surplus, le divorce devoit être dans la loi.

La liberté des cultes l'exigeoit; peut-être même convenoit-il de l'accorder à la liberté des opinions en général, dans un pays où l'on n'interroge personne sur sa croyance.

D'ailleurs, il existe presque par-tout et dans le fait.

Chez beaucoup de peuples, on y arrive par des voies indirectes et détournées. Ces peuples appellent souvent *cassation de mariage* ce que nous appelons *divorce :* ici on l'autorise sous les prétextes les plus légers; là, au moment même où l'on se marie, on a soin de se ménager par des protestations des moyens de nullité pour s'en servir au besoin *.

C'est ainsi qu'à la faveur de vains subterfuges, on échappe au principe de l'indissolubilité absolue, tout en affectant de le respecter.

Pourquoi dissimuler? En laissant le divorce dans nos lois, du moins nous est-il possible d'en régulariser l'usage; d'opposer les précautions aux abus; de constituer juges de sa nécessité des tribunaux dont la marche est liée à des formes, dont la décision est soumise à des dispositions fixes et ne peut jamais être arbitraire.

Le divorce devoit donc être dans notre législation.

Mais ce seroit un grand malheur qu'il passât dans nos habitudes. Qu'est-ce qu'une famille dissoute? Que sont des époux qui, après avoir vécu dans les liens les plus étroits que la nature et la loi puissent former entre des êtres raisonnables, deviennent tout-à-coup étrangers l'un à l'autre sans néanmoins pouvoir s'oublier? Que sont

---

(1) M. *Portalis*, Procès-verbal du 14 vendémiaire an 10, *tome Ier, page 298.*
* En Pologne.

des enfans qui n'ont plus de père; qui ne peuvent confondre dans les mêmes embrassemens les auteurs désunis de leurs jours; qui, obligés de les chérir et de les respecter également, sont, pour ainsi dire, forcés de prendre parti entre eux; qui n'osent rappeler en leur présence le déplorable mariage dont ils sont les fruits?

Ah! gardons-nous d'encourager le divorce! De toutes les modes, ce seroit la plus funeste. N'imprimons pas le sceau de la honte à l'époux qui en use, mais plaignons-le comme un homme auquel il est arrivé un grand malheur. Que les mœurs repoussent la triste ressource que la loi n'a pu refuser aux époux malheureux. Déjà leurs amis ont vu avec joie le divorce rejeté loin de la famille impériale (1); elle est trop auguste pour en avoir besoin. Que la condescendance, que la douceur préviennent les dissentions; qu'en tout cas la patience les assoupisse. Infortunés! où courez-vous! Pour fuir un abîme de douleur vous allez vous plonger dans un abîme plus profond encore! songez que si un mariage mal assorti est une des grandes calamités de la vie, trop souvent le divorce est une calamité plus grande encore pour un cœur honnête et pour une ame sensible.

II.ᵉ QUESTION.

LA SÉPARATION DE CORPS DEVOIT-ELLE ÊTRE RÉTABLIE!

Lᴀ séparation de corps devoit être considérée sous le rapport de ses inconvéniens et sous le rapport de ses avantages;

Sous le rapport de ses inconvéniens, afin de reconnoître si ceux qu'elle entraînoit obligeoient de l'exclure;

---

(1) *Voyez* le Statut du 30 mars 1806, *article 7, B. 84, page 374.*

Sous

Sous le rapport de ses avantages, afin de juger si ceux qu'elle présentoit ne se retrouvoient pas dans le divorce.

En un mot, la séparation de corps étoit-elle une institution essentiellement mauvaise, il falloit l'écarter ;

Étoit-elle inutile, il falloit l'écarter encore.

I.ʳᵉ Division.

Devoit-on proscrire la Séparation de corps, à raison des inconvéniens qu'elle pouvoit entraîner !

Pour décider cette question, il importe,

1.º De fixer la nature et les caractères de la séparation de corps ;

2.º De voir quels inconvéniens en sont la suite ;

3.º De peser la gravité de ces inconvéniens ;

4.º D'examiner si, en tout cas, il n'étoit pas possible d'y remédier.

I.ʳᵉ Subdivision.

De la Nature et des Caractères de la Séparation de corps.

« La séparation est au divorce ce que la suspension est à la cassation » (1).

« Le divorce rompt le mariage et donne aux deux époux le droit d'en contracter un nouveau » (2).

« La séparation de corps relâche le lien du mariage » (3), mais « elle le laisse subsister » (4) ; « les époux continuent de demeurer unis » (5) ; « un autre mariage est impossible » (6). « La femme

---

(1) Le *Premier Consul*, Procès-verbal du 4 brumaire an 10. — (2) M. *Rœderer*, ibid. — (3) M. *Portalis*, Procès-verbal du 26 vendémiaire an 10, *tome I.ᵉʳ, page 361.* — . (4) M. *Rœderer*, Procès-verbal du 4 brumaire an 10. — (5) M. *Portalis*, Procès-verbal du 26 vendémiaire an 10, *tome I.ᵉʳ, page 361.* — (6) Le *Premier Consul*, Procès-verbal du 4 brumaire an 10.

3. G

conserve le nom de son mari » (1); « elle demeure sous sa surveillance » (2). « Les époux peuvent rétablir leur union » (3), et même « dans la législation ancienne la séparation étoit toujours prononcée pour un temps soit fixe, soit indéterminé, jamais à perpétuité : on eût craint de blesser le principe de l'indissolubilité absolue du mariage » (4).

Voilà les points sur lesquels les deux institutions diffèrent entre elles ; et 5 ce ne sont pas là des différences légères 5 (5).

« Au-delà leurs effets sont les mêmes » (6) ou « peu différens. Cette union des personnes, cette communauté de la vie qui forment si essentiellement le mariage, n'existent plus. Les jugemens de séparation prononçoient toujours des défenses expresses au mari de hanter et fréquenter sa femme » (7).

II.e Subdivision.

Des Inconvéniens qu'on a attribués à la Séparation de corps.

On a reproché à la séparation deux inconvéniens principaux :

Celui de perpétuer le déshonneur du mari. « Une femme déhontée, a-t-on dit, continue, après la séparation, de déshonorer le nom de son mari parce qu'elle le conserve » (8), « parce que le mari n'a aucun moyen de réprimer et de punir la femme adultère qui persiste dans le désordre » (9). Et cet inconvénient n'existe pas seulement dans le cas où la séparation a été prononcée sur la demande du

---

(1) Le *Premier Consul*, Procès-verbal du 4 brumaire an 10 ; — M. *Portalis*, Procès-verbal du 26 vendémiaire an 10, *tome I.er*, *page 361*. — (2) Ibid. — (3) Le *Premier Consul*, Procès-verbal du 4 brumaire an 10. — (4) M. *Portalis*, Procès-verbal du 26 vendémiaire an 10, *tome I.er*, *page 361*. — (5) Le *Premier Consul*, Procès-verbal du 4 brumaire an 10. — (6) M. *Rœderer*, ibid. — (7) M. *Treilhard*, Exposé des motifs, Procès-verbal du 19 ventôse an 11, *tome II*, *page 542*. — (8) Le *Premier Consul*, Procès-verbal du 14 vendémiaire an 10, *tome I.er*, *page 307*. — (9) Le *Premier Consul*, Procès-verbal du 26 vendémiaire an 10, *pages 361 et 362*.

mari pour cause d'adultère, mais même dans celui où elle a été obtenue, soit par la femme, soit par le mari, pour toute autre cause, car il est possible qu'après la séparation les mœurs d'une épouse, jusqu'alors sans reproche, viennent à changer.

Le second inconvénient étoit que s la séparation réduisoit les époux à un célibat indéfini s (1).

Cet inconvénient, au surplus, ne pouvoit exister que « lorsque les deux époux n'auroient pas les mêmes principes ; que l'un croiroit à l'indissolubilité absolue du mariage ; que l'autre croiroit le divorce légitime » (2).

III.ᵉ SUBDIVISION.

Ces Inconvéniens étoient-ils réels !

On a contesté la réalité de ces inconvéniens.

On a opposé au premier, qu'il étoit inutile de s'occuper de l'honneur du mari. « La loi, a t-on dit, lui offre un moyen de le couvrir, puisqu'elle lui permet le divorce. C'est donc parce qu'il le veut, que son honneur se trouve sacrifié à sa conscience ; dès-lors la loi n'est pas injuste à son égard : *volenti non fit injuria* » (3). Si « en conséquence de ses principes religieux, le mari a préféré la séparation au divorce, il a connu les inconvéniens et les suites de son option. Quand cette vue ne l'a pas arrêté, c'est une preuve que ses principes lui eussent fait dévorer en silence ses chagrins et dissimuler l'adultère de sa femme, si la loi ne lui eût pas présenté la ressource de la séparation : on allège donc sa condition, lorsqu'on lui donne un moyen conforme à sa conscience » (4).

---

(1) M. *Berlier*, Procès-verbal du 16 vendémiaire au 10, *tome I.ʳ*, *page 321*. — (2) M. *Portalis*, Procès-verbal du 26 vendémiaire an 10, *page 361*. — (3) Ibid., *p. 363*. — (4) Ibid., *page 362*.

On a opposé au second inconvénient, qu'on ne devoit pas y faire attention par rapport à l'époux sur la demande duquel la séparation auroit été prononcée ; car 5 ayant eu le choix entre l'action en séparation et l'action en divorce, il avoit été libre de suivre ses principes 5 (1). Comme on vient de le dire, « celui qui, en conséquence de ses principes religieux, a préféré la séparation au divorce, a connu les inconvéniens et les suites de son option » * (2).

5 A la vérité, il n'en étoit pas de même de l'autre époux : le choix du moyen n'avoit pas dépendu de lui ; mais comme les torts étoient de son côté, il pouvoit mériter moins de ménagemens 5 (3).

Cependant, sans prononcer sur le plus ou moins de gravité de ces inconvéniens, on s'est attaché à y chercher des remèdes, et on en a trouvé.

IV.e SUBDIVISION.

Des Remèdes qui ont été apportés aux Inconvéniens de la Séparation de corps.

Il y avoit sans doute un remède au premier inconvénient ; c'étoit de faire quitter à la femme séparée, comme à la femme divorcée, le nom de son mari. On le proposa, mais seulement à l'égard de la femme séparée pour cause d'adultère (4).

Cependant, d'après ce qui a été dit **, il eût fallu généraliser cette mesure en l'étendant à toute femme séparée, quel que fût le motif de la séparation.

Mais, dans le cas particulier de la séparation pour adultère, « cette disposition en eût contrarié d'autres qu'alors on se proposoit d'établir ;

---

(1) M. *Portalis,* Procès-verbal du 26 vendémiaire an 10, *tome I.er*, *page 361*. — (2) Ibid., *page 362*. (3) M. *Boulay,* Procès-verbal du 24 vendémiaire an 10, *page 349*. — (4) *Voyez* la proposition faite par M. *Tronchet*, Procès-verbal du 26 vendémiaire an 10, *tome I.er*, *page 364*.
* *Voyez* néanmoins à l'*article 310*, *pages 354 et suiv.* — ** *Voyez pages 50 et 51.*

c'étoient celles qui ordonnoient que la procédure fût secrète toutes les fois qu'il s'agiroit d'une cause honteuse, et que cette cause seroit invoquée pour obtenir soit la séparation de corps, soit le, divorce * » (1).

Au surplus, la proposition fut abandonnée, parce qu'on se rappela que la législation ancienne offroit un moyen plus sûr de sauver l'honneur du mari en réprimant les désordres de la femme.

En effet, l'inconvénient auquel on vouloit pourvoir ne subsistoit que dans notre législation actuelle, qui ne punissoit plus l'adultère. il suffisoit donc, pour le faire cesser, de rétablir la législation· qui y attachoit une peine.   ſ

ſ Autrefois la femme convaincue d'adultère étoit rasée et enfermée dans un couvent, d'où elle ne sortoit qu'autant que son mari consentoit à la reprendre dans un délai fixé. Aujourd'hui, il n'existe plus de couvens, mais on pouvoit chercher un autre moyen d'appliquer les peines de l'authèntique ſ (2); et alors la· séparation de corps se trouvoit dégagée du premier des inconvéniens que l'on craignoit.

Ce système a été adopté par l'article 298.

A l'égard du second inconvénient, on y a remédié par l'article 310, que je développerai en son lieu **.

Avec ces précautions, on ôtoit à la séparation de corps toutes ses difficultés.

Mais il ne suffisoit pas qu'il n'y eût plus de motifs pour l'écarter, il falloit encore qu'il y eût des raisons pour l'admettre; et ici se place l'examen des avantages que pouvoit offrir la séparation de

---

. (1) *Voyez* la proposition faite par M. *Tronchet*, Procès-verbal du 26 vendémiaire an 10, *tome I.ᵉʳ*, *page 364.* — (2) M. *Regnaud* (de Saint-Jean-d'Angely), ibid., *p. 362.*

* Cette objection étoit faite dans un système qu'on n'a pas adopté. L'admission du divorce par consentement mutuel a dispensé d'ensevelir dans le secret la totalité de la procédure. *Voyez page 167.* — ** *Voyez pages 354 et suiv.*

corps : ici aussi l'on est forcé de mettre cette institution en parallèle avec celle du divorce, afin de vérifier si cette dernière ne rendoit pas l'autre inutile.

II.e Division.

La Séparation de corps avoit-elle des avantages particuliers qui dussent la faire admettre ?

Examinons d'abord quels sont les avantages de la séparation ;
nous verrons ensuite s'ils se retrouvent dans le divorce.

I.re Subdivision.

Des Avantages de la Séparation de corps.

La séparation ne peut avoir d'avantages que comme en a le
remède à un mal, puisqu'elle est instituée pour mettre un terme
aux malheurs d'une union mal assortie.

Tout se réduit donc à examiner si elle est un moyen doux et
salutaire pour faire cesser les suites de désordres qu'on ne peut pas
extirper.

Sous ce rapport on lui a trouvé trois avantages :

« L'un, de laisser toujours une porte ouverte à la réconciliation
entre les époux » (1); ils peuvent détruire, quand il leur plaît,
leur séparation, et rendre à leur mariage ses effets. « Une rencontre
fortuite, l'isolement où se trouvent des époux habitués à vivre ensemble, la réflexion qui met à leur place des torts que les passions
avoient exagérés, l'aspect sur-tout des enfans communs, peuvent
faire répandre autour d'eux les pleurs du repentir et ceux de la
clémence » (2).

L'autre avantage concerne les enfans : la séparation ne les rend

---

(1) M. *Maleville*, Procès-verbal du 16 vendémiaire an 10, *tome I.er, page 332.*
— (2) Ibid.

pas, en quelque sorte, étrangers à leurs pères. « Des époux séparés n'en ont pas moins l'œil sur eux; leurs entrailles n'en sont pas moins émues à ce spectacle » (1).

Le troisième avantage de la séparation de corps est d'offrir une ressource à ceux que leur croyance attache au principe de l'indissolubilité absolue du mariage.

Rapprochons maintenant cette institution de celle du divorce, et voyons si cette dernière peut la suppléer.

II.ᵉ Subdivision.

Parallèle entre la Séparation de corps et le Divorce, sous le rapport de leurs avantages respectifs.

Je réduirai toute cette discussion à deux questions:

L'une sera de savoir laquelle de l'institution du divorce, ou de celle de la séparation, présente en elle-même le plus d'avantages.

L'autre, si indépendamment de ces considérations, la liberté des cultes et des opinions n'exigeoit pas le rétablissement de la séparation de corps, comme elle exigeoit le maintien du divorce.

La première de ces questions se rattache à une de ces théories générales sur lesquelles l'éloquence et la subtilité peuvent long-temps s'exercer sans arriver à un résultat certain. Cependant, pour ne rien laisser incomplet, j'exposerai ce qui a été dit à cet égard.

La seconde question, au contraire, nous ramène à un principe clair, au seul principe régulateur dans cette matière.

Numéro I.ᵉʳ

Laquelle des deux Institutions, considérées en elles-mêmes, présente le plus d'avantages!

D'un côté on a reproché au divorce de ne pas offrir les deux avantages que donne la séparation.

_____

(1) M. *Maleville*, Procès-verbal du 16 vendémiaire an 10, *tome I.ᵉʳ, page 331.*

« Il ferme, a-t-on dit, toute issue à la réconciliation si desirable entre les époux, et ne laisse après lui que des remords et des regrets » (1).

Il sépare, a-t-on ajouté, les pères des enfans. « Un époux divorcé et remarié est, par cela même, constitué hors d'état de remplir, à leur égard, les devoirs dont la nature l'a chargé ; une nouvelle femme, un nouveau mari, rebutent et éloignent ces enfans : mais c'est pour les enfans que le mariage a été établi, et c'est leur intérêt qu'il faut sur-tout considérer dans toutes les questions relatives au mariage. Si les enfans étoient mis, comme à Lacédémone, sous la surveillance de magistrats, et élevés en commun, le divorce leur seroit à-peu-près indifférent ; mais peut-on soutenir qu'un tuteur ait la même affection, le même zèle et encore le même pouvoir qu'un père pour leur conservation et leur direction ? Toujours il y a eu des tuteurs ; et pourquoi cependant toujours les orphelins ont-ils excité la pitié » (2) ?

D'un autre côté on a ainsi exposé les avantages politiques qu'on a attribués au divorce sur la séparation de corps.

« Quel est donc, a-t-on dit, l'effet de cette conservation apparente du lien conjugal dans les séparations, et pourquoi retenir encore le nom avec tant de soin, lorsqu'il est évident que la chose n'existe plus ? Le vœu principal du mariage n'est-il pas trompé ? N'est-il pas vrai que l'époux n'a réellement plus de femme, que la femme n'a plus de mari ? Quel est donc, encore une fois, l'effet de la conservation du lien ?

» On interdit à deux époux, devenus célibataires de fait, tout espoir d'un lien légitime, et on laisse subsister entre eux une communauté de nom qui fait encore rejaillir sur l'un le déshonneur

---

(1) M. *Maleville*, Procès-verbal du 16 vendémiaire an 10, *tome I.er*, *page 332*. — (2) Ibid., *pages 331 et 332*.

dont

dont l'autre peut se couvrir. Nous n'avons que trop vu les funestes conséquences de cet état, et le passé nous annonce ce que nous devrions en attendre pour l'avenir.

« Cependant l'un des époux étoit du moins sans reproche ; il avoit été séparé comme une victime de la brutalité ou de la débauche : falloit-il l'offrir une seconde fois en sacrifice, par l'interdiction des ·sentimens les plus doux et les plus légitimes ? L'époux même dont les excès avaient forcé la séparation, ne pouvoit-il pas mériter quelque intérêt ? Était-il impossible que, mûri par l'âge et par la réflexion, il pût trouver une compagne qui obtiendroit de lui cette affection si constamment refusée à la première !

» Certes, si nous ne considérons que la personne des deux époux, il est bien démontré que le divorce est pour eux préférable à la séparation.

» Il n'y a qu'une objection ; on la tire de la possibilité d'une réunion ; mais combien de séparations a vues le siècle dernier, et combien peu de rapprochemens ! Comment pourroient-ils s'effectuer ces rapprochemens ?

» La demande en séparation suppose déjà des esprits extraordinairement ulcérés ; la discussion, par sa nature, augmente encore la malignité du poison. Le réglement des intérêts pécuniaires, après la séparation, lui fournit un nouvel aliment.

» Enfin chacun des deux époux, isolé, en proie aux regrets, quelquefois aux remords, éprouvant le desir bien naturel de remplir le vide affreux qui l'environne, et cependant sans espoir de former une union qu'il pourra avouer, forcé en quelque manière de courir après les distractions par le besoin pressant de se fuir lui-même, se trouve insensiblement entraîné dans la dissipation et dans tous les désordres qu'elle mène à sa suite.

» A Dieu ne plaise qu'on prétende que ce tableau soit celui de tous les époux séparés ! On veut dire seulement que l'impossibilité de former un nouveau lien, les expose à toutes les espèces de séductions; qu'il faut pour résister à des dangers si pressans, un effort peu commun et dont peu de personnes sont capables, et que l'interdiction d'un lien légitime a souvent plongé sans retour nombre de victimes dans les mauvaises mœurs.

» Ajoutons qu'il n'y a presque pas d'exemples de réunion entre deux époux séparés, et que ces réunions furent quelquefois plus scandaleuses que la séparation même : l'on a vu au contraire plusieurs fois, dans les lieux où le divorce étoit admis, deux êtres infortunés, victimes l'un et l'autre, tant qu'ils furent unis, de la violence des passions, former, après leur divorce, des mariages qui, s'ils ne furent pas toujours parfaitement heureux, du moins ne furent suivis d'aucun éclat, ni d'aucun signe extérieur de repentir.

» On doit en tirer cette conséquence que, pour les époux, le divorce est, sans contredit, préférable à la séparation.

» Mais les enfans, que deviendront-ils après le divorce?

» On peut demander aussi : que deviennent-ils après les séparations!

» Sans doute le divorce ou la séparation des pères forme dans la vie des enfans une époque bien funeste; mais ce n'est pas l'acte de divorce ou de séparation qui fait le mal, c'est le tableau hideux de la guerre intestine qui a rendu ces actes nécessaires.

» Au moins les époux divorcés auront encore le droit d'inspirer pour leur personne un respect et des sentimens qu'un nouveau nœud pourra légitimer; ils ne perdront pas l'espoir d'effacer par le tableau d'une union plus heureuse, les fatales impressions de leur union première; et n'étant pas forcés de renoncer au titre honorable d'époux, ils se préserveront avec soin de tout écart qui pourroit les en rendre indignes.

» C'est peut-être ce qui peut arriver de plus heureux pour les enfans; l'affection des pères se soutiendra bien plus sûrement dans la sainteté d'un nœud légitime, que dans les désordres d'une liaison illicite, auxquels il est si difficile d'échapper quand on n'a plus droit de prétendre aux honneurs du mariage.

» Mais, dit-on, les lois ont toujours regardé d'un œil défavorable les secondes noces. Sans examiner si cette défaveur est fondée sur des raisons sans réplique, ou si, au contraire, dans une foule d'occasions, un second mariage ne fut pas pour les enfans un grand acte de tendresse; on observera seulement qu'il ne s'agit point ici d'une épouse à qui la mort a ravi son protecteur et son ami, et dont le cœur, plein de ses premiers sentimens, repousse avec amertume toute idée d'une affection nouvelle.

» Il s'agit d'époux dont les discordes ont éclaté, dont tous les souvenirs sont amers, qui, éprouvant le besoin de fuir, pour ainsi dire, leur vie passée et de se créer une nouvelle existence, se précipiteront trop souvent dans le vice, si les affections légitimes, leur sont interdites.

» Le véritable intérêt des enfans est de voir les auteurs de leurs jours, heureux, dignes d'estime et de respect, et non pas de les trouver isolés, tristes, éprouvant un vide insupportable, ou comblant ce vide par des jouissances qui ne sont jamais sans amertume, parce qu'elles ne sont jamais sans remords.

. » Quant à la société, il est hors de doute que son intérêt réclame le divorce, parce que les époux pourront contracter dans la suite de nouvelles unions : pourquoi frapperoit-elle d'une fatale interdiction des êtres que la nature avoit formés pour éprouver les plus doux sentimens de la paternité? Cette interdiction seroit également funeste et aux individus et à la société : aux individus, qu'elle condamne à des privations qui peuvent être méritoires quand elles sont volontaires, mais qui sont trop amères quand elles sont forcées; à la société, qui se trouve ainsi appauvrie de nombre de familles dont elle eût pu s'enrichir.

» Les formes, les épreuves dont le divorce sera environné, pourront en prévenir l'abus : espérons que le nombre des époux divorcés ne sera pas grand; mais enfin, quelque peu considérable

H 2

qu'il soit, ne seroit-il pas également injuste et impolitique de les
laisser toujours victimes, de changer seulement l'espèce du sacrifice?
Et lorsque l'État peut légitimement attendre d'eux des citoyens qui
le défendront, qui l'honoreront peut-être, faut-il étouffer un espoir
si consolant?

» Toute personne sans passion et sans intérêt sera donc forcée
de convenir que le divorce, qui, brisant le lien, laisse la possibilité
d'en contracter un nouveau, est préférable à la séparation, qui, ne
conservant du lien que le nom, livre deux époux à des combats
perpétuels, et dont il est si difficile de sortir toujours avec avantage » (1).

Telles sont les considérations sur lesquelles on s'est appuyé pour
soutenir, soit que le divorce présentoit plus d'avantages que la
séparation, soit que la séparation présentoit plus d'avantages que
le divorce.

Au surplus, elles n'avoient pas été proposées pour exclure l'une
ou l'autre des deux institutions. En relevant les avantages de la
séparation, on en concluoit seulement que « le divorce devoit être
réservé pour un petit nombre de causes très-graves « (2). En mettant
la séparation au-dessous du divorce, on vouloit seulement prouver
« qu'il convenoit de le maintenir « (3).

Ces raisons néanmoins se rapportent aussi à la question que
nous traitons en ce moment.

Il faut convenir cependant qu'elles la laissent indécise. Tout ce
qu'on en peut conclure, c'est que le divorce et la séparation de
corps ont tous deux des inconvéniens et des avantages.

Mais la solution qu'auroit pu recevoir la question sous le rap-

---

(1) M. *Treilhard*, Exposé des motifs, Procès-verbal du 19 ventôse an 11, *tome II*,
pages 542, 543, 544 et 545. — (2) M. *Maleville*, Procès-verbal du 16 vendémiaire
an 10, *tome I.er*, page 332. — (3) M. *Treilhard*, Exposé des motifs, Procès-verbal
du 19 ventôse an 11, *tome II*, page 545.

port que nous la considérons, n'auroit eu rien de décisif : c'étoit
d'après les mêmes principes que celle du divorce qu'elle devoit être
décidée, c'est-à-dire, sous le rapport de la liberté des cultes.

Numéro II.

*L'Avantage qu'avoit la Séparation de corps, d'assurer la Liberté
des Cultes et des Opinions, devoit la faire. admettre.*

L'indissolubilité absolue du mariage est un des principes de
la religion catholique.

« Il se trouve même des personnes qui , sans professer cette
religion, croient cependant que l'engagement du mariage ne peut
se rompre ; ceux-là aussi aimeront mieux souffrir que d'induire
l'autre époux en erreur, et de lui donner la facilité de se remarier » (1) ; et « cette opinion a une base respectable dans un sentiment noble et généreux, qui fait qu'on veut tenir à la foi. donnée,
lors même que la personne à laquelle on l'a jurée y manque de son
côté » (2).

 Le principe de l'indissolubilité du mariage devoit donc être
respecté sous le double rapport de la liberté des opinions religieuses et de celle des opinions morales (3).

L'étoit-il si la loi se bornoit au divorce?

La Commission l'avoit pensé.

La séparation de corps lui paroissoit inutile, non-seulement en
soi, et « parce qu'elle devoit être prononcée pour les mêmes
causes que le divorce » (4), mais encore sous le rapport de la
liberté des cultes. « La loi civile, dit un de ses membres, ne

---

(1) M. *Portalis*, Procès-verbal du 26 vendémiaire an 10, *tome Ier; page 366.* —
(2) M. *Boulay*, Procès-verbal du 24 vendémiaire an 10, *page 336.* — (3) M. *Portalis*,
ibid., *pages 336 et 337.* — (4) M. *Tronchet*, Procès-verbal du 16 vendémiaire an 10,
page 326.

s'occupe point de ce qui se passe dans les consciences. Si elle n'autorise que le divorce seul, le Catholique, qui ne verra que ce moyen de quitter son époux, l'emploîra, et, pour obéir à ses principes, il ne contractera pas un mariage nouveau » (1).

Mais est-il bien vrai ? qu'en ne se remariant pas, le Catholique satisfait à sa conscience ? (2)?

« Non, il n'y satisfait pas » (3).

« S'il est conséquent dans ses principes, il craindra que son épouse ne soit moins scrupuleuse que lui, et alors, pour ne lui pas donner une liberté qu'il ne croit pas légitime, il s'abstiendra de demander le divorce * » (4).

La séparation étoit donc le seul moyen qu'eût la loi de « venir au secours du mari malheureux à qui ses principes ne permettent pas de faire usage du divorce, et qu'elle ne doit pas placer entre le désespoir et sa conscience » (5).

L'opinion générale d'ailleurs avoit déjà prononcé sur la question : elle avoit envisagé l'usage de la séparation de corps comme une suite nécessaire de la liberté des cultes. « Par-tout, en effet, où cette liberté des cultes existe, le divorce et la séparation ont été également établis, afin que chacun pût en user suivant sa conscience » (6). « La séparation est admise même dans les pays protestans, où cependant le divorce n'est pas en opposition avec la religion » (7). « La Prusse sur-tout a donné cet exemple, quoiqu'il ne s'y trouve que peu de Catholiques, » (8).

(1) M. *Tronchet*, Procès-verbal du 26 vendémiaire an 10, *tome I.er*, *page 366*. — (2) M. *Portalis*, ibid. — (3) Ibid. — (4) M. *Devaisnes*, ibid. ; — M. *Portalis*, ibid. — (5) M. *Boulay*, ibid., *page 364.* — (6) M. *Portalis*, ibid., *page 366.* — (7) M. *Boulay*, Procès-verbal du 24 vendémiaire an 10, *page 336* ; — du 26 vendémiaire, *page 364.* — (8) M. *Portalis*, Procès-verbal du 26 vendémiaire an 10, *p. 366,*

* *Voyez* cependant *pages 358 et 359.*

Ces exemples devoient d'autant plus être suivis en France, que « les principes de la plus grande partie des François ne se. concilient pas avec l'usage du divorce, et c'étoit pour cette raison que la plupart des Tribunaux avoient demandé le rétablissement de la séparation de corps » (1).

III.ᵉ QUESTION.

LE DIVORCE ET LA SÉPARATION DE CORPS DEVOIENT-ILS EXISTER COMME DES INSTITUTIONS PARALLÈLES?

LE divorce et la séparation de corps étant tous deux admis, il restoit à déterminer comment on les feroit exister ensemble.

Les établiroit-on comme des institutions parallèles?

Ils ne pouvoient l'être qu'autant qu'ils seroient accordés tous deux pour les mêmes causes ; qu'ils ne seroient en aucun cas subordonnés l'un à l'autre.

Leur attribueroit-on cet effet sous les deux rapports?

Cette question a été examinée.

I.ʳᵉ DIVISION.

Devoit-on admettre le Divorce et la Séparation pour les mêmes causes?

LA question présentée en ces termes est trop générale. D'après

---

(1) M. *Boulay*, Procès-verbal du 26 vendémiaire an 10, *tome I.ᵉʳ, page 364.*

les notions qui vont être exposées, il devient nécessaire de la diviser.

Les causes qui jettent la dissention entre les époux, ne sont pas toutes de la même nature et par conséquent ne peuvent produire les mêmes effets.

Il en est de très-graves « qui rompent l'engagement du mariage » (1), « qui l'anéantissent pour ainsi dire d'un seul coup » (2) : 5 tel est l'adultère 5 (3) ; 5 tel est l'attentat à la vie de l'un des époux de la part de l'autre 5 (4).

Quand de telles causes existent, il est presque impossible que l'union se rétablisse entre les époux.

Mais « il est aussi d'autres causes, qui considérées dans un temps donné, sont beaucoup moins graves de leur nature. Elles peuvent être l'effet d'un caprice ou d'une passion passagère ; elles sont susceptibles d'oubli ; elles diffèrent d'ailleurs par les nuances des caractères, de l'éducation et des conditions » (5). Tels sont les sévices et les injures.

Cette distinction établie, la question générale de savoir si le divorce et la séparation devoient être accordés pour les mêmes causes, se partageoit nécessairement en deux questions secondaires.

Il s'agissoit en effet d'examiner,

1.° Si tous deux pourroient avoir également lieu pour les causes très-graves, ou si le divorce seul seroit admis dans ces cas ;

---

(1) Le *Premier Consul*, Procès-verbal du 14 vendémiaire an 10, *tome I.er*, *page 316.* — (2) M. *Boulay*, Procès-verbal du 24 vendémiaire an 10, *page 336.* — (3) Le *Premier Consul*, Procès-verbal du 14 vendémiaire an 10, *page 316.* — (4) M. *Boulay*, Procès-verbal du 24 vendémiaire an 10, *page 335.* — (5) Ibid., *pages 336 et 337.*

2.°

2.° S'ils seroient permis, même pour les causes moins graves, ou si alors on n'autoriseroit que la séparation de corps.

I.ʳᵉ Sᴜʙᴅɪᴠɪsɪᴏɴ.

Convenoit-il de n'admettre que le Divorce pour les causes très-graves !

Iʟ ne pouvoit pas y avoir de doute que ces sortes de causes dussent opérer le divorce : certainement , dans une législation qui le permet, lorsqu'il y a des infractions aux lois essentielles du mariage, comme dans le cas de l'adultère et de l'attentat à la vie, le mariage doit être rompu.

Mais la séparation n'est-elle pas alors un remède trop foible?

Il n'appartient d'en juger qu'à l'époux qui a droit de se plaindre.

Quant au Législateur, il ne peut que laisser le choix entre les deux moyens :

La raison le veut; car le secours, quel qu'il soit, que la loi donne aux époux malheureux, n'est offert que comme un remède dont chacun peut user à la vérité , mais que chacun aussi peut repousser s'il a assez de force et de vertu pour qu'il ne lui soit pas nécessaire :

Le principe qui a fait admettre simultanément le divorce et la séparation, l'exige ; les consciences ne seroient plus à l'aise, si, dans les cas les plus graves, on ne pouvoit user que du divorce.

II.ᵉ Sᴜʙᴅɪᴠɪsɪᴏɴ.

Pouvoit-on ne permettre que la Séparation pour les causes moins graves !

Au Conseil d'état, on a soutenu l'affirmative; mais la négative a été décidée.

3.   I

Raisons pour l'Affirmative.

Quelques personnes répugnoient à permettre le divorce, c'est-à-dire, à dissoudre le mariage pour des causes qui ne l'attaquent pas toujours dans son essence, et que le temps peut effacer.

« Tout ce qui est cause de séparation, a-t-on dit, peut n'être pas toujours un motif suffisant de divorce.

» Les remèdes doivent être proportionnés aux maux, les peines aux délits; et comme il y a une très-grande différence entre le divorce et la séparation, soit par rapport au nœud du mariage, que l'un détruit et que l'autre conserve, soit par rapport aux enfans, les causes du divorce doivent nécessairement être plus graves que celles de la séparation » (1) : « le divorce ne doit être autorisé que pour des causes graves; les causes moins graves ne doivent donner lieu qu'à la séparation de corps » (2).

« S'ensuit-il cependant que la séparation doive être légèrement prononcée? Non, sans doute. Dans tout objet relatif, il y a trois termes, le positif, le comparatif et le superlatif; la séparation ne doit sans doute être prononcée que pour causes graves; mais pour le divorce, il faut des causes plus graves encore, des causes très-graves » (3).

On proposoit en conséquence de n'admettre le divorce que pour adultère et pour attentat.

5 La plupart des causes présentées par la Section n'eussent été que des causes de séparation de corps 5 (4).

---

(1) M. *Maleville*, Procès-verbal du 4 brumaire an 10. — (2) M. *Bigot-Préameneu*, Procès-verbal du 16 vendémiaire an 10, *tome I.er*, *page 330;* — M. *Boulay*, ibid., *page 331.* — (3) M. *Maleville*, Procès-verbal du 4 brumaire an 10. — (4) M. *Tronchet*, Procès-verbal du 16 vendémiaire an 10, *tome I.er*, *pages 325 et 326.*

ſ Tel eût été l'effet des sévices ſ (1). ſ Ils ne seroient devenus des causes positives de divorce que lorsqu'ils auroient dégénéré en attentat ſ (2).

Numéro II.

Raisons qui ont fait décider la Négative.

Cette théorie fut combattue dans son principe même.

On soutint ſ que la séparation de corps et le divorce devoient être deux institutions parallèles ; qu'on ne pouvoit attribuer à chacune une part telle que le divorce s'opérât en certains cas, et la séparation dans d'autres ſ (3) ; « que la séparation, cette institution qui, contre le vœu de la nature et de l'intérêt social, condamne l'un des époux, et même l'époux innocent, à un célibat perpétuel, ne doit jamais exclure nécessairement le divorce » (4).

Et en effet, les raisons qui avoient fait admettre la séparation pour les causes très-graves *, devoient aussi faire admettre le divorce pour les causes qui l'étoient moins. On ne pouvoit, dans aucun cas, sacrifier l'une à l'autre, l'opinion de l'indissolubilité absolue du mariage et l'opinion contraire ; toutes deux devoient être traitées avec la même faveur.

D'après cette doctrine, ſ les causes moins graves, c'est-à-dire, les mauvais traitemens et les injures, que l'ancienne jurisprudence avoit jugées être des causes suffisantes de séparation, devoient aussi être des causes suffisantes de divorce ſ (5).

---

(1) M. *Maleville,* Procès-verbal du 4 brumaire an 10. — (2) Le *Premier Consul,* ibid. — (3) M. *Berlier,* Procès-verbal du 16 vendémiaire an 10, tome Ier, page 321. — (4) Ibid. — (5) Ibid.

* *Voyez* Ire Subdivision, *page 65.*

I 2

Cette opinion a été adoptée par le Conseil d'état (1).

Passons à la seconde difficulté.

II.ᵉ Division.

Le Divorce demandé pour causes moins graves, devoit-il être subordonné à la Séparation de corps ?

Il seroit impossible de comprendre la discussion qui va être exposée, si l'on ne se plaçoit au moment où elle a eu lieu. Alors il n'étoit pas encore décidé que le divorce seroit accordé, comme la séparation, pour les causes moins graves, telles que les mauvais traitemens et les injures.

De là même vint la question.

En cherchant l'effet qu'il convenoit de donner à ces causes moins graves, on fut frappé de l'idée, que si elles peuvent n'avoir pas de racine dans le cœur, et sont de leur nature susceptibles de s'amortir avec le temps, que si elles ne portent pas immédiatement au mariage la même atteinte que les causes évidemment graves, il n'est pas toujours impossible qu'elles aient ce résultat par leur continuité (2), et que, procédant d'une haine formée, elles soient plus importantes qu'on ne l'avoit d'abord soupçonné.

On a en conséquence réfléchi, que d'un côté refuser le divorce, lorsque la bonne intelligence ne peut plus se rétablir entre les époux, c'étoit trop resserrer le remède et en priver une partie considérable des personnes auxquelles il pouvoit être nécessaire ; sous ce rapport il pouvoit être juste de faire des sévices des causes-immédiates de divorce.

---

(1) *Décision*, Procès-verbal du 4 brumaire an 10. — (2) M. *Boulay*, Procès-verbal du 24 vendémiaire an 10, *tome I.ᵉʳ, page 336.*

Mais, de l'autre, permettre le divorce pour ces causes sans les avoir approfondies, c'étoit s'exposer à rompre un mariage qui subsistoit encore dans le cœur des époux, quoique, égarés par des emportemens que le temps eût calmés, ils se regardassent dans le moment comme ennemis irréconciliables; c'étoit ∫ porter une atteinte trop funeste à la sainteté du mariage ∫ (1).

Pour sortir de cette alternative embarrassante, on avoit imaginé un système qu'il faut faire connoître.

I.ʳᵉ SUBDIVISION.

Système de la Séparation préalable.

CE système étoit renfermé dans les deux articles suivans :

Les sévices et les mauvais traitemens, la diffamation publique, et toute autre cause dont l'effet continué rendroit impossible la vie commune entre les époux, donneront lieu à la séparation de corps et de biens (2).

Quand la séparation aura été prononcée aux termes de l'article précédent, si elle subsiste pendant trois ans, sans qu'il y ait eu de rapprochement entre les époux, le divorce sera prononcé sur la demande de celui qui aura obtenu la séparation (3).

Mais il faut exposer le système avec plus d'étendue.

∫ Par l'article 4 du projet, on autorisoit l'époux qui avoit le droit de demander le divorce pour une cause évidemment grave, à se borner à la demande en séparation de corps et de biens ∫ (4). ∫ Cette alternative étoit due au respect pour la liberté des cultes ∫ (5).

∫ Mais, outre cette séparation facultative et politique qui eût remplacé le divorce, on en admettoit une autre qu'on appeloit *séparation*

_____

(1) M. *Boulay*, Procès-verbal du 24 vendémiaire an 10, *tome I.ᵉʳ*, *page 337*. — (2) *Rédaction présentée par M. Boulay, art. 5.*, ibid., *page 340*. — (3) *Art. 6*, ibid., *pages 340 et 341*. — (4) Ibid., *pages 336 et 340*. — (5) Ibid., *page 336*.

d'épreuve. Elle n'eût pas tenu lieu du divorce ; elle n'eût été employée que comme un moyen de s'assurer, en certain cas, que le divorce peut être légitime ʃ (1) ; et, devenant ainsi une condition du divorce demandé pour sévices, elle eût été forcée.

 Au surplus, ce n'étoit pas une séparation simplement de forme qui, comme celle qu'établit l'article 284, dût après un temps aboutir au divorce ou cesser ; c'étoit une séparation véritable : comme la séparation facultative, elle subsistoit indéfiniment et tant que l'époux par lequel elle avoit été demandée ne jugeoit pas à propos de la faire convertir en divorce.

Exposons maintenant les motifs de ce système.

II.e Subdivision.

Motifs du Système.

« LA séparation de corps, disoit-on, laisse subsister le mariage ; les époux, quoique séparés, restent toujours engagés l'un à l'autre ; mais étant séparés, les causes qui avaient altéré leur union peuvent s'anéantir ou s'affoiblir ; le temps peut les ramener à des sentimens plus calmes ; des parens, des amis peuvent s'interposer ; enfin, l'amitié peut renaître, ou du moins la raison se faire entendre, et ramener les époux l'un à l'autre » (2).

On pensoit aussi qu'à l'aide de la même épreuve, on découvriroit si les sévices procèdent d'un sentiment qu'on ne peut plus espérer de voir changer. « Si, malgré la séparation et l'intervalle de trois années, les époux restent désunis ; si rien n'a pu les rapprocher, que doit-on en conclure ? Qu'il existe entre eux un

---

(1) M. *Boulay,* Procès-verbal du 24 vendémiaire an 10, *tome I.er*, *page 336.* —
(2) Ibid., *page 337.*

obstacle insurmontable ; que les causes qui ont amené la séparation sont plus graves qu'on ne l'avoit d'abord cru, et que peut-être
même elles en cachent de plus secrètes qu'on n'a pas voulu dévoiler. Alors il est clair qu'il ne peut plus y avoir d'union entre
les époux, ni par conséquent de mariage. Dès-lors, l'intérêt des
époux, celui de la société, la raison, tout commande d'accorder
le divorce à l'époux qui a obtenu la séparation ; car il ne conviendroit pas que l'autre pût se faite un titre de ses propres torts
pour le demander » (1).

III.ᵉ Subdivision.

Raisons par lesquelles le Système a été combattu.

- Ce système de la séparation préalable a été attaqué dans sa
base et dans ses effets.

Numéro I.ᵉʳ

Objections contre le Système considéré dans sa base.

On lui reprocha « de confondre deux choses qui avoient toujours été regardées comme distinctes, la séparation de corps et
le divorce » (2).

On observa que « pour procéder avec méthode, il faudroit en
revenir à distinguer du divorce la séparation simple, et ne pas les
subordonner l'un à l'autre ; qu'il n'y avoit que la séparation par
forme d'épreuve antérieure au divorce qui dût se trouver ici » (3);

_____

(1) M. *Boulay*, Procès-verbal du 24 vendémiaire an 10, *tome I.ᵉʳ*, *page 337.* —
(2) M. *Thibaudeau*, Procès-verbal du 4 brumaire an 10. — (3) Ibid.

ʃ qu'il étoit sans doute nécessaire d'éprouver la volonté des parties par une séparation provisoire, mais que cette séparation devoit être autrement organisée ʃ * (1);

Qu'il ne falloit donc s'en occuper que comme d'une des formalités, d'une des conditions du divorce, et ne pas la mêler avec ʃ la séparation par forme d'action principale : celle-ci devoit être l'objet d'un titre particulier ʃ (2).

Numéro II.

Objections contre le Système considéré dans ses effets.

En considérant le système de la séparation préalable dans ses effets, on a prétendu,

1.º Qu'il rendoit le divorce arbitraire;

2.º Qu'il dénaturoit les causes de séparation, en les convertissant, par le seul effet du temps, en causes de divorce;

3.º Qu'il établissoit une épreuve illusoire;

4.º Qu'il nuiroit à la réconciliation des époux;

5.º Qu'il ne pouvoit se concilier avec la nature de la séparation;

6.º Qu'en tout cas il étoit inutile.

Il importe de remarquer que la plupart de ces objections sont faites dans la supposition que les causes moins graves ne donneroient lieu qu'à la séparation; système, je le répète, qui alors n'étoit pas encore rejeté.

Mais il faut les développer.

---

(1) M. *Emmery*, Procès-verbal du 24 vendémiaire an 10, *tome I.er*, *page 343.* —
(2) M. *Thibaudeau*, Procès-verbal du 4 brumaire an 10.

* L'organisation dont il est parlé ici a été ensuite proposée, mais dans le système du consentement mutuel. (M. *Emmery*, Procès-verbal du 24 vendémiaire an 10, *tome I.er*, *page 357.*)

1.ʳᵉ *Objection.* « Le divorce indirect que la séparation préalable produiroit, deviendroit arbitraire » (1).

« Le juge n'étant pas lié par l'obligation de prononcer la séparation d'après des causes déterminées, pourroit la refuser dans les cas les plus graves, et l'admettre aussi pour les motifs les plus légers » (2); et voici quel seroit le résultat de cette facilité dangereuse : « ou les juges, se fondant sur l'espoir de la réconciliation, lorsqu'on ne leur demande qu'une simple séparation, l'accorderoient pour des causes qui ne devroient pas autoriser le divorce ; ou bien, de crainte que cette séparation n'amenât en définitif le divorce, ils refuseroient la séparation lorsqu'elle seroit nécessaire, ne fût-ce que pour laisser refroidir la mauvaise humeur qu'irrite la présence d'un objet qui déplait dans le moment » (3).

2.ᵉ *Objection.* « Il seroit étrange, a-t-on dit, que des motifs de séparation devinssent, par le seul effet du temps, des motifs de divorce » (4); « qu'ils changeassent de nature après trois ans » (5).

« Si les sévices et mauvais traitemens devenoient par eux-mêmes des causes éloignées de divorce après avoir opéré une séparation, les Tribunaux prononceroient indirectement le divorce pour des motifs qu'ils n'auroient pas jugés capables de l'opérer, s'ils eussent été la base d'une demande positive » (6).

Pour prévenir cet inconvénient, on proposa 5 de décider que la séparation ne seroit convertie en divorce au bout de trois ans, que d'après un nouvel examen de la part du juge, qui vérifieroit si les faits originairement allégués sont suffisans pour autoriser la

---

(1) M. *Emmery*, Procès-verbal du 24 vendémiaire an 10, *tome I.ᵉʳ, page 343.* — (2) Ibid. — (3) M. *Maleville*, Procès-verbal du 4 brumaire an 10. — (4) M. *Thibaudeau*, ibid. — (5) M. *Tronchet*, ibid. — (6) Le *Premier Consul*, ibid.

dissolution du mariage ; si les circonstances ont changé ; s'il est
survenu des causes nouvelles ₎ (1).

On répondit à cette objection, que dans le système de la séparation préalable, les causes ne changeoient pas de nature par le
seul effet du temps. « Les demi-causes, dit-on, sont de véritables
causes de divorce ; mais on peut en suspendre l'effet pendant trois
ans, afin de démêler si l'on n'avoit pas pris pour antipathie réelle
quelques emportemens et de simples querelles de ménage. Or,
si pendant trois ans les époux n'ont marqué aucun desir de se
rapprocher, il est démontré que la haine qu'ils se portent a un
caractère durable, et qu'il y auroit de la cruauté à les forcer de
vivre ensemble » (2).

Le divorce ne seroit donc pas admis pour des causes qui ne
doivent point l'opérer. ₎ La séparation n'est jamais prononcée que
pour des sévices très-graves. Le système proposé ne devroit donc
être écarté que dans le cas où l'on penseroit que de tels sévices
ne doivent pas être des causes de divorce ₎ (3).

Mais les juges n'abuseront-ils pas de la latitude qui leur est
laissée?

Il n'y a pas lieu de le craindre. « Toujours ils ont très-difficilement prononcé la séparation de corps ; ils se montreront bien
plus sévères encore lorsque la séparation pourra conduire au divorce » (4). « Cette sévérité est peut-être au contraire l'objection
la plus grave qu'on puisse opposer au système de la séparation
préalable » (5).

A l'égard de l'amendement proposé, on observa que ce seroit
renverser tout le système que de soumettre à un nouvel examen,
après trois ans, les causes qui ont fait obtenir la séparation.

(1) M. *Thibaudeau*, M. *Tronchet*, M. *Maleville*, le *Premier Consul*, M. *Portalis*, M. *Regnier*, Procès-verbal du 4 brumaire an 10. — (2) M. *Regnier*, ibid. —
(3) Ibid. — (4) Ibid. — (5) Ibid.

En effet, « le premier jugement seroit illusoire, car la séparation sans réconciliation postérieure ne seroit plus la cause du divorce, puisqu'il faudroit qu'elle fût appuyée d'autres moyens » (1). « La procédure doit donc être fermée après le premier jugement, parce que le droit au divorce est acquis dès ce moment : ses effets seuls sont suspendus pour donner lieu à la réconciliation des époux » (2).

D'ailleurs « le jugement, s'il subsiste encore, ou aura été confirmé sur l'appel, ou sera devenu définitif faute d'appel : dans l'un et l'autre cas, il a passé en force de chose jugée ; or, la chose jugée est toujours considérée comme la vérité » (3).

D'un autre côté, il y auroit beaucoup d'inconvénient à recommencer la procédure après trois ans : « les preuves peuvent avoir dépéri pendant ce laps de temps ; le mari peut avoir corrompu les témoins : il paroît donc juste d'établir que le divorce sera prononcé sans nouvel examen, lorsque la séparation l'a été pour des faits graves et prouvés » (4).

Dans tous les cas, le système proposé fournit au juge l'occasion et le moyen de refuser le divorce, s'il y a lieu, sans cependant ouvrir une procédure nouvelle. « Quand la femme demandera le divorce, elle sera obligée de prouver qu'il n'y a pas eu de réconciliation ; il s'engagera donc une instance qui rendra le divorce incertain, qui permettra aux juges de se livrer à un nouvel examen, et de n'admettre la demande que quand le divorce sera en effet le seul remède possible » (5).

3.ᵉ *Objection.* L'épreuve de la séparation seroit illusoire. « Le délai de trois ans n'ajoutera rien au poids des causes : elles seront, après

---

(1) M. *Regnier,* Procès-verbal du 4 brumaire an 10. — (2) Ibid. — (3) Ibid. — (4) M. *Tronchet,* ibid. — (5) M. *Emmery,* ibid.

ce terme, les mêmes qu'elles étoient d'abord; les époux passeront le temps du délai dans un état de froideur l'un envers l'autre et sans montrer une plus grande antipathie que dans le principe : il n'y aura donc, au bout de ce délai, aucun grief nouveau qui puisse amener le divorce » (1).

4.e *Objection.* La séparation préalable telle qu'elle est proposée, seroit dangereuse, en ce qu'elle empêcheroit la réconciliation des époux. « Le terme de trois ans ne peut amener de rapprochement entre eux, s'il est vrai qu'ensuite il leur soit permis de divorcer : ils se seroient peut-être reconciliés s'ils n'avoient eu le divorce en perspective, et s'ils n'avoient été sûrs d'y arriver par le seul laps du temps » (2).

5.e *Objection.* Le système ne peut se concilier avec la nature de la séparation de corps; jamais la séparation n'a été provisoire : « autrefois elle s'étendoit aux biens des époux, parce qu'elle étoit définitive, et que, sauf le lien du mariage, qu'elle ne rompoit pas, elle leur donnoit presque autant de liberté que leur en donne aujourd'hui le divorce. Mais quelle disposition peut-on prendre à l'égard des biens, quand la séparation n'est que provisoire » (3)?

« Il seroit plus conforme à la nature des choses, a-t-on dit, de distinguer deux espèces de divorce; un divorce absolu et définitif, et un divorce de simple épreuve : ce dernier seroit prononcé pour sévices ; le Tribunal autoriseroit les époux à vivre séparément pendant un certain nombre d'années, et à l'expiration de ce terme il jugeroit, tant d'après les faits anciens que d'après les faits

---

(1) Le *Ministre de la justice*, Procès-verbal du 4 brumaire an 10. — (2) Le *Premier Consul*, ibid. — (3) M. *Tronchet*, ibid.

postérieurs, s'il y a lieu à divorce définitif » (1). « En suspendant
ainsi le jugement, on échapperoit à l'inconvénient de faire changer
de nature la sentence après un certain temps » (2).

6.ᵉ *Objection.* S'il est des circonstances où la séparation préalable
soit utile et possible, il ne s'ensuit pas qu'il faille lier les juges par
une règle absolue et générale. En effet « le système qu'on propose
n'a pas besoin d'être établi par une disposition expresse : d'après les
formes adoptées, les juges auront le pouvoir de suspendre le
jugement définitif du divorce, et d'ordonner que, provisoirement,
les époux vivront séparément pendant un temps déterminé » (3).

Dans tous les cas 5 il seroit possible d'organiser d'une manière
plus raisonnable et non moins sûre l'épreuve qu'on desire 5 (4).
« Pour connaître si les sévices avoient pour principe l'antipathie
et la haîne, ou s'ils n'étoient l'effet que d'une jalousie mal fondée,
d'un emportement passager, ou d'autres causes que le temps a
détruites » (5), 5 il suffit, en prononçant d'abord le divorce, de
déclarer les époux incapables de se remarier pendant trois ans,
afin qu'un mariage précipitamment contracté ne devienne pas un
obstacle à la réconciliation 5 (6).

IV.ᵉ Subdivision.

Rejet du Système.

Voici comment cette discussion s'est terminée.

Le Conseil d'état décida que *la demande en divorce pour sévices, non
accompagnée du consentement mutuel, ne seroit admise qu'après un délai et
sous des conditions* (7).

---

(1) M. *Tronchet,* Procès-verbal du 4 brumaire an 10. — (2) Le *Premier Consul,* ibid.
— (3) M. *Tronchet,* ibid. — (4) M. *Rœderer,* ibid. — (5) Ibid. — (6) Ibid. — (7) *Décision,*
ibid.

Il rejeta ainsi le système de la séparation préalable, non qu'il ait entendu accorder le divorce avant que la gravité des sévices fût vérifiée; mais il n'emploie pas, pour arriver à ce but, le moyen d'une séparation réelle; les épreuves qu'il admet consistent dans des délais et des comparutions réitérées, telles qu'elles avoient été proposées * (1).

PLAN DU TITRE.

TROIS choses étoient à régler relativement au divorce :
Les causes pour lesquelles il seroit accordé ;
La procédure qui devoit être suivie ;
Les effets du divorce.
Le chapitre I.ᵉʳ détermine les causes;
Les chapitres II et III, la procédure dans l'un et l'autre mode de divorce, c'est-à-dire dans celui des causes déterminées, et dans celui du consentement mutuel;
Le chapitre IV, les effets du divorce.
Il falloit ensuite s'occuper de la séparation; il avoit été reconnu dans la discussion, qu'on ne pouvoit mêler les articles qui la concernent avec ceux qui sont relatifs au divorce (2). Elle est la matière du chapitre V.
Tel est le plan de ce titre.

(1) *Voyez* l'opinion de M. *Emmery,* Procès-verbal du 24 vendémiaire an 10, *tome I.ᵉʳ, page 357.* — (2) Le *Premier Consul,* ibid., *page 351;* — Procès-verbal du 26 vendé-miaire an 10, *page 369.*

* *Voyez* ci-après *chapitre II, section I.ʳᵉ*

CHAPITRE I.er

DES CAUSES DU DIVORCE.

Le Code Napoléon admet le divorce pour causes déterminées. Les causes pour lesquelles il l'autorise sont fixées par les articles 231 et 232.

A l'égard du divorce pour causes indéterminées, les inconvéniens qu'il entraîne l'ont fait proscrire.

Mais on a cherché à en obtenir les avantages en autorisant le divorce par consentement mutuel, considéré, non comme cause directe et suffisante de la dissolution du mariage, mais comme un signe qu'il existe des causes réelles et légitimes. Ce mode est réglé par l'article 233.

Je classerai sous deux parties les dispositions de ce chapitre :

La première comprendra les dispositions qui concernent les causes déterminées ;

La seconde, la disposition relative au divorce par consentement mutuel.

I.re PARTIE.

DES CAUSES DÉTERMINÉES DU DIVORCE.

(Articles 229, 230, 231, 232 et 233.)

§ Notre jurisprudence sur la matière du divorce a des limites que la loi du 20 septembre 1792 ne lui avoit pas données § (1).

« Cette loi avoit pour ainsi dire lancé le divorce au milieu de la société contre l'institution même du mariage : elle avoit tellement accumulé les moyens de le rompre et abrégé les formes pour y réussir, que si les mœurs n'avoient pas résisté, le divorce seroit devenu une condition nécessaire du mariage » (2).

Plusieurs des causes qu'elle admettoit ont été retranchées.

Le Code n'adopte même pas toutes les causes qui ont été proposées depuis.

§ L'examen de ce titre seroit imparfait, si l'on ne prenoit soin de développer les motifs qui ont décidé à repousser toutes ces causes § (3).

Cette première partie doit donc recevoir deux divisions :

Dans l'une, je parlerai des causes qu'on n'a pas cru devoir adopter ;

Dans la seconde, je parlerai des causes que le Code admet.

---

(1) M. *Gillet,* Tribun, *tome I.er, page 491.* — (2) M. *Savoye - Rollin,* Tribun, *page 445.* — (3) M. *Gillet,* Tribun, *page 491.*

Ire Division.

Des causes déterminées qui ont été rejetées.

CES causes sont,

1.º La démence, la fureur ou la folie de l'un des époux;
2.º L'absence;
3.º L'abandon;
4.º L'impuissance.

La loi du 20 septembre 1792 accordoit encore le divorce pour émigration dans les cas prévus par les lois. On sent que cette cause, introduite par suite de circonstances extraordinaires qui n'existent plus, ne devoit pas être maintenue.

La même loi avoit aussi mis au nombre des causes du divorce l'attentat et la diffamation, et ces mêmes causes avoient été aussi proposées nominativement dans plusieurs des projets présentés au Conseil d'état. Depuis, l'attentat a été compris dans la cause d'excès, et la diffamation dans la cause d'injures *.

Mais reprenons les autres causes.

Ire Subdivision.

De la Démence, de la Fureur ou de la Folie de l'un des Époux.

LORSQUE l'un des époux avoit perdu la raison, la loi du 20 septembre autorisoit l'autre à demander le divorce.

La Commission retrancha cette disposition; elle blessoit l'essence même du mariage **.

---

* *Voyez pages 113 et 116.* — ** *Voyez tome II, page 338.*

« Sans doute l'époux dont l'esprit s'aliène n'est plus , sous le rapport de l'une de ses facultés les plus essentielles , le même être que celui avec qui l'union avoit été contractée : mais dans cette altération cruelle il n'y a rien de son fait ni de sa volonté, et l'on ne peut pas dire de lui qu'il a rompu le contrat. Quand il garde sa foi, pourquoi donc celle de son associé seroit-elle dégagée » (1)! « Ce seroit-outrager les sentimens que les hommes les plus étrangers entre eux éprouvent, la bienveillance et la pitié. Le mariage, cet état dont la condition et le charme inexprimable sont dans l'étroite communauté des biens et des maux, des plaisirs et des peines, on osoit le rompre devant le malheur involontaire! Son devoir, que dis-je, sa douceur et sa force sont dans l'allégeance de maux qui, dans toute autre situation de la vie, ne seroient ni supportables ni pardonnés ; et cette loi cruelle punit ceux qu'on ne s'est point attirés! Ah! bénissons les hommes qui effacent dans nos lois ces affreuses causes de divorce; bénissons-les de ne pas calomnier le cœur humain » (2). « Le malheur de l'un des époux doit être au contraire un lien de plus pour l'autre » (3).

II.e Subdivision.

De la cause d'Absence.

Je fixerai d'abord l'état de la discussion.

Je traiterai ensuite les diverses questions qui ont été agitées.

Numéro I.er

État de la Discussion.

La loi du 20 septembre 1792 vouloit que le divorce pût être

---

(1) M. *Gillet*, Tribun. *Tome I.er , pages 491 et 492.* — (2) M. *Savoye-Rallin*, Tribun. *Tome I.er, page 437.* — (3) Observations de la Cour d'appel de Paris, *page 44.*

prononcé *pour l'absence de l'un des époux sans nouvelles au moins depuis cinq ans.*

La Commission excluoit formèllement l'absence comme cause directe du divorce par une disposition qu'elle présentoit en ces termes: *L'absence de l'un des deux époux qui.a eu pour principe une cause légitime, quelle qu'en ait été la durée et quoiqu'il ne conste d'aucune nouvelle reçue de lui, ne peut autoriser la demande en divorce, sauf ce qui est statué au titre* DE L'ABSENCE (1).

Cependant on voit par cette rédaction, que la Commission attachoit à l'absence, lorsqu'elle n'étoit point fondée sur un motif légitime, l'effet de caractériser l'abandon, dont elle faisoit une cause de divorce, par la disposition suivante: *Le divorce causé sur l'abandonnement de la part de l'autre époux, n'est admis que dans le cas où celui qui s'est retiré de la maison commune sans cause légitime, a refusé persévéramment de se réunir à l'autre, et qu'autant que le refus est constaté en la forme ci-après* (2). Cette forme consistoit dans *trois sommations suivies d'un jugement qui condamnoit l'époux à se réunir au domicile matrimonial* (3).

On observera que l'absence à laquelle la Commission avoit égard, étoit non-seulement celle dont il est parlé au titre *des Absens,* mais toute retraite du domicile commun, soit qu'on eût, soit qu'on n'eût pas de nouvelles de l'époux qui s'étoit retiré. Elle s'attachoit au motif et non aux circonstances du fait. Sous ce rapport, et dans cette manière de concevoir l'absence, elle n'étoit en effet qu'un abandon.

La Cour de cassation, les Cours d'appel de Lyon et de Paris, demandèrent le maintien de la cause d'absence.

_____

(1) Projet de Code civil, *liv. I.ᵉʳ, tit. VI, art. 28, p. 48.* — (2) Ibid. — (3) Ibid., *article 29.*

La Section du Conseil d'état, dans sa première rédaction, s'étoit rangée à l'avis des Commissaires rédacteurs (1).

Dans un second projet qui fut présenté au Conseil, la cause d'absence étoit maintenue, mais seulement comme tenant lieu de la cause d'abandon qu'on retranchoit (2).

Dans un troisième, la cause d'absence et celle d'abandon devenoient également des causes distinctes et immédiates de divorce (3).

Enfin dans un quatrième, la cause d'abandon étoit écartée sous tous les rapports, et la cause d'absence étoit proposée (4).

NUMÉRO II.

Exposé des diverses Questions qui ont été agitées.

EN ajoutant à ces diverses propositions les autres questions qui ont été traitées au Conseil d'état, la discussion peut être ramenée aux trois points suivans :

La cause d'absence devoit-elle être conservée pour elle-même?

Le seroit-elle comme caractérisant l'abandonnement?

Le seroit-elle enfin, comme élevant une présomption de mort contre l'absent?

Examinons successivement ces questions.

1.re QUESTION. *L'Absence devoit-elle par elle-même devenir une Cause de Divorce!*

FALLOIT-IL accorder le divorce par cela seul qu'un des époux étoit absent, même lorsque l'absence étoit purement accidentelle?

---

(1) *1.re Rédaction, chapitre I.er, article 2*, Procès-verbal du 14 vendémiaire an 10, *tome I.er, page 296.* — (2) *Rédaction de M. Boulay, article 2*, Procès-verbal du 24 vendémiaire, *page 341.* — (3) *Rédaction de M. Berlier, articles 4 et 7*, ibid., *page 342.* — (4) *Rédaction de M. Emmery, article 4*, ibid., *page 344.*

Pour soutenir l'affirmative, on a observé que « l'absent n'a pas le droit de priver la patrie, par le secret de sa retraite, des citoyens que lui donneroit l'autre époux. Empêcher un individu de se marier, c'est nuire à lui et à des tiers, c'est multiplier les enfans abandonnés, ou au moins les enfans naturels » (1).

Cette considération devoit céder à des motifs de justice.

En effet, il importe de distinguer ici l'absence involontaire de celle qui caractérise l'abandon.

Celle-ci sera l'objet de la question suivante.

A l'égard de l'absence involontaire et accidentelle, n'eût-elle pas pour motif l'intérêt commun de la famille, il seroit injuste d'en punir l'absent, puisqu'elle est un malheur pour lui.

L'esprit de notre législation est d'empêcher que la disparition de l'absent ne lui soit préjudiciable. Elle seroit donc contraire à elle-même, si en même temps qu'elle ménage avec tant de soin les intérêts pécuniaires de l'absent, elle permettoit qu'il fût lésé dans ses intérêts les plus chers.

« Quand un individu a disparu depuis cinq ans, on commence par le déclarer absent ; il n'y a encore rien de préjugé contre lui. On envoie ensuite ses héritiers présomptifs en possession provisoire de ses biens, et cela pour en assurer l'administration. Après dix ans, ils ne gagnent encore que les fruits. Enfin après un délai, on prononce l'envoi définitif en possession des biens de l'absent ; on les lui restitue à quelque époque qu'il reparoisse.

« Lorsque la loi agit avec cette circonspection lente et graduelle, il seroit inconséquent de permettre à la femme de divorcer dès que le mari n'est que déclaré absent » (2). « On ne sait si le mari est mort ou vivant ; dans cette incertitude, la loi lui conserve ses

---

(1) Observations de la Cour d'appel de Lyon, *page 30.* — (2) M., *Thibaudeau*, Procès-verbal du 24 vendémiaire an 10, *tome I.er, page 352.*

propriétés ; et par la contradiction la plus bizarre , elle lui enlèveroit la propriété de sa femme » (1) ; « ce mari retrouvera tous ses biens, et cependant aura perdu son épouse » (2) ; « ce seroit un scandale » (3). « Lorsqu'il a des enfans , il se trouveroit accablé à son retour , si sa femme s'étoit permis d'oublier que ces enfans avoient un père » (4).ˈ

Une seule considération pouvoit balancer ces motifs : c'étoit l'intérêt de l'autre époux.

En effet ʃ il n'étoit peut-être pas exact de suivre rigoureusement à l'égard du mariage de l'absent, les dispositions qui concernent ses biens ; car si la femme est la propriété du mari , le mari est aussi la propriété de la femme ʃ (5).

Mais on devoit se régler sur ce qui arrive le plus communément.

Or quelle est la cause la plus ordinaire de l'absence ?

« Presque toujours l'absent s'est éloigné par des motifs de fortune, et pour servir l'intérêt de sa femme et de ses enfans » (6).

ʃ Quelle raison peut , dans ce cas , justifier la rupture de son mariage ʃ (7) ?

ʃ Ne seroit-il pas odieux que lorsque son absence est l'effet d'un voyage entrepris de concert avec son épouse et pour leurs intérêts communs, elle tournât contre lui ʃ (8) ?

Tels sont les motifs qui ont empêché de faire de l'absence considérée en elle-même une cause de divorce, et déterminé à écarter la première des considérations qu'on avoit fait valoir pour l'admettre.

2.ᵉ Question. *L'Absence devoit-elle opérer le Divorce , comme caractérisant l'abandon !*

On a prétendu que l'absence devoit dans tous les cas être

---

(1) M. *Tronchet*, Procès-verbal du 24 vendémiaire an 10, *tome I.er*, *page 351.* — (2) Le *Premier Consul*, ibid. — (3) M. *Tronchet* , ibid. — (4) Le *Premier Consul*, ibid., *page 353.* — (5) M. *Boulay*, ibid. — (6) M. *Portalis*, ibid. — (7) M. *Tronchet*, ibid., *page 354.* — (8) M. *Portalis*, ibid., *page 353* ; — M. *Tronchet*, ibid., *page 354.*

considérée comme un abandonnement , et on en a donné deux raisons.

La première, que l'absence et l'abandon ont absolument les mêmes effets. On a dit : « Quelle différence y a-t-il entre l'époux abandonné et l'époux délaissé par l'absence ? L'un et l'autre cas produisent les mêmes inconvéniens ; ils doivent donc donner les mêmes droits au divorce » (1).

La seconde raison étoit que « si l'absence pouvoit jamais être interprétée favorablement , la cause d'abandon seroit éludée : « rien, en effet, ne seroit plus facile à un époux qui veut aban‑ donner l'autre, sans que celui-ci eût le droit de réclamer le di‑ vorce, que de prendre une cause légitime pour prétexte de son absence ; dans ce cas, il s'opéreroit entre les deux époux, par la volonté d'un seul, une séparation de fait qui réuniroit tous les inconvéniens de l'ancienne séparation, sans être justifiée par aucune cause » (2).

Mais, d'un autre côté, il a été observé qu'on ne pouvoit jamais confondre les deux causes.

« Il y a des différences essentielles, a-t-on dit, entre l'absence et l'abandon ; car un des époux peut s'absenter sans avoir l'intention d'abandonner l'autre » (3). « Il faut donc distinguer l'absence qui peut n'être qu'un accident, de l'abandon criminel qui peut donner lieu à la dissolution du mariage » (4).

De là l'on a conclu que « le divorce pour absence ne devait être admis que quand l'absent s'éloigne, par des motifs coupables, de sa femme et de ses enfans » (5).

Mais cette question étoit subordonnée à celle de savoir si la

(1) Observations de la Cour d'appel de Lyon , *page 30.* — (2) — de Paris, *page 46.* — (3) Le *Premier Consul,* Procès-verbal du 24 vendémiaire an 10, *tome I.ᵉʳ, page 351.* — (4) M. *Regnier,* ibid., *page 353.* — (5) M. *Portalis ,* ibid.

cause d'abandon seroit admise : cette cause ayant été rejetée*, la question n'a plus eu d'objet.

3.e Question. *L'Absence devoit-elle devenir une Cause de Divorce, comme élevant une présomption de mort contre l'absent!*

Cette question devoit être envisagée sous deux points de vue différens ; car il étoit possible,

Ou de faire de l'absence une présomption générale de mort par le seul effet de sa durée,

Ou de ne lui attribuer ce caractère que lorsque la présomption seroit étayée de quelques faits positifs.

L'Absence devoit-elle, par le seul effet de sa durée, établir une présomption de mort qui pût opérer la dissolution du mariage!

On a dit que décider cette question affirmativement, ce seroit s'écarter des principes reçus dans tous les temps. « Jamais la femme d'un absent n'a été autorisée à se remarier, qu'après avoir acquis la preuve de la mort de son mari. Il est vrai que la *novelle 22* lui avoit donné cette faculté, lorsque son mari se trouvoit engagé dans une expédition militaire ; mais la *novelle 118* a changé cette juris-prudence : elle n'a permis à la femme de se remarier, que lorsque le tribun sous lequel le mari servoit, certifioit sa mort ; et elle punissoit le tribun s'il donnoit un faux certificat » (1).

On a répondu à ces observations « que l'ancienne législation de Rome étoit très-favorable au divorce, et ne cessa de l'être qu'au

(1) M. *Tronchet,* Procès-verbal du 24 vendémiaire an 10, *tome I.er, page 351.* -* *Voyez page 93.*

temps

temps de *Justinien*, repris à ce sujet par *Montesquieu*, lequel
observe que cet Empereur *choquoit le bien public en laissant une femme
sans mariage, et choquoit l'intérêt particulier en l'exposant à mille
dangers* » (1).

« La question, a-t-on ajouté, doit être sur-tout examinée dans
l'intérêt des femmes, vu que la guerre, les voyages et presque
toutes les causes qui font perdre les traces d'un individu, pèsent
plus spécialement sur les hommes » (2).

Or « l'absence du mari laisse la femme dans un célibat malheureux et dans un état de délaissement ; on doit donc lui permettre
le mariage qui lui rend un appui.

« Si l'on trouve le terme de cinq années trop court, qu'on n'autorise le divorce qu'après vingt ans, c'est-à-dire, à l'époque où l'envoi
en possession des héritiers de l'absent devient définitif ; mais que
le célibat de la femme ne soit pas perpétuel. Il y a lieu de présumer que l'absent qui n'a pas donné de ses nouvelles pendant vingt
ans, a cessé d'exister » (3).

Il a été répliqué « qu'il ne doit pas être permis à la femme de
divorcer, dès que le mari n'est encore que déclaré absent, ce qui
ne prouve rien contre lui ; il faudroit au moins ne lui accorder cette
faculté que lorsque l'absence s'est assez prolongée pour que la loi
ait des présomptions de la mort de l'absent. Mais, a-t-il été ajouté ;
au titre *des Absens*, on a été plus loin : on a pensé que l'absence
de l'un des époux, quelque longue qu'elle fût, ne pouvoit suffire
pour autoriser l'autre à contracter un nouveau mariage, et qu'il ne
devoit y être admis que sur la preuve positive du décès. On a cru
cette doctrine conforme à la raison et aux mœurs ». (4).

---

(1) M. *Berlier*, Procès-verbal du 24 vendémiaire an 10, *tome I.ᵉʳ*, *page 352.*
— (2) Ibid. — (3) Ibid. — (4) M. *Thibaudeau*, ibid., *pages 352 et 353 ;* — Le *Consul
Cambacérès*, ibid., *page 353.*

« D'ailleurs, la faculté qu'on propose d'accorder à la femme est illusoire. On ne peut en effet autoriser le divorce dans un délai trop court ; et cependant, si le délai est trop long, lorsqu'il expirera, la femme aura atteint l'âge où une femme ne se remarie guère pour peu qu'elle ait de raison » (1).

La question considérée sous ce premier rapport, a été renvoyée au titre *des Absens* (2), où elle se trouve résolue négativement. Ce titre admet si peu la présomption générale de mort, par rapport au mariage, qu'il n'autorise pas l'époux présent à se remarier, même après cent ans écoulés depuis la naissance de l'époux absent *.

Mais il restoit à examiner si le divorce devoit être autorisé pour absence, dans le cas où la présomption de mort seroit fortifiée par des faits particuliers.

L'Absence devoit-elle donner lieu au Divorce, lorsque des faits particuliers appuieroient la présomption de mort !

Il fut proposé « d'autoriser les Tribunaux à prononcer le divorce après dix ans d'absence, lorsque d'après une enquête ils présumeroient la mort de l'absent » (3).

Il pouvoit être juste, disoit-on, « d'avoir égard aux présomptions qui naissent des circonstances » (4).

Déjà, a-t-on ajouté, « en établissant le principe que l'absent n'est réputé ni vivant ni mort, on a cependant admis des cas où les Tribunaux pourroient avoir égard aux présomptions capables de

---

(1) M. *Regnier*, Procès-verbal du 24 vendémiaire an 10, *tome I.er*, *page 353.* — (2) *Décision*, ibid., *page 355.* — (3) Le *Premier Consul*, ibid., *page 353.* — (4) Le *Consul Cambacérés*, ibid., *page 354.*

* *Voyez tome I.er, pages 699 et 700.*

faire croire à sa mort, comme lorsqu'il se seroit trouvé dans un naufrage, dans un incendie, &c. * (1).

» En général, les questions relatives à la vie ou à la mort des individus, sont du nombre des questions d'état, dont les Tribunaux jugent d'après des preuves. Au surplus on n'exposera pas l'intérêt de l'absent si l'on n'autorise le divorce que d'après des présomptions jugées » (2).

· Mais, 1.° Ce système étoit appuyé sur une fausse supposition.

« La Section, en effet, n'avoit pas cru devoir adopter d'exceptions pour les incendies, naufrages ou batailles » (3).

Les motifs qui les lui avoient fait retrancher étoient très-puissans.

« De telles exceptions pouvoient être très-dangereuses. Chez une nation qui a des armées considérables composées de citoyens de toutes les classes, adopter aussi légèrement des présomptions de mort, ce seroit compromettre souvent les intérêts des défenseurs de la patrie. La Section avoit donc pensé qu'il valoit mieux confondre tous ces cas dans la règle générale, au risque de prendre quelquefois des précautions inutiles, pour conserver les droits d'un homme qui seroit réellement mort. Il ne pouvoit pas y avoir d'inconvéniens à cette réserve ; il y en auroit eu beaucoup à réputer mort un homme réellement vivant, et à agir, pour tout ce qui le concerne, d'après cette présomption. Le plus scandaleux de ces inconvéniens seroit d'autoriser le divorce d'une femme que son mari pourroit venir réclamer le lendemain entre les bras d'un autre époux » (4).

2.° En tout cas la question étoit étrangère au divorce, car « la

---

(1) M. *Tronchet,* Procès-verbal du 24 vendémiaire an 10, *tome Ier, pages 353 et 354.* — (2) M. *Regnier,* ibid. , *page 354.* — (3) M. *Thibaudeau,* ibid. — (4) Ibid.

* La Commission avoit proposé ces distinctions, *voyez Projet de Code civil, livre Ier, titre VI, article 28, page 48 ;* elles n'ont pas été admises; mais elles n'étoient pas encore rejetées au moment où cette opinion fut émise.

présomption de mort, lorqu'elle acquiert force de preuve par un jugement, n'est plus une simple cause de divorce : elle rompt le mariage » (1).

La cause d'absence a donc été rejetée sous tous les rapports.

III.ᵉ Sᴜʙᴅɪᴠɪsɪᴏɴ.

De l'Abandonnement du Mari par la Femme ou de la Femme par le Mari.

Cᴇᴛᴛᴇ cause, empruntée de la loi du 20 septembre, proposée par la Commission (2), et ensuite par la Section du Conseil d'état (3), étoit du moins fondée sur un motif spécieux : la cohabitation est un des devoirs qu'impose le mariage * : l'époux qui s'y soustrait viole donc le contrat.

Cependant, dans une seconde rédaction du titre *du Divorce*, la cause d'abandon ne se trouvoit plus énoncée (4). Ce n'étoit pas néanmoins qu'on eût intention de la retrancher absolument, on proposoit seulement de n'en pas faire une cause distincte et particulière du divorce, parce que « elle rentre, disoit-on, dans la cause des sévices et mauvais traitemens ou dans celle de l'absence ** » (5).

Le motif pour lequel on se refusoit à lui donner une existence isolée, étoit qu'il s est trop difficile de la définir ʃ (6). « Le mot *abandon* présente une idée complexe; celle du délaissement qui est un fait, et celle du délaissement qui est une intention : or, si le

(1) M. *Portalis*, Procès-verbal du 24 vendémiaire an 10, *tome I.ᵉʳ*, page 354. — (2) *Voyez* Projet de Code civil, *liv. I.ᵉʳ, tit. VI, art. 3*, page 43. — (3) 1.ʳᵉ *Rédaction, chap. I.ᵉʳ, art.* 2, Procès-verbal du 14 vendémiaire an 10, *tome I.ᵉʳ*, page 296. — (4) *Rédaction de M. Boulay*, Procès-verbal du 24 vendémiaire an 10, *page 341.* — (5) M. *Boulay*, ibid., *page 351.* — (6) Ibid.

* *Voyez tome II, page 340.* — ** *Nota.* Nous avons dit dans la subdivision précédente, que l'absence ne pouvoit être confondue avec l'abandon, *voyez page 87*.

fait peut être aisément constaté, il n'en est pas de même de l'intention, qui souvent y est contraire et qui est presque toujours équivoque » (1).

Mais la cause d'abandon prêtoit à trop d'abus pour qu'elle pût
être admise sous aucune forme.

« En effet, elle eût été un moyen de rompre le mariage par la
volonté d'un seul » (2) ; « elle eût ramené les causes d'incompatibilité d'humeur et de caractère, qu'on vouloit bannir : ainsi, au lieu
de resserrer le lien du mariage, on l'eût relâché encore plus qu'il
ne l'étoit dans le temps de la plus grande immoralité » (3). Au reste,
l'expérience avoit justifié ces craintes ; elle avoit prouvé que de
l'ambiguité du mot *abandon* pouvoient naître des prétextes faciles
de divorce : les exemples de ces abus étoient très-multipliés (4).

Dans d'autres circonstances, de tels inconvéniens s'étoient trouvés
compensés par quelques avantages. Lors de nos tempêtes politiques, la cause d'abandon avoit pu être une planche secourable
offerte aux débris des familles enveloppées dans le naufrage ; mais
aujourd'hui le calme heureux dont nous jouissons permettoit d'oublier cette ressource comme inutile, et de la repousser comme
funeste (5).

On ouvrit donc au Conseil d'état l'avis de la rejeter absolument (6).

Cet avis a été adopté.

_____

(1) M. *Gillet*, Tribun, tome I.ᵉʳ, *page 492.* — (2) M. *Tronchet*, Procès-verbal du 24
vendémiaire an 10, *tome I.ᵉʳ, page 351.* — (3) Observations de la Cour d'appel d'Agen,
page 6 ; — de Bourges, *page 6.* — (4) M. *Gillet*, Tribun, tome I.ᵉʳ, *page 492.* — (5) Ibid.
— (6) M. *Tronchet*, Procès-verbal du 24 vendémiaire an 10, *page 351 ;* — M. *Boulay*,
ibid., *pages 351 et 352.*

De la Cause d'Impuissance.

La Cour d'appel de Douai reprochoit à la Commission de n'avoir pas mis l'impuissance au nombre des causes du divorce.

« Est-il possible, disoit-elle, de prolonger éternellement l'union d'une femme honnête avec l'être à qui la nature aura refusé, ou à qui ses désordres auront enlevé jusqu'aux organes nécessaires aux vues de la nature et de la loi dans le mariage » (1)?

Cette réflexion semble indiquer que la Cour d'appel de Douai vouloit autoriser le divorce, soit que l'impuissance fût antérieure au mariage, soit qu'elle fût survenue depuis.

Un membre de la Cour d'appel de Lyon proposa aussi la cause d'impuissance, mais il se réduisit à l'impuissance qui auroit existé avant le mariage.

Il motivoit sa proposition sur les considérations suivantes :

« Le mariage, disoit-il, doit être dissous pour cause d'impuissance. Les lois religieuses et civiles de tous les peuples ont consacré ce principe. Le droit canonique prononce en ce cas la nullité du mariage, et la qualifie *nullité pour cause d'impuissance.*

» On avoit imaginé, pour la constater, des preuves bizarres et toujours incertaines. L'aventure singulière d'un homme déclaré impuissant, et qui eut sept enfans d'une autre femme, et la satire de *Boileau,* décidèrent le Parlement à supprimer cette épreuve. On y substitua des examens et des discussions toujours malhonnêtes, indécentes, et dont les résultats ne pouvoient être que des présomptions et des conjectures. La loi de 1792, sur le divorce, ne parle point de cette action; mais elle fut heureuse-

---

(1) Observations de la Cour d'appel de Douai, *page 7.*

ment remplacée par le divorce d'un commun consentement, ou par incompatibilité d'humeur.

» Le projet de Code civil abroge ces deux causes de divorce, et ne parle point de l'impuissance.

» Cependant le Législateur ne peut pas violer le vœu fondamental du mariage, le vœu de la nature et de la société ; il ne peut pas, nouveau *Mezence*, condamner un être vivant à mourir dans les bras d'un être mort. L'impuissance est donc une cause de dissolution ou au moins de divorce » (1).

Au surplus, dans ce système, « la cause d'impuissance auroit été restreinte au cas où, par l'âge de la femme au moment du mariage, il étoit possible qu'elle eût des enfans » (2).

A l'égard de la preuve de l'impuissance, elle n'auroit pas été positive : on la faisoit résulter de la stérilité de la femme pendant un certain temps. « Pour renfermer cette action dans les bornes de la décence, on proposoit d'ordonner que lorsque la femme n'auroit point accouché, soit à terme, soit avant le terme, pendant trois ans au moins (délai adopté par les lois canoniques) pendant, quatre ou six ans au plus (terme le plus long que la morale puisse exiger de la patience), chacun des deux époux pourroit demander le divorce » (3).

La Cour d'appel de Lyon consigna cette proposition dans son procès-verbal, mais ne crut pas devoir l'adopter.

Au Conseil d'état, « on convint que lorsqu'il y a impuissance, la matière du mariage manque » (4) ; « que toujours l'impuissance, cause honteuse et difficile à prouver, a été aussi un principe de nullité en matière de mariage » (5).

---

(1) Observations de la Cour d'appel de Lyon, *pages 28 et 29.* — (2) Ibid., *page 29.* — (3) Ibid. — (4) Le *Premier Consul*, Procès-verbal du 16 vendémiaire an 10, *tome I.ᵉʳ, p. 327.* — (5) M. *Portalis*, ibid., *page 329.*

Mais il faut aborder plus directement ce sujet, et déterminer positivement quelles suites le Code a voulu donner à l'impuissance.

Distinguons entre l'impuissance qui étoit antérieure au mariage et celle qui n'est survenue que depuis qu'il est contracté.

La première seule peut être une cause de nullité.

L'une et l'autre peuvent être des causes de divorce.

L'ancienne jurisprudence faisoit de l'impuissance un empêchement dirimant du mariage, pourvu qu'elle eût existé auparavant : si l'on n'y étoit tombé que depuis, cet accident ne portoit pas atteinte au contrat. L'impuissant ne pouvoit jamais la faire valoir.

Notre Code n'a pas admis cette cause de nullité, quoiqu'elle soit très-forte en soi : il n'a pas non plus mis l'impuissance au rang des causes déterminées de divorce. La raison, c'est que la preuve de l'impuissance sera souvent équivoque et toujours indécente.

A la vérité, depuis long-temps on avoit proscrit le congrès, et l'on se bornoit à ordonner une visite.

Mais la décence étoit encore blessée dans ce mode de vérification.

D'ailleurs, s'il pouvoit faire reconnoître l'impuissance accidentelle, il ne donnoit que des lumières incertaines sur l'impuissance naturelle, lorsqu'elle ne procédoit pas d'un vice absolu de conformation.

Le moyen proposé par le commissaire de la Cour d'appel de Lyon ménageoit du moins la bienséance ; mais il étoit encore plus incertain que la vérification expresse : tant de causes autres que l'impuissance peuvent priver des époux du bonheur d'avoir des enfans ! Et d'un autre côté, on voit tous les jours des mariages devenir féconds après une très-longue stérilité.

Le Conseil d'état a donc dû écarter l'impuissance des causes de nullité de mariage et des causes déterminées du divorce *.

---

* *Voyez les articles 312 et 313,* au titre *De la Paternité et de la Filiation.*

Cependant

Cependant, parce que l'impuissance ne peut pas être articulée positivement, n'influe-t-elle jamais sur le divorce ?

Ce n'est pas là l'intention de la loi : l'impuissance est une de ces causes honteuses qui, comme nous le verrons ailleurs *, peuvent être masquées par le consentement mutuel.

II.ᵉ Division.

Des Causes déterminées qui ont été admises.

(Articles 229, 230, 231, 232 et 233.)

Ces causes sont :

L'adultère ;

Les excès, sévices et injures graves ;

La condamnation de l'un des époux à une peine infamante.

I.ʳᵉ Subdivision.

De l'Adultère. (Articles 229 et 230.)

Point de doute que l'adultère ne dût donner lieu au divorce. « De toutes les causes qui peuvent l'opérer, c'est la plus forte, la plus légitime, puisqu'elle attaque dans son essence et dissout le lien du mariage, qui consiste dans la fidélité que les époux se sont promise ; et que d'ailleurs, elle entraîne des conséquences aussi fatales à l'intégrité des familles qu'à leur honneur et à leur tranquillité » (1).

Mais le Code veut que l'adultère de la femme donne lieu au

---

(1) M. *Boulay*, Procès-verbal du 24 vendémiaire an 10, *tome I.ᵉʳ, page 335.*

* *Voyez page 167.*

divorce dans tous les cas, et que celui du mari ne l'opère que dans certaines circonstances.

Il faut donc distinguer :

Numéro I.ᵉʳ

De l'Adultère de la Femme.

ARTICLE 229.

Le mari pourra demander le divorce pour cause d'adultère de sa femme.

La preuve par témoins du fait positif de l'adultère est souvent impossible ; toujours elle est difficile et indécente. On a donc cherché des moyens pour l'éviter.

Dans cette vue, il a été fait plusieurs propositions.

Proposition de n'admettre le Divorce contre la femme que quand l'Adultère seroit accompagné de scandale public, ou prouvé par des écrits émanés d'elle.

La Commission avoit écarté la preuve testimoniale, et proposoit de n'admettre la demande en divorce que quand le fait de l'adultère de la femme seroit établi, ou par le scandale public, ou par des écrits émanés d'elle (1).

La Section du Conseil d'état adopta ce système (2).

Dans le cours de la discussion, elle eut occasion d'expliquer les motifs sur lesquels il étoit fondé. On lui demanda en effet « pourquoi l'article proposé exigeoit un scandale public » (3). Elle répondit que « c'étoit parce qu'alors seulement il y a preuve certaine de l'adultère » (4).

---

(1) Projet de Code civil, *livre I.ᵉʳ, titre VI, art. 3, page 43.* — (2) *1.ʳᵉ Rédaction, chap. I.ᵉʳ, art. 2,* Procès-verbal du 14 vendémiaire an 10, *tome I.ᵉʳ, page 296.* — (3) Le *Premier Consul,* Procès-verbal du 24 vendémiaire an 10, *page 347.* — (4) M. *Boulay,* ibid.

On sent que cette raison s'appliquoit bien plus encore à la seconde des conditions, dont le projet faisoit dépendre le succès de la demande.

Mais toutes deux avoient des inconvéniens.

La condition du *scandale public* en présentoit sur-tout deux très-remarquables.

D'une part, il étoit difficile de la réduire à une idée précise : « quelles seroient les circonstances qui caractériseroient le scandale public ? Le divorce n'auroit-il lieu qu'autant que la femme seroit notoirement affichée pour une prostituée publique » (1).

De l'autre, la distinction entre l'adultère scandaleux et celui dont le coupable parvient à sauver l'éclat, pouvoit tourner à la ruine des mœurs. « L'effet de cette différence eût été d'habituer la masse du peuple à ne voir bientôt de mal dans le crime que le scandale, à compter pour rien ou pour peu les crimes secrets ; de s'exposer à sanctionner légalement l'hypocrisie, à dégrader sans retour le caractère national et les mœurs publiques » (2).

La seconde condition eût souvent réduit le mari à l'impuissance d'arrêter les déréglemens de son épouse, quoiqu'il ne pût se les dissimuler. « La femme qui auroit eu la prudence de ne jamais écrire à son amant et l'adresse de couvrir ses intrigues du voile du mystère, auroit pu, à l'abri de la loi, se jouer des justes poursuites de son mari, trop certain de son injure que la loi le mettroit dans l'impossibilité de prouver » (3).

Cependant, « quelle sera la femme assez mal-adroite pour que le mari puisse avoir des preuves écrites émanées d'elle ? Quoi donc ! Le mari qui pourroit établir, par des témoins sûrs, joints à des écrits non suspects de l'amant lui-même, ou par un ensemble de

_____

(1) Observations des Cours d'appel de Rouen, *page 10 ;* — de Grenoble, *page 8 ;* — (2) de Douai, *page 6 ;* — (3) de Lyon, *page 31.*

preuves certaines, que sa femme viole tous ses devoirs, lui donne même des enfans étrangers, sera contraint de tout souffrir en silence ! La loi ne peut consacrer un tel relâchement» (1).

Ce système ne pouvoit donc pas être admis.

Proposition de substituer à la cause d'Adultère la cause du DÉRÉGLEMENT DE MŒURS NOTOIRE.

§ La Cour d'appel de Lyon proposa de revenir au système de la loi du 20 septembre 1792, qui, écartant la cause trop positive de l'*adultère*, l'avoit remplacée par celle du *déréglement de mœurs notoire.* Il lui sembloit d'autant plus raisonnable de ne pas admettre la cause d'adultère, que l'article 313 du Code ne permet pas, en général, au mari de désavouer l'enfant pour cette cause § (2).

La Cour d'appel de Bruxelles se bornoit à demander que § la cause du *déréglement de mœurs notoire* fût ajoutée à celle d'*adultère* § (3).

Mais il n'étoit pas moins difficile de fixer les caractères du déréglement de mœurs notoire que ceux du scandale public.

La proposition de ces Cours n'a donc pas été adoptée.

Décision. L'Adultère comme cause déterminée du Divorce , doit être articulé et prouvé de la même manière que les autres faits.

Au Conseil d'état, on proposa d'abord « d'admettre la preuve testimoniale » (4).

Il étoit du moins un cas dans lequel, d'après le droit commun; elle ne pouvoit être refusée : c'étoit celui où elle étoit invoquée § pour compléter le commencement de preuves résultant des lettres dont le mari se trouveroit saisi § (5).

---

(1) Observations des Cours d'appel de Rouen, *page 10 ;* — (2) de Lyon , *p. 31 ;* — (3) de Bruxelles, *page 7.* — (4) Le *Premier Consul,* Procès - verbal du 24 vendémiaire an 10, *tome I.er , page 347.* — (5) M. *Regnier,* ibid.

Cependant n'avoit-on pas à craindre que cette facilité « n'exposât les femmes honnêtes à être compromises par tout malveillant qui se plairoit à écrire, sans leur participation, des lettres capables de faire naître des soupçons » (1).

Non : « des écrits simplement suspects ne suffisent pas aux juges; l'adultère est un délit grave, et qui, par cette raison, doit être exactement prouvé » (2).

Mais bientôt on comprit que la preuve par témoins et les autres genres de preuves, ne devoient pas être bornés à cette hypothèse; qu'il falloit les étendre à tous les cas ; en laissant les juges peser les circonstances; et que pour ne pas leur ôter cette liberté, il convenoit de retrancher de l'article proposé, ce qui étoit dit du scandale et des écrits émanés de la femme ; (3).

L'article 229 a été rédigé dans cet esprit : comme le demandoit la cour d'appel de Grenoble (4), il suffit que l'adultère soit *légalement* prouvé.

Numéro II.

De l'Adultère du Mari.

Article 230.

> La femme pourra demander le divorce pour cause d'adultère de son mari, lorsqu'il aura tenu sa concubine dans la maison commune.

Il s'agit de rendre raison de la différence que cet article et le précédent mettent entre les deux époux, d'expliquer pourquoi l'adultère de la femme devient une cause de divorce dans tous les

---

(1) M. *Boulay*, Procès-verbal du 24 vendémiaire an 10, *tome Ier*, page 347. — (2) M. *Tronchet*, ibid. — (3) Ibid. — (4) Observations de la Cour d'appel de Grenoble, *page 8.*

cas, et celui du mari seulement lorsqu'il tient sa concubine dans la maison commune.

Cette distinction avoit été proposée par la Commission (1) et par la Section (2). ſ Elle étoit empruntée des lois romaines ſ (3). Mais il faut la justifier.

La question de savoir si elle devoit être admise ou rejetée, dépendoit du point de vue sous lequel il convenoit d'envisager l'adultère pour en faire une cause de divorce.

L'adultère a trois effets :

Il viole la foi jurée ;

Dans la femme, il ajoute à ce crime celui d'associer à la famille, des enfans étrangers ;

Dans les deux époux, il peut être accompagné de circonstances qui ajoutent l'outrage à l'infidélité.

S'il falloit n'avoir égard qu'à la violation du contrat, il étoit impossible de ne pas admettre, dans tous les cas, le divorce pour l'adultère du mari comme pour celui de la femme. Alors ſ tout devoit être égal entre les époux ſ (4). « Les torts sont les mêmes, soit que le crime appartienne à la femme, soit qu'il appartienne au mari » (5). ſ Dans l'un et l'autre cas il a les mêmes caractères; c'est toujours la violation de la foi donnée ſ (6).

Si c'étoit l'introduction d'enfans étrangers dans la famille que la loi devoit principalement avoir en vue, il y avoit lieu d'admettre indéfiniment la cause d'adultère à l'égard de la femme ; et l'adultère du mari ne pouvoit opérer le divorce sous ce rapport.

Si enfin l'outrage ajouté au crime étoit une circonstance à laquelle

---

(1) *Voyez* Projet de Code civil, *liv. I.er, tit. VI, art. 3, page 43.* — (2) *1.re Rédaction, chap. I.er, art. 2,* Procès-verbal du 14 vendémiaire an 10, *tome I.er, p. 296.* — (3). M. *Tronchet,* Procès-verbal du 24 vendémiaire an 10, *tome I.er, page 347.* — (4) M. *Regnier,* Procès-verbal du 4 brumaire an 10. — (5) M. *Regnier,* Procès-verbal du 24 vendémiaire an 10, *tome I.er, page 348.* — (6) M. *Regnier,* Procès-verbal du 4 brumaire an 10.

le Législateur dût avoir égard, l'adultère du mari, toutes les fois qu'il prenoit ce caractère, devenoit une cause de divorce.

Examinons auquel de ces trois points de vue le Législateur devoit s'arrêter.

L'Adultère devoit-il opérer le Divorce à l'égard des deux époux , et par cela seul qu'il viole la foi conjugale !

Pour soutenir l'affirmative on a fait valoir trois motifs :

On a observé,

1.º Que la justice et la nécessité d'assurer l'objet du divorce ne permettoient pas de faire de distinction là où le crime est le même et produit les mêmes chagrins ;

2.º Que la condition sous laquelle on proposoit de faire de l'adultère du mari une cause de divorce, étoit illusoire ;

3.º Que la distinction qu'on vouloit établir dénaturoit le mariage.

I. « Il seroit injuste, a-t-on dit, que les deux époux ne pussent pas faire valoir réciproquement la cause d'adultère ; on autorise en effet le divorce pour les empêcher d'être malheureux : or, toute cause qui est jugée capable de rendre amère l'union conjugale, ne produit pas moins cet effet à l'égard de la femme qu'à l'égard du mari » (1).

II. C'est faire dépendre d'une condition illusoire la gravité du crime du mari, que de ne lui donner d'effet que quand la concubine habite la maison commune. « Quoi ! Un mari, dont la famille occupe le premier étage d'une maison , pourra avoir sa concubine au second ou de l'autre côté de la rue ; il pourra porter dans ce ménage clandestin, ses soins , ses affections , ses dépenses, y con-sommer sa fortune ! La femme verra sa rivale ornée des parures les plus brillantes, au sein des plaisirs et de l'abondance , tandis qu'elle

---

(1) M. *Regnier,* Procès-verbal du 4 brumaire an 10.

sera avec ses enfans dans le dénuement le plus absolu, et elle ne pourra pas secouer une chaîne dont le poids n'est plus partagé!

» Que le mari soit le chef de sa famille, l'administrateur de ses biens, que la femme soit tenue de le suivre et de déférer à sa décision, c'est une suite nécessaire de leur union ; c'est le prix de la fidélité du mari ; cette fidélité est de l'essence du mariage ; elle seule maintient le lien conjugal : l'adultère le rompt.

« Le mariage est un contrat mutuel ; il entraîne par conséquent une réciprocité de droits et de devoirs » (1).

III. Enfin on a reproché à ce système de dénaturer le mariage. « L'article proposé, a-t-on dit, joint à celui qui permet de reconnoître les enfans adultérins, tendroit à autoriser la pluralité des femmes : l'épouse seroit la femme du premier ordre, les concubines celles du second ; et par-tout où il y a pluralité de femmes, il n'y a point de mariage ; il n'y a là que despotisme et servitude.

» Et quand même l'immoralité auroit introduit cet abus dans la classe riche et oisive d'une nation, la loi qui régénère, loin de le permettre, ou même de le tolérer, doit le proscrire formellement, pour l'empêcher de pénétrer jusqu'à la classe laborieuse » (2).

Voici les réponses à ces objections :

La dernière tiroit toute sa force de ce que le Projet de Code n'excluoit pas formellement la reconnoissance des enfans adultérins. En effet, si ces enfans ne pouvoient jamais être associés aux droits des enfans légitimes, un commerce illicite avec une concubine n'avoit plus les mêmes avantages que l'union conjugale.

L'article 335 du Code en défendant de les reconnoître, a donc fait tomber l'objection.

Les deux autres ont été écartées par les considérations suivantes :

(1) Observations de la Cour d'appel de Lyon, *pages 30 et 31.* — (2) Ibid.

On

On a pensé d'abord « qu'il seroit contre la décence et contre les mœurs de permettre à la femme de faire valoir la cause d'adultère » (1), « de l'autoriser à se plaindre que son mari la néglige pour donner ses soins à une concubine » (2).

Mais une considération plus puissante, c'est qu'on n'auroit pu admettre la femme à demander le divorce dans tous les cas, pour raison de l'adultère du mari, sans affoiblir l'autorité de ce dernier.

La puissance que la nature et la loi lui défèrent est une de celles qui constituent le gouvernement domestique, ce gouvernement qui, en établissant l'ordre dans chaque fraction de l'État, donne au Gouvernement public tant et de si grandes facilités pour maintenir l'ordre général, et que, par cette raison, il est si important de ne pas atténuer.

Elle perdroit nécessairement de sa force, s'il appartenoit à la femme d'inspecter la conduite de son mari, de l'intimider par des menaces, de le fatiguer par des accusations.

Mais l'adultère n'outrage-t-il pas toujours la morale, quel que soit l'époux coupable ?

Sans doute, mais ce n'est pas dans ses rapports avec la morale que la loi civile doit le considérer.

En général, c'est assez que les lois positives n'ordonnent pas ce que la morale défend et ne défendent pas ce qu'elle prescrit : les règles qu'on suit dans le for extérieur ne peuvent pas aller aussi loin que celles du for intérieur, et elles ont un objet différent *.

« Les lois ne sont pas des préceptes : elles ne sont que des commandemens » (3).

Il suffit ici « qu'elles ne méconnoissent pas le principe que la fidélité conjugale est un devoir réciproque » (4).

---

(1) M. *Defermon*, Procès-verbal du 4 brumaire an 10. — (2) M. *Rœderer*, ibid — (3) M. *Savoye-Rollin*, Tribun. Tome Ier, page 436. — (4) Ibid.

* *Voyez* Introduction, tome Ier, page 38 et suiv.

3.   O

On ne devoit donc pas en général « accorder le divorce à la femme pour le concubinage du mari. Jamais la loi n'a puni ces sortes d'écarts, même civilement. On a dit dans tous les temps, *tori conjugalis maritus solus vindex* » (1). Et on pouvoit d'autant plus facilement maintenir cette règle, que, quoique l'adultère du mari outrage la morale et viole le contrat, ⸲ il n'a cependant pas dans l'ordre civil des conséquences aussi dangereuses que celui de la femme ⸲ (2).

Passons à la seconde question.

L'effet qu'a l'Adultère de la femme d'introduire des enfans étrangers dans la famille, étoit-il un motif d'en faire indéfiniment une cause de Divorce !

On a observé, d'un côté, que ⸲ cette raison avoit déterminé les lois romaines à établir entre l'adultère de la femme et celui du mari la différence que le Code confirme ⸲ (3).

D'un autre côté, on a assigné un motif différent à ces lois : « elles prononçoient, a-t-on dit, une peine contre l'adultère, et alors il étoit juste d'établir une distinction qui servoit à graduer la peine d'après les conséquences » (4). On en a conclu que puisqu'il ne s'agissoit pas de fixer le châtiment de l'adultère, et ⸲ qu'on n'avoit à considérer ce crime que dans ses rapports avec le divorce, c'est-à-dire, dans les effets qu'il produit entre les époux ⸲ (5), on ne pouvoit se décider par les raisons qui avoient déterminé les Romains.

Mais quelles qu'eussent été ces raisons, il y en avoit une autre qui ne permettoit pas de balancer, c'étoit la nécessité de prévenir

---

(1) M. *Rœderer*, Procès-verbal du 4 brumaire an 10. — (2) M. *Boulay*, Procès-verbal du 24 vendémiaire an 10, *tome I.er, page 335.* — (3) M. *Tronchet*, ibid., *page 347;* — (4) Ibid., *page 348.* — (5) M. *Regnier*, ibid.

indéfiniment les suites funestes du déréglement de la femme. « Elle trouble par un sang étranger le sang de son époux qu'elle doit transmettre à ses enfans ; elle altère dans son principe cette affection mutuelle qui doit unir les frères ; elle comprime jusque dans le cœur de son mari cet abandon au sentiment de la nature, qui est le plus doux charme de la paternité » (1).

La distinction a donc été admise.

Restoit la troisième question.

L'Adultère du mari devoit-il donner lieu au Divorce, dans le cas particulier prévu par l'article 230 !

QUOIQUE l'intérêt de maintenir la puissance maritale ne permît pas d'autoriser la femme à demander dans tous les cas le divorce pour l'adultère du mari, il y avoit cependant des circonstances où l'on ne pouvoit sans cruauté repousser ses plaintes.

Si l'ordre public étoit intéressé à ce que l'autorité du mari ne fût pas atténuée, il ne s'opposoit pas à ce qu'on en prévînt l'abus, à ce qu'on l'empêchât de dégénérer en tyrannie.

Les lois romaines avoient saisi un juste milieu. ⨍ Elles n'alloient pas jusqu'à exclure toute exception au principe général que l'adultère du mari n'autorise pas la femme à demander le divorce. Elles admettoient son action lorsque le mari avoit introduit sa concubine dans la maison. Elles regardoient ce procédé comme la plus grande injure qui pût être faite à une femme chaste et honnête ⨍ (2); ⨍ comme celui qui devoit le plus l'exaspérer ; elles le qualifioient d'*horrible* ⨍ (3) ; et « elles accordèrent en ce cas l'action, non pour punir le mari, mais pour donner une réparation à la femme » (4).

---

(1) M. *Gillet*, Tribun. *Tome I.er*, p. *489*. — (2) M. *Tronchet*, Procès-verbal du 4 brumaire an 10. — (3) M. *Tronchet*, Procès-verbal du 24 vendémiaire an 10, *tome I.er*, page *348*. — (4) M. *Tronchet*, Procès-verbal du 4 brumaire an 10.

Le Code a suivi sur ce point les lois romaines. « L'adultère du mari ne donne lieu au divorce que lorsqu'il est accompagné d'un caractère particulier de mépris, par l'établissement de la concubine dans la maison commune » (1).

II.e Subdivision.

Des Excès, Sévices et Injures graves.

ARTICLE 231.

LES époux pourront réciproquement demander le divorce, pour excès, sévices ou injures graves, de l'un d'eux envers l'autre.

J'AI rendu compte des motifs qui ont fait mettre les excès, sévices et injures graves au nombre des causes de divorce, et décider qu'ils l'opéreroient directement *.

Il ne reste plus à parler que de l'étendue que le Législateur a voulu donner à ces causes.

Elle doit être considérée,

Sous le rapport des personnes qui peuvent les faire valoir ;

Sous le rapport des faits qu'elles embrassent.

NUMÉRO I.er

Étendue de ces Causes sous le rapport des Personnes qui peuvent les faire valoir.

IL ne pouvoit y avoir de doute sur la nécessité d'accorder le divorce au mari comme à la femme, lorsqu'il auroit à se plaindre d'excès ; car cette cause, comme nous le verrons dans un moment, comprend l'attentat à la vie.

---

(1) M. *Treilhard,* Exposé des motifs, Procès-verbal du 19 ventôse an 11, *tome II,* page 546.

* *Voyez page 68.*

Mais en étoit-il ainsi des injures et des sévices?
C'est ce qu'on a cru devoir examiner.

L'Action en Divorce pour cause d'Injures devoit-elle être acccordée au Mari!

On ne pouvoit, dans cette question, se régler sur l'ancienne jurisprudence, parce que « jamais la séparation de corps n'étoit prononcée sur la demande du mari » (1).

Il falloit donc recourir à l'analyse.

Voici ce qui se passa.

La Commission n'avoit égard aux injures que lorsqu'elles prenoient le caractère de diffamation publique, et elle autorisoit également les deux époux à faire valoir cette cause ainsi restreinte (2).

Ce système avoit d'abord été adopté par la Section (3).

Mais, dans une seconde rédaction, elle substituoit les mots *injures graves* à ceux de *diffamation publique,* et n'accordoit plus qu'à la femme le divorce pour cette cause (4).

Ce fut sur cette rédaction que la question s'engagea dans la séance du 6 nivôse an 10.

La restriction proposée par la Section fut attaquée.

On observa que « comme le mari peut aussi avoir à se plaindre d'injures graves de la part de la femme, il ne paroissoit pas juste de lui refuser cette cause de divorce » (5).

« Il ne s'agit pas de quelques injures passagères auxquelles la loi ne peut pas avoir égard, sur-tout entre gens de la classe la moins

---

(1) M. *Tronchet,* Procès-verbal du 6 nivôse an 10.—(2) *Voyez* Projet de Code civil, *liv. Ier, tit. VI, art. 3, page 43.*—(3) *1.re Rédaction, chap. Ier, art. 2,* Procès-verbal du 14 vendémiaire an 10, tome Ier, page 296.* — (4) *2.e Rédaction, art. 3,* Procès-verbal du 6 nivôse an 10. —(5) Le *Consul Cambacérés,* ibid.

éduquée du peuple ; mais d'une suite d'injures graves et persévé-
rantes » (1). « Le mari peut recevoir, de la part de sa femme, des
injures tellement graves, qu'il soit juste de l'autoriser à demander le
divorce : telle est, par exemple, la diffamation publique » (2);
telles seroient les injures qui attaqueroient sa probité » (3).

« Il y a donc parité de raisons pour ouvrir au mari la voie du
divorce. La loi ne peut lui supposer moins de sensibilité qu'à la
femme » (4).

« Les Tribunaux jugeroient au surplus si les injures sont assez
fortes pour autoriser le divorce » (5).

Il fut répondu, « que toute action en réparation d'injures est mal
vue dans la société, même lorsqu'elle est dirigée contre un homme ;
mais qu'elle est plus ridicule encore lorsqu'elle est intentée par un
homme contre une femme » (6). Que seroit-ce donc si elle étoit
exercée par un mari ?

« Le mari a une latitude de puissance et de moyens assez grande
pour réprimer les injures de la femme » (7); « il doit se faire respecter dans sa maison ; la loi a assez fait en l'établissant le chef
de la famille ; elle ne doit pas lui donner l'action en divorce pour
de simples injures qu'il lui est permis de réprimer » (8). « On seroit
choqué d'entendre le chef de la famille se plaindre des injures qu'il
reçoit d'une épouse qui est sous son autorité, et qui, à raison
de son état de subordination, ne peut que bien difficilement le
diffamer » (9).

Le Conseil d'état arrêta, d'après ces considérations, que *la diffamation ne seroit pas une cause de divorce pour le mari* (10).

Le Tribunat, sur la communication qui lui fut faite du Projet,

---

(1) M. *Regnier*, Procès-verbal du 6 nivôse an 10. — (2) Le *Consul Cambacérés*, ibid.
— (3) M. *Regnier*, ibid. — (4) Ibid. — (5) Ibid. — (6) M. *Berenger*, ibid. — (7) M. *Emmery*, ibid. — (8) M. *Defermon*, ibid. — (9) M. *Berenger*, ibid. — (10) *Décision*, ibid.

proposa ʃ de rendre réciproque l'action en divorce pour injures graves ʃ (1).

Il dit : « Sous ces expressions on doit comprendre les excès en diffamation, qui peuvent être regardés comme des attentats à l'honneur; et l'on ne concevroit pas comment il n'en résulteroit pas l'action en divorce contre la femme, lorsqu'elle s'y livre contre son mari » (2).

Le Conseil d'état revint à l'avis du Tribunat, et adopta sa proposition.

Devoit-on permettre au Mari de demander le Divorce pour causes de Sévices.

LA Commission et la Section permettoient au mari comme à la femme de demander le divorce pour causes de sévices (3).

La Section réduisit ensuite cette faculté à la femme (4).

La question fut traitée au Conseil d'état.

On soutint que « l'allégation de cette cause étoit ridicule dans la bouche d'un mari » (5) à qui la nature donne l'avantage et la force, et la loi la supériorité.

On ajouta « qu'il seroit aussi peu naturel d'accorder au mari le droit de se plaindre des sévices de sa femme, qu'il seroit contraire aux mœurs d'admettre la femme à prouver l'incontinence de son mari : le mari, dans ce cas, s'accuseroit de lâcheté, la femme d'impudeur. Il ne doit donc être permis qu'à la femme de faire valoir les causes de sévices » (6).

Il fut répondu « qu'il est encore moins naturel d'accorder à une

---

(1) Observations du Tribunat. — (2) Ibid. — (3) Projet de Code civil, *liv. I.er*, *titre VI, art. 3, page 43 ; — 1.re Rédaction, chap. I.er, art.* 2, Procès-verbal du 14 vendémiaire an 10, *tome I.er, page 296.* — (4) 2.e *Rédaction, art. 3*, Procès-verbal du 6 nivôse an 10. — (5) M. *Emmery,* Procès-verbal du 24 vendémiaire an 10, *tome I.er, page 356.* — (6) M. *Rœderer,* Procès-verbal du 4 brumaire an 10; — M. *Thibaudeau,* ibid.

femme le droit de tourmenter impunément son mari » (1). « On a vu des maris malades, infirmes, aveugles, éprouver les traitemens les plus durs de la part de leur femme » (2).

On répliqua « que ce sont-là des cas particuliers, et que la loi ne doit se régler que par ce qui arrive communément » (3).

L'article de la Section ne fut point modifié; on l'adopta, au contraire, dans la séance du 22 fructidor an 10, et il fut communiqué au Tribunat dans les termes suivans : *La femme pourra demander le divorce pour sévices ou injures graves qu'elle aura éprouvés de la part de son mari* (4).

Le Tribunat opposa les raisons par lesquelles cet article avoit été combattu dans le Conseil d'état en leur donnant plus de développemens. Il dit : « Il semble, au premier abord, que le mari ne peut invoquer les sévices pour fonder une demande en divorce; on peut penser que la force de son sexe peut l'en mettre à l'abri.

» Cependant cela n'est pas toujours vrai; et si, par exemple, on se représente un mari infirme ou âgé, qui soit journellement exposé aux plus durs traitemens, et même à des sévices de la part de sa femme, il paroît de toute justice que l'action soit réciproque. C'est un moyen sage de contenir les emportemens d'une femme violente et qui oublie ses devoirs.

» Les juges pourront avoir plus particulièrement égard aux circonstances, lorsque l'action en divorce du mari sera fondée sur les sévices de la part de la femme. Ces sévices pourront n'être pas toujours aussi décisifs; mais il suffit qu'ils le soient quelquefois pour que l'action sur ce motif ne soit pas interdite au mari » (5).

---

(1) Le *Premier Consul*, Procès-verbal du 4 brumaire an 10. — (2) M. *Réal*, Procès-verbal du 6 nivôse an 10. — (3) M. *Maleville*, ibid. — (4) *Rédaction communiquée au Tribunat, art. 3*, Procès-verbal du 22 fructidor an 10, *tome II, page 13*. — (5) Observations du Tribunat.

La

La proposition du Tribunat a été admise par l'article 231 que nous discutons.

NUMÉRO II.

Étendue des mêmes causes quant aux faits qu'elles supposent.

L'ARTICLE 231 distingue entre les *excès*, les *sévices* et les *injures graves*.

Développons cette distinction ; mais observons d'abord que la rédaction embrasse ici toutes les causes capables ſ d'ôter à l'affection que le mariage établit entre les époux, les effets qu'elle doit produire, c'est-à-dire, toutes les causes qui attaquent la sûreté, la sécurité et le repos, enfin l'honneur. Les excès détruisent la sûreté, les sévices le repos, les injures l'honneurſ (1).

Des Excès.

CETTE cause ne se trouvoit ni dans le projet de la Commission (2), ni dans aucun de ceux qui ont été proposés au Conseil d'état ou d'abord adoptés par lui (3).

Mais tous ces projets, hors celui de la Section, admettoient pour cause de divorce l'attentat à la vie de l'un des époux de la part de l'autre (4).

Un motif aussi puissant ne pouvoit sans doute être rejeté. « Comment, en effet, pourroit-on exiger qu'un époux continuât

---

(1) M. *Gillet,* Tribun, *tome Ier, page 489.* —(2) *Voyez* Projet de Code civil, *liv. Ier, tit. VI, art. 3, page 43.* — (3) *Voyez 1.re Rédaction,* Procès-verbal du 14 vendémiaire an 10, *tome Ier, page 296;* — *Rédaction* de M. *Boulay,* Procès-verbal du 24 vendémiaire an 10, *p. 340;* — *Redaction* de M. *Berlier,* ibid., *page 341;* — *Rédaction* de M. *Emmery,* ibid., *page 344;* — 2.e *Rédaction,* Procès-verbal du 6 nivôse an 10; — *Rédaction communiquée au Tribunat,* Procès-verbal du 14 fructidor an 10, *tome II, page 13.* — (4) *Voyez* ibid.

3.   P

d'associer sa vie à un être dans lequel, au lieu d'un appui fidèle et dévoué, il ne trouve qu'un assassin » (1) ?

Cependant il y avoit deux manières de l'admettre : explicitement et, pour ainsi dire, sous sa propre figure ; implicitement, et sous le nom générique d'*excès*.

Le Conseil d'état préféra d'abord la première (2). La rédaction communiquée au Tribunat, sans parler d'excès, portoit : *L'attentat de l'un des époux à la vie de l'autre, sera pour celui-ci une cause de divorce* (3).

Le Tribunat observa « qu'il résulteroit de cet article, que l'époux qui est dans la cruelle position d'avoir à alléguer un des motifs les plus légitimes du divorce, ne peut le demander sans paroître aux yeux de la société se rendre le dénonciateur de l'autre époux, et sans courir quelquefois le risque de le traîner à l'échafaud » (4).

En conséquence, et pour faire disparoître cet inconvénient, ou du moins pour l'affoiblir, le Tribunat proposoit de supprimer l'article.

Voici, au surplus, comment il le suppléoit : il cachoit la cause d'attentat sous celle des sévices et injures graves, et demandoit que cette dernière pût être invoquée par le mari comme par la femme. « Sous ces expressions, disoit-il, et principalement sous celle de *sévices*, le mari pourra se plaindre des plus grands excès de la part de sa femme, même d'un attentat caractérisé contre sa vie » (5).

« Il est aisé de sentir, ajoutoit le Tribunat, que ce mode ne présentera pas l'odieux qui s'attacheroit nécessairement à une dénonciation directe et positive d'un attentat à la vie. Il donneroit bien moins l'éveil à l'officier chargé du ministère public ; et s'il ne

---

(1) M. *Boulay*, Procès-verbal du 24 vendémiaire an 10, *tome I.ᵉʳ*, *pages 335 et 336.* — (2) *Décision*, ibid., *page 348 ;* — Procès-verbal du 4 brumaire an 10 ; — du 6 nivôse an 10. — (3) *Rédaction communiquée au Tribunat, article 4*, Procès-verbal du 22 fructidor an 10, *tome II, page 13.* — (4) Observations du Tribunat. — (5) Ibid.

prévenoit pas absolument, il retarderoit au moins une instruction criminelle, qui, en dernière analyse, pourroit être sans objet.

» Ce qui occupe ici principalement, c'est l'intérêt de l'époux malheureux; et on doit à sa position et à son malheur même, la faveur de pouvoir envelopper sa plainte sous les expressions les plus douces, pour écarter de lui le rôle toujours odieux de dénonciateur.

» Il est vrai que le ministère public, dont rien ne doit arrêter la vigilance et la sévérité, pourra devenir partie plaignante; mais ce ne sera au moins que lorsqu'en· dernier résultat il y aura un délit qualifié, c'est-à-dire, une tentative de crime avec les circonstances qu'exige la loi pour provoquer une condamnation criminelle » (1).

§ La suppression de l'article sembloit au Tribunat être devenue d'autant plus facile, que le divorce par consentement mutuel étoit admis, et que cette forme dispenseroit l'un des époux de déférer aux Tribunaux des excès scandaleux, tel que l'attentat à la vie § (2).

Le Conseil d'état eut égard à ces observations. La cause d'attentat fut retranchée, et, fondant ensemble les articles 3 et 4 du projet*, on en fit l'article 231, qui nous occupe.

L'attentat s'y trouve déguisé sous le nom d'*excès*, expression générique qui comprend tous les procédés capables de compromettre la sûreté de la personne, sans en distinguer le but ni le principe, le guet-à-pens, comme les fureurs de la colère, l'attaque à la vie, comme les simples blessures; expression qui placée auprès de celle de *sévices*, met à l'aise la conscience des juges, en leur épargnant

---

(1) Observations du Tribunat. — (2) Ibid.

* *Voyez l'article 3, page 112, et l'article 4, page 114.*

les incertitudes cruelles où les placeroit la nécessité de s'arrêter à des degrés trop précis.

Des Sévices.

§ Il ne s'agit pas ici de simples mouvemens de vivacité, de quelques refus même déplacés de la part de l'un des époux, mais de mauvais traitemens personnels, de sévices dans la rigoureuse acception de ce mot *sævitia*, cruauté § (1).

Ceci répond à la proposition faite par la Cour d'appel de Rouen, qui pensoit que « *les sévices ou mauvais traitemens* ne doivent pas toujours suffire pour prononcer le divorce; mais qu'aussi le divorce, suivant les cas, pourroit être prononcé sans qu'il y eût eu sévices. Tel homme peut se permettre des violences, et souvent les époux ne s'en aimeront pas moins après cet orage domestique; mais entre des ames plus sensibles, et dont les passions sont plus raffinées, une suite d'injustices et de tracasseries, le mépris, l'outrage, sont pires que des coups et peuvent suffire (2).

Des Injures graves.

J'ai déjà dit que le projet de la Commission ne donnoit aux injures l'effet d'opérer le divorce que quand elles prenoient le caractère de diffamation *.

Sur ce point elle avoit suivi l'ancienne jurisprudence. « Autrefois, en matière de séparation, on n'appeloit *injure grave* que la diffamation publique : quant aux simples grossièretés, à moins qu'elles ne dégénérassent en sévices, elles n'étoient pas des moyens de séparation » (3).

— (1) M. *Treilhard*, Exposé des motifs, Procès-verbal du 19 ventôse an 11, *tome II, page 546.* — (2) Observations de la Cour d'appel de Rouen, *page 10.* — (3) M. *Tronchet*, Procès-verbal du 6 nivôse an 10.

* *Voyez page 109.*

Les Cours d'appel de Toulouse et de Rennes craignirent
s qu'abusant d'une expression aussi vague que celle de *diffamation*
publique, on ne prononçât le divorce pour injures légères; et afin
de prévenir cette fausse application, elles proposèrent de ne parler
que de sévices et de mauvais traitemens, dans lesquels, disoient-
elles, les injures rentrent lorsqu'elles sont graves s (1).

Là Section, du moins dans sa seconde rédaction, substitua les
injures graves à la *diffamation publique* (2).

Au Conseil d'état, on rappela l'ancienne jurisprudence ; et,
supposant que la loi devoit se renfermer dans les mêmes limites, on
observa que « l'article seroit plus clair et plus précis, si l'on substituoit les mots *diffamation publique* à l'expression *injures graves* » (3).

Le Conseil adopta cette rédaction (4).

Néanmoins, la Section présenta de nouveau celle qu'elle avoit
proposée. Elle fut admise dans la séance du 22 fructidor an 10 (5).

Mais il faut expliquer l'étendue que la loi donne à ces mots
injures graves.

« Ces expressions n'ont pas la même précision que celles qui
désignent les deux causes précédentes admises par l'article 231 :
mais, d'abord leur rapprochement de celles d'*excès* et de *sévices*
indique qu'elles sont au moral ce que les autres sont au physique :
les premières sont, si l'on peut ainsi parler, la violence des corps;
et les secondes, la violence des sentimens. Ensuite, la nature de
l'action intentée, son importance morale et civile, la sévérité même
de la loi dans son accueil au divorce, avertissent assez du véritable sens attaché à ces expressions » (6). La loi parle, non « de

---

(1) Observations de la Cour d'appel de Rennes, *page 6;* — de la Cour d'appel de
Toulouse, *page 8.* — (2) 2.' *Rédaction, art. 3,* Procès-verbal du 6 nivôse an 10.—
(3) M. *Tronchet,* ibid.— (4) *Décision,* ibid. — (5) *Rédaction communiquée au Tribu-*
nat, art. 3, Procès-verbal du 22 fructidor an 10, *tome II, page 13.* — (6) M. *Savoye-*
Rollin, Tribun. *Tome I.", page 436.*

quelques paroles dures échappées dans des instans d'humeur et de mécontentement, mais d'injures portant un grand caractère de gravité » (1).

Cette distinction entre les injures légères auxquelles on ne doit pas s'arrêter, et les injures graves qui seules doivent donner lieu au divorce, n'a jamais été perdue de vue par le Législateur.

Afin de l'exprimer avec précision, on s'étoit attaché à fixer le caractère que devoient avoir les injures pour devenir une cause de divorce. On vouloit qu'elles ne pussent l'être que lorsque, par leur réunion à d'autres mauvais traitemens ou par leur durée, elles rendroient à l'époux outragé la vie commune insupportable (2).

Mais il est possible que sans être appuyée d'autres circonstances, sans être souvent répétée, une injure soit néanmoins tellement sensible, qu'elle rende à jamais la société conjugale amère à l'époux qui l'a reçue.

Il n'est pas besoin de sortir de ce titre pour en trouver un exemple. On est convenu 5 qu'un mari qui auroit succombé dans une demande en divorce pour cause d'adultère, fourniroit à sa femme elle-même une cause de divorce par cette accusation calomnieuse et diffamatoire 5 (3).

On sent que, dans des cas semblables, les conditions de la durée, de la continuité de l'injure, de sa réunion à d'autres mauvais procédés, ne sont pas nécessaires.

Il falloit donc caractériser d'une manière plus générale l'espèce d'injures qu'on vouloit admettre pour cause de divorce.

C'est ce qu'on a fait dans la rédaction, par cette expression

---

(1) M. *Treilhard,* Exposé des motifs, Procès-verbal du 19 ventôse an 10, *tome II,* p. 546. — (2) *Rédaction* de M. *Berlier, art. 6,* Procès-verbal du 24 vendémiaire an 10, *tome I.er, page 342 ;* — de M. *Emmery, art. 6 et 7,* ibid., *page 344.* — (3) MM. *Réal* et *Portalis,* Procès-verbal du 14 vendémiaire an 10, *page 306.*

injures graves, qui est empruntée de la loi du 20 septembre 1792. En excluant d'un côté les injures légères, elle comprend de l'autre toutes celles qui peuvent affecter avec raison un cœur sensible et honnête; soit que, comme la diffamation publique, elles aient toute la cité pour témoin, soit que l'outrage n'ait été connu que d'un petit nombre de personnes.

Cette règle, au surplus, suffit. Les circonstances et les faits sont tellement variés, qu'on ne pouvoit en donner une plus précise. Des paroles et des qualifications grossières employées habituellement, ne sont, dans une certaine classe d'individus, que le langage ordinaire; dans la classe des personnes mieux élevées, elles deviennent des outrages. Il est enfin une foule de nuances que la loi ne peut déterminer, mais que le juge saura saisir. C'est assez de l'avertir qu'il ne doit prononcer le divorce que lorsque l'injure est grave, à raison des circonstances, de l'intention et de la qualité des personnes.

IIIe Subdivision.

De la Condamnation de l'un des Époux à une peine infamante.

ARTICLE 232.

LA condamnation de l'un des époux à une peine infamante, sera pour l'autre époux une cause de divorce.

La loi du 20 septembre 1792 autorisoit la demande en divorce contre l'époux condamné à une peine afflictive ou infamante.

La Commission avoit retranché cette cause (1).

La Cour de cassation et les Cours d'appel de Douai, Lyon, Orléans, Rennes et Paris la réclamèrent (2).

---

(1) *Voyez* Projet de Code civil, *livre Ier, titre VI, article 3, page 43.* — (2) *Voyez* Observations de la Cour de cassation, *page 81 ;* — de la cour d'appel de Douai, *page 6 ;* — de la Cour d'appel de Lyon, *pag. 26 et 27 ;* — de la Cour d'appel d'Orléans *page 12 ;* — de la Cour d'appel de Paris, *page 45 ;* — de la Cour d'appel de Rennes, *page 6.*

Néanmoins la Section ne l'avoit pas d'abord admise (1).

Au Conseil d'état, on la proposa (2).

Depuis, elle a été insérée dans tous les projets.

Elle se trouve, dans les rédactions subséquentes, tantôt réduite au cas où il y a condamnation à une peine afflictive (3), tantôt établie dans l'alternative d'une condamnation à des peines afflictives ou d'une condamnation à des peines infamantes (4), tantôt pour le cas où la condamnation est tout-à-la-fois afflictive et infamante (5).

Néanmoins on voit, par la discussion, qu'il a toujours été dans l'intention du Conseil d'état de ne donner qu'aux condamnations infamantes l'effet d'opérer le divorce.

En effet, la discussion s'étant établie sur le projet, qui ne parloit que de condamnation à une peine afflictive, on observa que « l'article étoit trop général. Le code pénal actuel, dit-on, met au rang des peines afflictives la reclusion pour les femmes, les fers pour les hommes, même lorsque cette peine ne doit être que de peu de durée; ainsi elle ne paroît pas devoir donner lieu à la dissolution du mariage » (6).

Il fut répondu que ce n'étoit pas sur le plus ou le moins de durée de la peine qu'on s'étoit réglé pour en faire une cause de divorce, mais sur la considération qu'elle rend le condamné infame. « D'après l'article 604 du Code des délits et des peines, dit-on, toute peine afflictive est aussi infamante » (7) : « or, toute peine infamante doit donner lieu au divorce » (8); « et dans le cas particulier dont il a

---

(1) 1.ʳᵉ *Rédaction, chapitre I.ᵉʳ, article 2,* Procès-verbal du 14 vendémiaire an 10, *tome I.ᵉʳ, page 296.* — (2) M. *Berlier,* Procès-verbal du 16 vendémiaire an 10, *page 319.* — (3) *Rédaction* de M. *Boulay, art. 3,* Procès-verbal du 24 vendémiaire an 10, *page 340.* — (4) *Rédaction* de M. *Berlier, art. 4,* ibid., *page 342.* — (5) *Rédaction* de M. *Emmery, article 4,* ibid., *page 344.* — (6) M. *Tronchet,* ibid., *pages 348 et 349.* — (7) M. *Regnaud* (de Saint-Jean-d'Angely), ibid., *page 349.* — (8) M. *Regnier,* ibid.

été

été parlé, la peine est précédée de l'exposition qui imprime une flétrissure au condamné » (1).

On chercha ensuite une rédaction qui mît l'application de ces règles à l'abri des variations que la législation criminelle pourroit éprouver.

On prévit d'abord que 5 la disposition du Code pénal, qui déclare les peines afflictives peines infamantes, pourroit changer ; dans cette vue, on proposa d'exprimer que l'article se rapportoit aux peines *afflictives et infamantes tout ensemble* 5 (2).

Ensuite, et sur l'observation 5 que, dans la suite, des lois nouvelles pourroient établir une distinction entre ces deux sortes de peines 5 (3), le Conseil d'état adopta cette rédaction : *les peines afflictives ou infamantes* (4).

Depuis, on s'est réduit à une expression encore plus simple, on s'est contenté de dire *la condamnation à une peine infamante* (5), et cette rédaction remplit parfaitement les intentions du Législateur ; car il vouloit que l'infamie fût la cause du divorce, et il n'avoit parlé des peines afflictives que parce qu'elles l'opèrent.

Mais il faut expliquer les motifs de cette intention.

On a dit que, « forcer un époux honnête à vivre avec un infame, c'est renouveler le supplice d'un cadavre attaché à un corps vivant »(6); « c'est un supplice pour un époux vertueux de vivre avec un être flétri par la justice » (7), « n'eût-il mérité que quelques heures d'exposition et les fers, sans avoir encouru la mort civile » (8).

Ainsi, ne pas admettre cette cause de divorce, « ce seroit faire partager à l'époux innocent la peine du crime » (9).

---

(1) M. *Emmery,* Procès-verbal du 24 vendémiaire an 10, *tome Ier, page 349.* — (2) Le *Premier Consul,* ibid. — (3) M. *Regnier,* ibid. — (4) Le *Premier Consul ,* ibid.; — *Décision ,* ibid. — (5) *Rédaction communiquée au Tribunat, art.* 5, Procès-verbal du 22 fructidor an 10, *tome II, page 13.* — (6) M. *Treilhard,* Exposé des motifs, Procès-verbal du 19 ventôse an 11, *t. II, p. 547;* — M. *Boulay,* Procès-verbal du 24 vendémiaire an 10, *tome Ier, p. 336.* — (7) M. *Regnier,* ibid., *p. 349.* — (8) Observations de la Cour d'appel de Douai, *page 7.* — (9) — de la Cour d'appel d'Orléans, *page 13.*

3.   Q

« L'époux capable de respecter encore le lien qui l'unit à un coupable diffamé, donnera, si l'on veut, un grand exemple de courage et
de vertu ; mais on n'a pas le droit de l'attendre et de l'exiger de tous
les citoyens » (1). On doit d'autant moins les y contraindre, que la
répugnance dans ce cas « tient au sentiment de l'honneur, sentiment
cher et précieux à la nation françoise, et que la loi doit s'efforcer
de maintenir » (2).

L'intérêt du condamné ne doit pas arrêter. Il n'a pas à se plaindre ;
« c'est lui-même qui a changé la nature de l'association, lorsqu'au
lieu de cette chaîne honorable que les époux doivent porter ensemble, il ne laisse plus à partager avec lui que la chaîne honteuse
d'un criminel » (3).

II.e PARTIE.

DU CONSENTEMENT MUTUEL CONSIDÉRÉ NON COMME CAUSE DIRECTE DU DIVORCE, MAIS COMME SIGNE QU'IL EXISTE DES CAUSES LÉGITIMES.

ARTICLE 233.

LE consentement mutuel et persévérant des époux, exprimé de la manière prescrite
par la loi, sous les conditions et après les épreuves qu'elle détermine, prouvera suffisamment
que la vie commune leur est insupportable, et qu'il existe, par rapport à eux, une cause
péremptoire de divorce.

LA loi du 20 septembre 1792 faisoit du consentement mutuel

---

(1) Observations de la Cour d'appel de Paris, *page 45.* — (2) — de la Cour d'appel
de Lyon, *pag. 29 et 30.* — (3) M. *Gillet*, Tribun. *Tome I.er, pages 489 et 490.*

une cause directe et suffisante de divorce, et c'est en cela qu'elle étoit vicieuse.

Le Code Napoléon ne permet de l'employer que comme un signe qu'il existe d'autres causes plus légitimes ; nous en sommes avertis par le texte même.

Au premier coup d'œil, on n'aperçoit pas toute la différence qui se rencontre entre ces deux manières d'admettre le consentement mutuel ; on seroit presque tenté de croire qu'il n'en existe que dans les mots, parce qu'après tout, dans l'une et dans l'autre, c'est toujours à la suite du consentement mutuel que le divorce est prononcé.

On verra dans la suite que ces deux systèmes n'ont rien de commun *.

Mais le divorce par consentement mutuel que la loi du 20 septembre avoit introduit, n'étoit qu'une des branches du système plus général dans lequel le divorce étoit permis pour causes indéterminées, c'est-à-dire, par le seul effet de la volonté soit de l'un des époux, soit de tous les deux.

On a dû examiner d'abord si ce système, qui alors étoit en vigueur, devoit être maintenu en tout ou en partie. Je ferai connoître, dans une première division, les motifs qui l'ont fait rejeter.

Mais en l'écartant, on reconnut qu'il avoit des avantages qu'il importoit de conserver par d'autres moyens. On chercha ces moyens, et l'on arriva insensiblement au mode de divorce que l'article 233 autorise. C'est ce que j'expliquerai dans la deuxième division.

Quoique très-différent du divorce par consentement mutuel admis par la loi du 20 septembre, il en a tous les avantages et n'en a pas les inconvéniens. Je le prouverai dans la troisième division.

Cependant, sous quelqu'apparence favorable qu'il se présentât,

---

* *Voyez II.ᵉ Division, I.ʳᵉ Subdivision, pages 160 et suiv.*

il importoit de s'assurer, avant de l'adopter, que dans l'usage il ne seroit pas illusoire. Ceci sera le sujet de la quatrième division.

I.re DIVISION.

Le Système du Divorce pour causes indéterminées, introduit par la loi du 20 Septembre 1792, ne pouvoit être maintenu dans aucune de ses parties.

J'EXPOSERAI ce système.

Je rendrai compte des diverses propositions qui ont été faites à l'occasion de la question de savoir s'il seroit conservé, et je fixerai le point précis de la discussion.

Je ferai connoître les motifs qui pouvoient déterminer à le maintenir.

Je ferai également connoître ceux qui l'ont fait rejeter.

I.re SUBDIVISION.

Exposé du Système.

D'APRÈS les dispositions de la loi du 20 septembre, le divorce avoit lieu,

1.º Par le consentement mutuel des époux (1);

2.º Sur la simple allégation, par l'un d'eux, de l'incompatibilité d'humeur et de caractère (2).

Ces causes étoient véritablement indéterminées; car, pour rompre le mariage, la loi ne supposoit pas que l'intention d'en sortir dût être appuyée de motifs particuliers; elle se contentoit du seul changement de volonté : on n'étoit plus époux, par la seule raison qu'on ne vouloit plus l'être et qu'on ne se convenoit plus.

---

(1) Loi du 20 septembre 1792, *§. I.er, article 2.* — (2) Ibid., *article 3.*

Au surplus, le système étoit très-complet. En effet, le mariage ne sauroit être rompu par la seule volonté des parties, que de deux manières :

Ou parce que les deux époux desirent également s'en retirer, et c'est ce qu'opéroit le divorce par consentement mutuel, admis comme cause suffisante et directe ;

Ou parce qu'un seul des époux veut briser le lien conjugal ; or, on arrivoit à ce résultat par la cause d'incompatibilité.

Dans le langage exact des lois, on distingue ces deux manières par des dénominations différentes :

5 La dissolution du mariage par la volonté d'un seul, cette volonté fût-elle même appuyée de faits qui la justifient, s'appelle *répudiation* 5 (1).

5 Le nom de *divorce* n'est appliqué qu'au cas ou les époux se dégagent par une volonté mutuelle 5 (2).

« Par les lois romaines, la répudiation n'étoit d'abord permise qu'au mari, et seulement en trois cas : lorsque la femme étoit adultère, lorsqu'elle avoit formé des desseins sur sa vie, lorsqu'elle se servoit de fausses clefs.

» La répudiation a été ensuite permise à la femme, et alors elle est devenue plus générale. Alors aussi, parce que l'un et l'autre époux avoient le droit de répudiation et que la volonté d'en user se rencontroit quelquefois dans tous les deux, on a reçu le divorce pour le cas où ce concours existeroit, et on l'a admis sans cause. Il n'y a donc de vrai divorce que par consentement mutuel : lorsqu'un seul demande la dissolution du mariage, il n'y a plus de divorce, il y a répudiation » (3).

---

(1) M. *Emmery,* Procès-verbal du 14 vendémiaire an 10, *tome I.ᵉʳ, page 312 et 313.* — (2) Ibid. — (3) Ibid.

II.e Subdivision.

Opinions diverses qui ont été émises sur ce Système, et point précis de la Discussion.

Ce système avoit ses partisans et ses adversaires.

Les uns le rejetoient dans toutes ses parties, et vouloient que le divorce ne pût avoir lieu que pour des faits précis, articulés et vérifiés.

Cette opinion étoit celle de la Commission; elle repoussoit également et la cause d'incompatibilité et le divorce par le consentement mutuel, considéré comme cause directe et suffisante. 'A la vérité, elle autorisoit la dissolution du mariage lorsque l'un des époux rendoit à l'autre la vie commune insupportable; mais c'étoit en supposant que cette situation se manifesteroit par des faits, et que ces faits seroient prouvés (1).

Cet avis étoit partagé par la très-grande majorité des Cours.

On a douté dans le principe qu'il le fût par la Cour d'appel de Paris. On a observé que « cette Cour sembloit admettre la cause d'incompatibilité, et desirer que deux individus qui ne peuvent vivre ensemble fussent séparés sans déshonneur, pourvu que quelques faits vinssent à l'appui de l'allégation d'incompatibilité d'humeur et de caractère » (2).

Mais en examinant de plus près, on a reconnu que ce n'étoient pas là ses principes. « L'incompatibilité, disoit-elle, se manifeste par une foule de circonstances : elle suppose un examen et une vérification de la part de magistrats éclairés et probes. Il faut que les deux époux comparoissent devant eux en personne : quand ils

---

(1) Projet de Code civil, *liv. I.er tit. VI, art. 3, page 43.* — (2) Le *Premier Consul,* Procès - verbal du 14 vendémiaire an 10, *tome I.er, page 305.*

seront en présence, il faudra bien qu'ils s'expliquent, et l'on n'aura plus à craindre de céder à la fantaisie d'un seul en adoptant le motif d'incompatibilité » (1). Or, « il étoit évident que puisque la Cour d'appel de Paris admettoit la nécessité d'une preuve, elle rejetoit la simple allégation d'incompatibilité » (2) : « son système rentroit donc dans celui des causes déterminées » (3).

D'autres admettoient le divorce sur simple allégation d'incompatibilité de la part de l'un des époux.

Telle étoit l'opinion de la majorité des commissaires de la Cour de cassation, d'un des commissaires de la Cour d'appel de Lyon, d'une partie de la Section de législation, et de plusieurs membres du Conseil d'état.

La majorité des commissaires de la Cour de cassation, s'arrêtant à ce principe de la Commission, que la conduite habituelle de l'un des époux qui rend à l'autre la vie commune insupportable, doit être une cause de divorce, vouloit que cette cause *fût réputée constante par l'effet des épreuves et conditions que la loi prescriroit* à l'époux qui demande le divorce, et auxquelles il se soumettroit pour l'obtenir (4). Elle admettoit donc le système de la loi du 20 septembre, sur la cause d'incompatibilité.

Je dois observer qu'un des Commissaires-rédacteurs assura au Conseil d'état que « si la Cour de cassation, dont il étoit membre, eût été consultée, elle n'eût pas adopté l'avis des trois membres de la Commission sur la cause d'incompatibilité ; que la plupart de ceux qui la composoient s'en étoient expliqués· » (5). Le commissaire de la Cour d'appel de Lyon adoptoit aussi la cause

---

(1) Observations de la Cour d'appel de Paris , *page 48.* — (2) M. *Tronchet ,* Procès-verbal du 14 vendémiaire an 10, *tome I.ᵉʳ, page 305.* — (3) Ibid. — (4) Observations de la Cour de cassation, *page 82.* — (5) M. *Maleville ,* Procès-verbal du 14 vendémiaire an 10, *tome I.ᵉʳ, page 305.*

d'incompatibilité. A la vérité, la rédaction qu'il proposoit n'énonçoit pas que l'incompatibilité dût opérer le divorce sur la seule allégation de l'un des époux (1), mais il s'expliquoit suffisamment d'ailleurs : dans son opinion « ce genre d'action auroit été subordonné *uniquement* à des délais d'épreuve » (2).

Le divorce par allégation d'incompatibilité de la part de l'un des époux, n'avoit rencontré de partisans dans la Section de législation et dans le Conseil d'état, que parce qu'on ne pouvoit se réduire au divorce pour causes déterminées, sans tomber dans les inconvéniens très-graves dont il sera parlé dans la suite *.

Mais bientôt, désespérant d'en corriger l'abus, on se tourna vers le divorce par consentement mutuel, en considérant le consentement comme une cause directe et suffisante.

Il y avoit donc en apparence trois systèmes à discuter :

Celui du divorce pour incompatibilité seulement alléguée par un seul des époux ;

Celui du divorce par le consentement mutuel considéré comme cause directe et suffisante ;

Celui qui écartoit également toutes les causes indéterminées, et n'admettoit le divorce que pour des faits précis, articulés et prouvés.

Mais, avant de décider laquelle des deux causes qui constituent le système du divorce pour causes indéterminées, seroit préférée, il falloit agiter la question plus générale de savoir si ce système seroit admis dans une partie quelconque, ou si le divorce ne seroit permis que pour causes déterminées.

Voilà quel étoit le point précis de la discussion ; il s'agissoit de prononcer sur la proposition d'exclure en entier le divorce pour causes indéterminées.

---

(1) Observations de la Cour d'appel de Lyon, *page 36.* — (2) Ibid., *page 31.*

* *Voyez III.e Subdivision, page 129.*

Voyons

Voyons maintenant quels motifs pouvoient le faire admettre, et
quels l'ont fait rejeter.

III.ᵉ Subdivision.

Motifs d'admettre le Divorce pour causes indéterminées.

On a demandé si le divorce par incompatibilité ne seroit pas un
correctif utile de la disposition qui permet de se marier dans un
âge encore tendre. A quinze ans, à dix-huit ans, il est si facile de
se tromper dans le choix d'un époux! si même on peut dire qu'on
a choisi soi-même, car l'union que les époux forment est beaucoup
moins leur ouvrage que celui de leurs familles, et presque toujours
les familles se déterminent par des idées de convenance. Les parens,
au surplus, rencontrent peu d'opposition; la mode, l'amour de l'indépendance, le desir de former un établissement, font illusion à une
jeune personne, et ne lui permettent pas d'examiner de trop près les
conditions auxquelles il lui faut acheter ces avantages. N'est-il pas
nécessaire de lui offrir dans le divorce pour causes indéterminées,
un moyen de réparer son erreur sans se flétrir?

Mais on a peu insisté sur cette idée.

En effet, « il ne faut pas, dans cette matière, mettre une aussi
grande différence entre les mineurs et les majeurs : la séduction des
passions donne à tous les hommes, par rapport au mariage, les
foiblesses de la minorité » (1).

« Si néanmoins on croyoit nécessaire de pourvoir d'une manière
particulière à la sûreté du mineur, alors il importoit de considérer
que des précautions étoient déjà prises : en autorisant le mariage à
quinze et à dix-huit ans, la loi exige aussi le consentement du père

_____

(1) M. *Tronchet*, Procès-verbal du 16 vendémiaire an 10, *tome I.ᵉʳ, page 325.*

3.   R

.ou de la famille ; ainsi elle a pris toutes les précautions qui étoient en son pouvoir pour empêcher le mineur d'être surpris » (1).

Si l'on objecte que néanmoins ces précautions peuvent n'être pas suffisantes, parce que la légèreté se mêle toujours aux déterminations qu'on prend dans un âge aussi peu avancé, on répondra ; qu'il ne faut peut-être pas appliquer au mariage les motifs qui ont fait circonscrire la capacité du mineur dans des bornes si étroites à l'égard des autres contrats ;(2). «Dans tous, la nature reste muette ; mais elle intervient dans le contrat de mariage : de là les distinctions que font les lois entre les deux espèces de majorité. Le mariage est sans doute une affaire très-sérieuse ; mais la tendresse des pères doit rassurer contre les surprises auxquelles sont exposés les enfans mineurs. Ces mineurs eux-mêmes ont, à cet égard, une maturité que leur donne le sentiment, et qu'on peut prendre pour guide, toutes les fois que quelque passion ne les pousse pas à former un mariage inconvenant et mal assorti » (3).

Il se peut cependant que « le mariage ne soit pas toujours la conclusion de l'amour » (4) : dès lors la légèreté peut quelquefois avoir beaucoup de part à celui d'un mineur.

Mais une disposition générale qui faciliteroit le divorce au mineur, dans tous les cas, confondroit celui où il doit être secouru avec celui où il doit respecter ses engagemens. « Si malgré l'assistance du père et de la famille, un mineur se trouve lésé et qu'on croie juste de lui accorder la restitution en entier, il ne pourra l'obtenir, si l'on suit exactement les principes des contrats, qu'autant qu'il prouvera la lésion » (5) ; «on ne restitue le mineur que contre une lésion prouvée » (6).

(1) M. *Portalis*, Procès-verbal du 14 vendémiaire an 10, *tome I.er, page 307.* —
(2) Ibid. — (3) Ibid., *pages 307 et 308.* — (4) Le *Premier Consul*, ibid.— (5) M. *Tronchet*, ibid. — (6) M. *Tronchet*, Procès-verbal du 16 vendémiaire an 10, *page 325.*

L'intérêt du mineur ne réclamoit donc pas le divorce pour causes indéterminées ; il exigeoit, au contraire, que le divorce lui fût rendu plus difficile. « La jeunesse est précisément l'âge où l'on auroit le plus abusé de la facilité de divorcer » (1). Aussi l'article 275 a-t-il interdit le divorce en général aux hommes avant l'âge de vingt-cinq ans, et aux femmes avant l'âge de vingt-un ans.

Mais le divorce pour causes indéterminées avoit d'autres avantages ; il assuroit l'effet de deux règles qu'il étoit impossible de perdre de vue.

En effet, le Législateur ayant admis le divorce, il se seroit mis en contradiction avec lui-même,

1.º S'il ne l'eût pas permis dans tous les cas où ce remède est véritablement nécessaire ;

2.º S'il eût souffert que le divorce devînt impossible dans le fait, lorsqu'il existeroit des causes pour lesquelles il l'auroit autorisé dans le droit.

Or, on s'écartoit nécessairement de ces règles, si le divorce n'étoit accordé que pour quelques causes précises, et si ces causes devoient être toujours articulées et prouvées.

C'est ce qu'il faut établir.

Numéro I.ᵉʳ

1.ᵉʳ Avantage du Système du Divorce pour causes indéterminées. Il empêche que le Divorce ne soit refusé dans des cas où il est nécessaire.

« L'objet direct du divorce est de remédier aux malheurs domestiques et insupportables des époux. Or, on sait que ces malheurs

---

(1) M. *Maleville*, Procès-verbal du 14 vendémiaire an 10, *tome I.ᵉʳ*, *page 310.*

tiennent le plus souvent, non à des faits précis qu'on puisse articuler et prouver, mais à une suite de procédés amers, de contrariétés irritantes, de traitemens hostiles, d'oppositions de goûts et d'humeurs, de passions inconciliables. Vivez quelques jours dans toutes les maisons que la discorde déchire et que la haine habite, vous y verrez ou un époux hypocrite qui comble sa compagne d'égards extérieurs sous les yeux des étrangers, et qui lui distille le fiel en particulier; ou une épouse artificieuse, qui masque ses vices sous le voile de la décence publique, souvent même sous celui d'une fausse tendresse, et qui déchire d'autant plus cruellement le cœur d'un mari estimable, qu'elle sait lui ôter le droit de se plaindre. La contestation la plus outrageante, la plus vive querelle n'attend, pour recommencer, que le moment où les témoins sont écartés. Les enfans seuls, c'est-à-dire ceux-là même qu'il seroit le plus important d'éloigner de ces scènes de douleur, soupçonnent et bientôt connoissent des discordes si scandaleuses et si funestes à leur bonheur, à leur éducation, à leurs mœurs. Voilà les maux réels et fréquens des mariages infortunés. Où est le fait qu'un mari, qu'une femme puisse poser? où est celui qu'ils peuvent prouver? où est celui qu'on peut juger? Réduire à des faits précis les causes de la séparation et du divorce qu'on y attache, c'est donc, le plus souvent, ne rien faire; c'est proposer un remède aux malheurs, à condition qu'il ne pourra guérir les malheurs les plus ordinaires, les plus cruels, les plus intolérables » (1).

Or, comme dans le système des causes indéterminées, on ne s'arrête qu'à la volonté, soit d'un seul des époux, soit de tous les deux, et qu'on lui donne ses effets sans juger les motifs qui la déterminent, le divorce peut être demandé même pour des causes que la loi n'a pas prévues.

---

(1) Observations de la Cour de cassation, *pages 112 et 113.*

NUMÉRO II.

2.ᵉ Avantage du Système des causes indéterminées. Il lève les obstacles qui peuvent rendre le Divorce impossible dans le fait, quoiqu'il existe des causes pour lesquelles il est autorisé dans le droit.

Si l'on ne pouvoit obtenir le divorce qu'en révélant les motifs qui le font demander, et en les justifiant par des preuves juridiques, le divorce pourroit devenir impossible dans le fait, quoiqu'il existât des causes pour lesquelles il est autorisé dans le droit.

L'époux qui voudroit faire usage du divorce, se trouveroit souvent arrêté,

Par l'honneur,

Par l'humanité,

Par la difficulté de prouver.

Le système des causes indéterminées fait cesser ces trois obstacles.

Ce Système fait cesser l'obstacle qui vient de l'Honneur.

DANS le cas de l'adultère, « le jugement qui prononceroit le divorce, seroit déshonorant s'il étoit fondé sur des faits prouvés » (1). « Quel malheur ne seroit-ce pas que de se voir forcé à exposer les faits et à révéler jusqu'aux détails les plus minutieux et les plus secrets de l'intérieur de son ménage » (2)!

« On conçoit que quelques hommes qui auront perdu toute honte, auront le triste courage de profiter du moyen que la loi n'a pu leur refuser, et qu'ils introduiront devant les Tribunaux une action en divorce fondée sur l'adultère.

---

(1) Le *Premier Consul,* Procès-verbal du 14 vendémiaire an 10, *tome I.ᵉʳ*, *page 305.* — (2) Ibid., *page 307.*

» Mais un homme qui n'est pas tout-à-fait insensible à l'honneur, avant de faire retentir les Tribunaux des faits scandaleux qui prouveront l'adultère, pensera que le succès même de sa demande attirera sur lui la haine d'un sexe, le mépris de l'autre, et qu'un ridicule ineffaçable le poursuivra partout.

» Si cet homme a des enfans, il pensera qu'il va les déshonorer; qu'il va flétrir ses filles, les couvrir de la honte de leur mère, et les condamner au célibat.

» Or, ce moyen, lui fût-il présenté par la loi, il le rejettera avec horreur; et malheur à celui qui ne préférera pas le supplice de vivre auprès d'une femme qui l'aura déshonoré, à la flétrissure qui suivra sa vengeance » (1)!

« Dira-t-on que si l'on ne veut pas proclamer l'adultère, qui seroit cependant le véritable motif de l'action intentée, on pourra prendre pour prétexte les sévices et mauvais traitemens » (2)?

Mais la loi ne peut pas « conseiller de bâtir un roman et de mentir à la justice » (3).

D'un autre côté, « il faudroit prouver les sévices; et comment parvenir à la preuve de faits qui n'existent pas » (4)?

Enfin, les prouvât-on, le succès de la demande seroit encore douteux; « toujours faut-il convenir qu'il dépendra des juges de ne point y avoir égard » (5).

Le système des causes indéterminées n'obligeant pas de dévoiler les véritables motifs, ce premier obstacle disparoît.

---

(1) M. *Réal*, Procès-verbal du 24 vendémiaire an 10, *tome I.er, page 355*. — (2) Ibid., *pages 355 et 356*. — (3) Ibid., *page 356*. — (4) Ibid. — (5) Ibid,

Le même Système fait cesser l'obstacle que l'Humanité peut apporter à la demande en Divorce.

« Parmi les causes déterminées de divorce, il en est quelques-unes d'une telle gravité, qui peuvent entraîner de si funestes conséquences pour l'époux défendeur (telles par exemple que les attentats à la vie), que des êtres doués d'une excessive délicatesse préféreroient les tourmens les plus cruels, la mort même, au malheur de faire éclater ces causes par des plaintes judiciaires. Ne convenoit-il pas pour la sûreté des époux, pour l'honneur des familles toujours compromis, quoi qu'on puisse dire, dans ces fatales occasions, pour l'intérêt même de toute la société, de ne pas forcer à une publicité, non moins amère pour l'innocent que pour le coupable » (1)?

Le divorce pour causes indéterminées n'obligeant point de révéler ces faits, sauve cette publicité.

Il fait cesser également l'obstacle qui résulte de l'impossibilité de prouver.

Si les motifs de la demande doivent non-seulement être révélés, mais encore justifiés par des preuves juridiques, ⸗ les causes les plus réelles n'opéreront pas toujours le divorce. L'adultère, par exemple, ne peut obtenir de succès que par des preuves toujours très-difficiles, souvent impossibles. Cependant le mari qui n'auroit pu les faire, seroit obligé de vivre avec une femme qu'il abhorre, qu'il méprise, et qui introduit dans sa famille des enfans étrangers ⸗ (2).

_____

(1) M. *Treilhard*, Exposé des motifs, Procès-verbal du 19 ventôse an 11, *tome II,* page 547 ; — Observations de la Cour d'appel de Paris, *page 47.* — (2) Le *Premier Consul*, Procès-verbal du 14 vendémiaire an 10, *tome I.ᵉʳ, page 307.*

Or dans le divorce pour causes indéterminées, il n'y a à prouver que la volonté des parties.

IV.e SUBDIVISION.

Motifs qui ont fait rejeter le Système.

DANS cet état de choses, l'admission ou l'exclusion du divorce pour causes indéterminées, dépendoient de deux circonstances.

Il falloit examiner,

1.º S'il étoit nécessaire de maintenir les avantages qu'on lui prêtoit et qu'il avoit en effet;

2.º Si, en supposant que ces considérations militassent en faveur du système, il n'existoit pas d'autres considérations plus fortes qui dussent le faire rejeter.

NUMÉRO I.er

Les avantages que présentoit le Divorce pour causes indéterminées, devoient-ils être maintenus!

LES difficultés que le divorce pour causes indéterminées faisoit cesser, étoient réelles ; ſ mais le Législateur devoit-il s'en occuper ſ (1)?

Raisons pour la négative.

ON a soutenu la négative par les raisons suivantes :

S'agit-il d'adultère; pourquoi le couvrir?

---

(1) M. *Defermon*, Procès-verbal du 16 vendémiaire an 10, *tome I.er, page 333.*

Les

Les précautions ici ne peuvent être prises que dans l'intérêt ou de l'époux coupable, ou de l'époux outragé.

Pour, l'époux coupable, ʃ quel seroit l'inconvénient de le flétrir? Il faudroit même aller jusqu'à punir le séducteur à qui le crime appartient ʃ (1).

Quant à l'époux outragé, « le déshonneur qu'on craint pour lui est une idée populaire à laquelle le Législateur ne doit pas s'arrêter » (2).

D'ailleurs cette idée même n'a rien de flétrissant; ʃ ce n'est pas le déshonneur qu'elle peut faire redouter, c'est le ridicule. Or, quoiqu'en général dans l'état de nos mœurs on cherche plus à se sauver du ridicule que du vice même ʃ (3), il est cependant certain ʃ qu'une épigramme blesse bien légèrement dans la triste position où se trouve l'époux outragé, et que les ames sensibles et honnêtes n'ajoutent pas à son malheur; elles le plaignent', elles le consolent ʃ (4).

Au surplus, si l'on ne peut vaincre la crainte du ridicule ; « pourquoi la loi ne la mettroit-elle pas à profit! Elle peut retenir les époux dans le devoir ; elle peut les retenir dans les liens du mariage, par la répugnance qu'elle leur donne à proposer certains griefs que l'on est honteux de rendre publics » (5).

Voilà pour les causes honteuses.

S'agit-il .de causes qui .peuvent compromettre la ı sûreté du coupable; « depuis quand, est-ce ·le ministère de la loi de cacher le crime » (6)!

---

(1) M. *Tronchet ,* Procès-verbal du 16 vendémiaire an 10, *tome I.ᵉʳ, page 324.* —
(2) Ibid. — (3) M. *Portalis,* Procès-verbal du 14 vendémiaire an 10, *page 304.* —
(4) M. *Tronchet ,* Procès-verbal du 16 vendémiaire an 10, *page 328.* — (5) M. *Portalis ,* Procès-verbal du 14 vendémiaire an 10, *page 304.* — (6) *Voyez* Discours de M. *Treilhard, tome I.ᵉʳ, page 505.*

ı On ajoutoit à ces raisons quelques considérations générales.

Peut-être, disoit-on, qu'on s'exagère ici les désagrémens qui peuvent résulter, pour les particuliers, de la difficulté du divorce. Pour réduire ces craintes à leur juste valeur, il ne faut que consulter l'expérience; « elle éclaire sur les deux systèmes : autrefois on ne connoissoit pas la cause d'incompatibilité » (1), « on ne souffroit pas que les séparations fussent volontaires » (2), « on ne les prononçoit que pour des cas graves ; et cependant, dans ce système, les époux n'en étoient pas plus malheureux » (3).

Raisons qui ont fait décider l'affirmative.

Ces objections ont été écartées par les réponses suivantes :

Le ridicule qui poursuit le mari d'une femme adultère, n'est certainement qu'un préjugé : « L'injustice, sans doute, est ici du côté du public ; mais se trouve-t-il beaucoup d'hommes assez forts, assez courageux pour le braver, et est-on maître de détruire tout-à-coup ce préjugé » (4)!

Puisqu'on ne peut s'en flatter, il faut donc convenir que s si le divorce étoit déshonorant, il seroit en quelque sorte exclu s (5).

A l'égard des causes qu'il peut être dangereux de révéler, la loi ne compose pas avec le crime, lorsqu'elle offre à l'époux malheureux un moyen de les taire.

---

(1) Le *Ministre de la Justice*, Procès-verbal du 14 vendémiaire an 10, *tome I.ᵉʳ*, *page 312.* — (2) M. *Tronchet*, Procès-verbal du 16 vendémiaire an 10, *page 325.* — (3) Le *Ministre de la Justice*, Procès-verbal du 14 vendémiaire an 10, *page 312.* — (4) M. *Treilhard*, Exposé des motifs, Procès-verbal du 19 ventôse an 11, *tome II*, *page 548.* — (5) Le *Premier Consul*, Procès-verbal du 14 vendémiaire an 10, *tome I.ᵉʳ*, *page 306.*

« Dans quel code trouve-t-on que la loi force une personne outragée, assassinée, à porter sa plainte devant les Tribunaux? Quelle est la religion qui a défendu de faire remise d'une offense personnelle, ou de se contenter d'une réparation qui met à couvert une victime sans exposer la tête du coupable? Et si le coupable est un époux, un fils, un père, existe-t-il dans le monde entier une législation assez barbare pour forcer le père, le fils, l'époux à se traîner mutuellement sur l'échafaud, parce que la loi leur aura interdit tout autre moyen de pourvoir autrement à leur sûreté!

» Sans doute un crime donne lieu à une action publique et à une action particulière. Que l'action publique ait son cours, lorsque le crime a éclaté; voilà ce qu'exige l'ordre social : que la personne attaquée puisse remettre son injure, qu'elle ait le droit de couvrir d'un voile épais l'offense qui lui fut personnelle; voilà ce que la morale avoue, ce que l'intérêt social n'a jamais défendu.

» Dira-t-on qu'il est beau de remettre entièrement son injure, mais qu'il ne doit pas être permis à la personne capable de cet acte de générosité de se précautionner pour l'avenir; que la morale ne lui laisse d'autre ressource, pour préserver ses jours, que celle de faire tomber la tête du coupable, parce que se taire dans de pareilles circonstances, c'est *composer avec le crime!*

» Non, cette morale de sang ne fut jamais celle d'aucun peuple; elle ne sera jamais la nôtre. L'action publique sera exercée dans toute sa rigueur, lorsque le crime sera connu; mais la loi ne forcera jamais une victime à rendre plainte; jamais elle ne regardera comme complice, comme composant avec le crime,

---

(1) Le *Premier Consul;* Procès-verbal du 14 vendémiaire an 10, *tome I.ᵉʳ,* page 306.

celui qui sera capable d'un pardon généreux; jamais il n'existera d'opposition pareille entre les règles de notre droit et celles de la morale. Il y a plus, ce pardon généreux est peut-être un devoir sacré pour les époux; et elle seroit attroce, la loi qui empêcheroit, qui ne faciliteroit même pas la pratique de ce devoir » (1).

Restoit à décider si ces considérations devoient faire admettre le divorce pour causes indéterminées.

NUMÉRO II.

Le Divorce pour causes indéterminées devoit être rejeté, malgré les avantages qu'il présentoit.

QUOIQUE ce mode de divorce fût un moyen infaillible d'assurer l'effet des deux règles dont on ne pouvoit pas s'écarter, des considérations puissantes obligeoient de le rejeter; et de chercher à obtenir le même résultat par des moyens moins dangereux.

Au dehors, ce mode de divorce étoit repoussé par l'opinion, et n'étoit pas exigé par l'état de nos mœurs.

Considéré en lui-même, il reposoit sur de fausses bases; il étoit facile d'en abuser : il entraînoit de graves inconvéniens; et, ces inconvéniens, rien ne pouvoit les corriger.

1.re CONSIDÉRATION. *Il étoit repoussé par l'opinion, et n'étoit pas exigé par l'état de nos mœurs.*

1. Ce mode de divorce avoit contre lui l'opinion des anciens,

---

(1) Discours de M. *Treilhard, tome I.er, pages 505 et 506.*

l'opinion des peuples modernes qui admettent le divorce, l'opinion publique de la France.

Et d'abord, quelle étoit l'opinion des anciens?

On a été trop loin, quand on a dit que « la cause d'incompatibilité alléguée par l'une des parties n'a été admise chez aucun peuple » (1). Voici l'histoire du divorce:

« Dans le principe, le divorce n'étoit qu'une répudiation de la femme par le mari ; c'étoit l'abus de la force contre la foiblesse. On crut, dans la suite, qu'il étoit injuste de rendre si dure la condition de la femme, et on lui donna également le droit considérable de répudier son mari. On se trompa peut-être. Hors de la civilisation, et en l'absence des lois publiques, la loi de famille est la seule gardienne de l'ordre et des mœurs. Au surplus, le contrat de mariage, comme tous les autres contrats, ne pouvoit être rompu sans cause ; et, dans les mœurs sauvages d'alors, cette cause étoit presque toujours la violence.

» Après que les mœurs se furent adoucies, le divorce fut admis, même sans cause, mais sous la condition que le mari qui en useroit donneroit à la femme répudiée la moitié de ses biens, et consacreroit l'autre moitié à la religion : on doit à cette condition, de n'avoir point vu de divorce chez les Romains pendant l'espace de cinq siècles. La cause de leur retenue étoit dans leurs lois et non dans leurs mœurs ; car, dans tous les siècles, les hommes se sont dirigés par leur intérêt. En effet, il est très-ordinaire de se tromper lorsqu'on parle des mœurs des nations ; c'est à tort qu'on suppose que les mœurs sont moins corrompues dans un siècle que dans un autre, chez un peuple que chez un autre ; les passions étant les mêmes chez tous les hommes, elles ont toujours les mêmes résultats. La différence qu'on suppose entre les mœurs, n'est

_____

(1) M. *Malville*, Procès-verbal du 14 vendémiaire an 10, *tome I.ᵉʳ*, page 310.

jamais qu'entre les manières. Cependant chez les Romains, l'autorité des exemples finit par ruiner la loi qui gênoit les divorces. Une autre cause encore contribua à les rendre plus fréquens, ce fut la distinction qu'on établit entre les diverses espèces de mariages. Tant qu'on ne connut à Rome que le mariage solennel, l'union conjugale fut sévérement respectée : quand on eut introduit l'usage du mariage moins solennel, formé par la seule possession entre les personnes qui vivoient ensemble, la législation se relâcha de sa première austérité, et admit le divorce par consentement mutuel, comme pour les causes les plus graves.

« La religion chrétienne survint, et influa sur la matière. Justinien, pour se rapprocher des préceptes religieux, défendit le divorce par consentement mutuel, et ne le permit que pour les causes les plus importantes. Depuis, ses successeurs ont changé cette jurisprudence, et le droit a continué de varier » (1).

» Mais l'opinion ici ne s'est pas réglée sur les lois.

« On entend dire à quelques personnes, que la sévérité de la loi qui rejette le divorce sans cause déterminée, avoit corrompu les mœurs et introduit la licence. Les anciens ne pensoient pas ainsi. Tacite, Juvénal, beaucoup d'autres ont cru, au contraire, que la dépravation des mœurs étoit la cause la plus ordinaire de ces sortes de divorces ; et c'est à ce sujet que Juvénal dit d'une femme qui avoit l'habitude d'en user, qu'elle pouvoit compter le nombre de ses années par le nombre de ses maris. Aussi quand on voulut rétablir les mœurs par l'austérité des lois, on mit des entraves au divorce ; et (chose étonnante !) l'évangile qui interdit le divorce, a été suivi en ce point par tous les Législateurs. Ceci est peut-être la preuve la plus forte que les mœurs corrompues ne repoussent pas toujours les

(1) M. Portalis, Procès-verbal du 14 vendémiaire an 10, tome I.er, pages 299 et 300.

lois sévères. Tous les hommes aiment naturellement la morale, quoique peu la pratiquent; et les lois morales ont du moins l'avantage de restreindre les vices; elles leur impriment une flétrissure d'opinion qui les rend moins actifs en les obligeant à se cacher » (1).

L'opinion des peuples modernes qui admettent le divorce n'est pas plus favorable que celle des anciens, au divorce pour causes indéterminées. « Henri VIII avoit introduit en Angleterre la cause d'incompatibilité : depuis, elle a été abrogée, et le divorce n'est plus admis que pour cause d'adultère; encore faut-il un acte du parlement pour déclarer le mariage dissous » (2).

Enfin, ce mode de divorce est rejeté en France par l'opinion publique. « L'opinion s'est expliquée par les Tribunaux : tous ont repoussé la cause d'incompatibilité, ou, comme celui de Paris, ont demandé qu'elle fût prouvée par des faits; ce qui rentre dans le système des causes déterminées » (3).

« Le divorce pour causes indéterminées est donc jugé par l'opinion, non d'un public de coterie, mais du public de l'histoire, du public de la postérité. Il n'est pas un poëte, pas un historien qui ne blâment ceux qui usent du divorce. Il est même étonnant que les philosophes se montrent plus rigoureux à cet égard que les théologiens protestans » (4) *.

---

(1) M. *Portalis*, Procès-verbal du 14 vendémiaire an 10, *tome I.ᵉʳ, page 310.* —(2) M. *Maleville*, ibid.—(3) M. *Tronchet*, ibid., *page 305.*—(4) M. *Portalis*, ibid., *page 303.*

* *Nota.* Quoique dans tous ces passages il ne soit question que de la cause d'incompatibilité, les raisons par lesquelles on a combattu ce mode de divorce s'appliquent néanmoins au système général des causes indéterminées; car nous verrons dans un moment que le consentement mutuel admis comme cause, a des effets peu différens de l'allégation d'incompatibilité.

11. Mais le divorce pour causes indéterminées étoit-il du moins nécessaire dans l'état actuel des mœurs ?

« On les a défigurées ces mœurs ; on a prétendu que la probité, que la décence ne s'y montrent que par exception. Quand on aime, quand on respecte sa nation, on ne peut donner son assentiment à cette assertion erronée. Les François sont légers, mais ils ont des vertus ; c'est dans les départemens, c'est dans les campagnes qu'il faut aller chercher les mœurs françoises : là, le scandale du divorce a été rejeté avec mépris ; là, on n'a point usé du divorce, les Tribunaux l'attestent : voilà le vœu de la nation. Cependant les François sont légers, et c'est précisément cette mobilité que la loi doit fixer ; elle est faite pour réformer les mœurs, non pour les pousser dans la fausse direction qu'elles ont prise » (1).

2.e Considération. *Le Système reposoit sur des bases fausses.*

Les principes sur lesquels on établissoit le divorce pour causes indéterminées, étoient pris des caractères du mariage.

Aux yeux de la loi civile, le mariage est un contrat de société illimitée (2).

Ces sortes de sociétés se résolvent par la renonciation de l'un des associés *.

On en avoit conclu que la volonté d'un seul des époux devoit donc suffire pour dissoudre le mariage, sans que les motifs qui la déterminent eussent besoin d'être justifiés.

---

(1) M. *Portalis*, Procès-verbal du 14 vendémiaire an 10, *tome I.er, page 303.*
— (2) *Voyez* Discours préliminaire du Projet de Code civil, *page xxxiv.*

* *Voyez articles 1865 et 1869* du Code.

De

De là le divorce sur allégation d'incompatibilité de la part de
l'un des époux.

Sans même s'attacher en particulier à ce caractère de contrat de
société, on avoit pensé que dès que le mariage est un contrat,
il devoit pouvoir se dissoudre par le concours des volontés qui
l'avoient formé.

De là le divorce par consentement mutuel.

Mais cette application qu'on faisoit au mariage, des principes
des contrats, n'étoit pas exacte.

Il est bien vrai que dans l'ordre civil, le mariage n'est qu'un
contrat en ce sens que, « dans sa forme extérieure, il est de la même
nature que les autres contrats. Mais il n'est plus un contrat ordinaire,
quand on l'envisage dans son principe » (1); dans son objet; « dans
ses effets » (2).

ſ *Dans son principe.* Il est perpétuel, il n'a pas le même objet
que les sociétés ordinaires. Seroit-on libre de stipuler un terme à
la durée de ce contrat? Le Législateur rougiroit d'autoriser expressément une pareille stipulation ; il frémiroit si elle lui étoit présentée : il ne peut donc l'admettre implicitement en adoptant
cette cause d'incompatibilité qui permet à chacun des époux de
régler à son gré la durée du mariage : cette liberté est contre la
nature du contrat ſ (3).

Dans son objet. ſ Les sociétés ordinaires n'ont guère pour objet
que la communication plus ou moins limitée des biens ou de l'in-
dustrie. Les biens n'entrent au contraire que par accident dans le
mariage; l'essence de ce contrat est l'union des personnes ſ (4).

---

(1) M. *Portalis*, Procès-verbal du 14 vendémiaire an 10, *tome I.ᵉʳ*, *page 301.* —
(2) Ibid. — (3) Ibid., *pages 301 et 302.* — (4) Discours préliminaire du Projet de
Code civil, *page xxxiv.*

3.   T

Dans ses effets. « Le mariage ne subsiste pas pour les époux seuls, il subsiste pour la société, pour les enfans; il établit une famille » (1); ʃ il intéresse l'ordre public ʃ (2); il n'appartient pas exclusivement aux époux « comme ces sociétés ordinaires, où l'on stipule pour soi seul, sur des intérêts obscurs et privés, et comme arbitre souverain de sa propre fortune » (3).

ʃ Ces effets du mariage sont trop graves pour qu'on puisse accorder le divorce sans qu'il y ait une infraction réelle au contrat ʃ (4), et sur la seule volonté de ceux qu'il lie.

3.ᵉ CONSIDÉRATION. *Le Divorce pour causes indéterminées se prêtoit trop aux abus.*

ON a prétendu que la cause d'incompatibilité n'est pas immorale dans tous les cas. « Un époux vertueux, a-t-on dit, se trouve lié à une épouse adultère; plus il a de mœurs, et plus elle lui inspire d'horreur: il veut donc la repousser; mais les preuves lui manquent; s'il en a, la commisération, l'honneur de ses enfans, son propre honneur, l'empêchent de s'en servir, précisément parce qu'il a de la morale; il ne lui reste de moyen de briser le joug qui l'accable, que dans l'incompatibilité d'humeur » (5).

« Mais si cette hypothèse est favorable, il faut voir aussi celle où un époux corrompu abuseroit de la cause d'incompatibilité pour chasser une épouse vertueuse et fidèle » (6).

Or, ce seroit là l'effet le plus ordinaire de la cause d'incompatibilité: « pour une demande de cette espèce qui auroit pour cause

(1) M. *Portalis*, Procès-verbal du 14 vendémiaire an 10, *tome I.ᵉʳ*, *page 302*. — (2) M. *Boulay*, Procès-verbal du 24 vendémiaire an 10, *page 338*. — (3) Discours préliminaire du Projet de Code civil, *page xxxvij*. — (4) M. *Portalis*, Procès-verbal du 14 vendémiaire an 10, *tome I.ᵉʳ*, *page 302*; — du 16 vendémiaire an 10, *page 329*; — du 24 vendémiaire an 10, *page 339*. — (5) M. *Boulay*, Procès-verbal du 14 vendémiaire an 10, *page 309*. — (6) M. *Portalis*, ibid.

secrète l'adultère, il y en aura vingt qui n'auront d'autres motifs que la légèreté et le libertinage » (1).

A l'égard du consentement mutuel considéré comme cause directe et suffisante, sans doute que « s'il n'avoit jamais lieu que pour couvrir des causes graves, il seroit possible de l'admettre ; mais si on l'admettoit à ce titre, bientôt les causes graves disparoîtroient, et il ne resteroit plus que le consentement mutuel ; de manière que la dissolution du mariage pourroit être l'effet d'un caprice mutuel » (2) : « on s'en serviroit pour couvrir la légèreté, le dégoût, enfin tous les motifs dont la loi ne peut pas faire des causes de divorce, et alors il deviendroit plus scandaleux que l'allégation publique de la cause d'adultère » (3). ⸴ La loi et les mœurs ne peuvent tolérer un semblable abus ⸴ (4).

4.ᵉ Considération. *Le Système entraînoit de graves inconvéniens.*

Enfin le divorce pour causes indéterminées entraînoit quatre inconvéniens principaux :

Il ruinoit le mariage ;

Il étoit une source d'injustices ;

Il altéroit l'union des époux ;

Il étoit également funeste à tous les membres de la famille.

1.ᵉʳ Inconvénient. La Ruine du mariage. L'effet de ce système n'eût pas été seulement de modifier le mariage, il eût ruiné cet engagement sacré dans son essence même.

« La loi qui laisse la faculté du divorce à tous les citoyens

_____

(1) M. *Maleville,* Procès-verbal du 14 vendémiaire an 10, *tome I.ᵉʳ, page 310.* — (2) Le *Ministre de la justice,* ibid, *page 314.* — (3) M. *Maleville,* Procès-verbal du 24 vendémiaire, *page 357.* — (4) Le *Ministre de la justice,* Procès-verbal du 14 vendémiaire, *page 314.*

indistinctement, sans gêner les époux qui ont une croyance contraire au divorce, est une suite, une conséquence de notre régime, c'est-à-dire, de la situation politique et religieuse de la France.

» Mais le vœu de la perpétuité dans le mariage étant le vœu même de la nature, il faut que les lois opposent un frein salutaire aux passions; il faut qu'elles empêchent que le plus saint des contrats ne devienne le jouet du caprice, de l'inconstance, ou qu'il ne devienne même l'objet de toutes les honteuses spéculations d'une basse avidité » (1).

« Le mariage n'est pas une situation, c'est un état. Il ne doit point ressembler à ces unions passagères et fugitives que le plaisir forme, qui finissent avec le plaisir, et qui ont été réprouvées par les lois de tous les peuples policés » (2).

Faisons successivement l'application de ces principes aux deux parties du système, c'est-à-dire, à la cause d'incompatibilité et à la cause de consentement mutuel.

I. « Si le divorce pouvoit être prononcé sur la simple allégation d'incompatibilité d'humeur proposée par un des époux, de quelques formes qu'on environnât ce moyen, à quelques délais qu'on l'assujettît, il est clair que le mariage n'auroit pas même la force de la plus simple et de la moins importante convention, puisqu'il n'en est aucune qui puisse être rompue par la seule volonté d'une des parties contractantes » (3); puisqu'il « n'existe pas un seul contrat dans le monde qu'on puisse arbitrairement et capricieusement dissoudre, sans l'aveu de la partie avec laquelle on a traité » (4).

« Ce moyen ne peut donc jamais être admis ; sans quoi le

_____

(1) Discours préliminaire, *page xxxiij.* — (2) Ibid., *page xxxiv.* — (3) M. *Boulay*, Procès-verbal du 24 vendémiaire an 10, *tome Ier, p. 337.* — (4) Discours préliminaire du Projet de Code civil, *page xxxiv.*

mariage ne seroit plus qu'une dérision. Aussi les partisans les plus
raisonnables de l'incompatibilité d'humeur entendent-ils qu'elle soit
réciproque, qu'elle soit une véritable antipathie de la part des deux
époux, qu'elle soit, par conséquent, alléguée ou convenue de la part
des deux ; et dès-lors elle rentre dans le consentement mutuel » (1).

« Que le divorce s'opère par la volonté de l'un des époux quand
il y a des causes réelles, on le conçoit ; alors il est un châtiment
pour l'autre. Mais le divorce par incompatibilité d'humeur seroit
pour l'un un bienfait, pour l'autre un malheur » (2). Encore une
fois, « un contrat formé par le concours de deux volontés, ne peut
être rompu par la volonté d'un seul des contractans » (3).

« *Montesquieu* a dit, il est vrai, que l'incompatibilité d'humeur
est une cause suffisante de divorce ; mais il suppose que cette incompatibilité existe des deux côtés, et qu'elle détermine le consentement mutuel des deux époux à la dissolution du mariage ; mais
comment admettre le divorce par le consentement d'un seul pour
son intérêt, quand l'autre résiste? Vous voulez que la volonté d'un
seul devienne la loi suprême ; une volonté particulière, obscure,
sans motifs, souvent dégoûtante » (4) ! « La faculté donnée à un
seul des époux de rompre le mariage sans cause prouvée, seroit
une tyrannie » (5).

On sent au surplus que ces objections ne portoient que sur
l'incompatibilité seulement alléguée par l'un des époux, et non sur
l'incompatibilité qui, quoiqu'alléguée par un seul, seroit cependant
prouvée. ⁙ C'étoit le divorce sur simple allégation d'incompatibilité
qu'on proposoit de proscrire absolument ⁙ (6); ⁙ c'étoit l'allégation

---

(1) M. *Boulay*, Procès-verbal du 24 vendémiaire an 10, *tome I.ᵉʳ, pages 337 et 338.* —
(2) M. *Portalis*, Procès-verbal du 14 vendémiaire an 10, *page 303.* — (3) Le *Ministre
de la justice*, ibid., *page 312 ;* — Le *Premier Consul*, Procès-verbal du 16 vendémiaire
an 10, *page 327.* — (4) M. *Portalis*, Procès-verbal du 14 vendémiaire an 10, *page 303 ;*
— M. *Emmery*, ibid., *page 312.* — (5) M. *Emmery*, ibid., *pages 312 et 313.* — (6) M. *Tronchet*, ibid., *page 305.*

non fondée sur des faits, qui n'est plus que le résultat du caprice, et qu'on ne pourroit admettre sans se jouer du mariage, le plus saint des contrats ſ (1); car « ce seroit donner à chacun des époux le funeste droit de le dissoudre à son gré » (2).

Ainsi ces deux raisons, que « le mariage n'auroit plus de stabilité s'il ne devoit subsister que jusqu'au moment où les époux changent d'inclination et d'humeur, et qu'un contrat formé par le concours de deux volontés, ne peut être rompu par la volonté d'un seul des contractans » (3), ſ devoient faire écarter sans retour le divorce sur allégation d'incompatibilité ſ (4).

II. Mais les mêmes objections pouvoient-elles être opposées au divorce mutuellement consenti?

ſ Sans doute que l'incompatibilité réciproque, attestée par le consentement mutuel, avoit du moins l'avantage de ne dissoudre le mariage que par le concours des volontés qui l'avoient formé, et que, sous ce rapport, il étoit moins odieux que la répudiation qu'opéroit le divorce sur simple allégation d'incompatibilité de la part d'un seul ſ (5).

Mais on vient de voir que « le contrat de mariage n'appartient pas aux époux : il ne peut donc être détruit par eux : les enfans, la société, y sont parties intéressées » (6).

D'ailleurs, quand on pourroit suivre ici les règles des engagemens ordinaires, ſ ce ne seroit pas par la seule raison qu'un contrat formé par la volonté de deux ne peut être résolu par la volonté d'un seul, que la cause d'incompatibilité devroit être rejetée;

(1) Le *Ministre de la justice*, Procès-verbal du 14 vendémiaire an 10, *tome I.er*, *page 312*. — (2) Discours préliminaire, *page xxxiv*. — (3) Le *Premier Consul*, Procès-verbal du 16 vendémiaire an 10, *tome I.er*, *page 327*. — (4) Ibid. — (5) M. *Portalis*, ibid., *page 329*. — (6) M. *Bigot-Préameneu*, Procès-verbal du 14 vendémiaire an 10, *page 313.*

d'autres raisons non moins puissantes la repoussent ſ (1) : ces raisons ont été exposées *.

Il ne faudroit donc pas se laisser entraîner ſ par l'analogie qui conduiroit à dire que si le divorce par incompatibilité blesse la loi des contrats, ce même obstacle ne se rencontre pas dans le divorce par consentement mutuel ſ (2).

Au surplus, « ce mode de divorce est contraire à la stabilité du mariage et aux mœurs » (3); car ſ le caprice, le dégoût, l'inconstance peuvent y déterminer les époux ſ (4).

2.ᶜ *Inconvénient. Les Injustices.* De cette extrême facilité que donne le divorce pour causes indéterminées de rompre le mariage sans causes réelles, résulteroient de grandes injustices.

Si l'on admet la cause d'incompatibilité, « toujours l'un des époux sera sacrifié. Une femme veut se séparer d'un époux qui lui déplaît, elle alléguera l'incompatibilité d'humeur; et malgré toutes les protestations que fera le mari de la compatibilité de son caractère, de sa bonne conduite et de sa douceur, le divorce sera prononcé et le mariage dissous. Il en sera de même lorsque le mari, par inconstance ou pour former de nouveaux liens, voudra se débarrasser de sa femme : une incompatibilité qui n'a jamais existé sera invoquée avec succès » (5).

Quant au consentement mutuel, il aura à-peu-près les mêmes suites, car ſ il reproduit indirectement la cause d'incompatibilité ſ (6).

En effet, « on est frappé de l'idée que, librement donné, il est

---

(1) M. *Tronchet*, Procès-verbal du 16 vendémiaire an 10, *tome I.ᵉʳ, page 322.* — (2) Ibid. — (3) M. *Tronchet,* Procès-verbal du 24 vendémiaire an 10, *page 345.* — (4) M. *Tronchet*, Procès-verbal du 16 vendémiaire an 10, *page 323.* — (5) Le *Ministre de la justice*, Procès-verbal du 14 vendémiaire an 10, *page 312.* — (6) M. *Tronchet*, Procès-verbal du 16 vendémiaire an 10, *page 323.*

* *Voyez pages 140 et suiv.*

l'indice le plus certain que les époux n'étoient pas faits l'un pour l'autre » (1).

Mais « c'est une erreur de croire que le consentement mutuel sera libre; il sera toujours forcé de l'un des deux côtés. L'époux qui voudra arriver au divorce, aura toujours une foule de moyens de rendre la vie insupportable à l'autre, ou il emploiera les menaces pour déterminer un consentement que l'autre époux refuseroit s'il pouvoit le refuser sans danger * » (2).

Donc, dans la réalité, le mariage se trouvera très-souvent dissous par la volonté d'un seul.

3.ᵉ Inconvénient. Les dissentions entre les Époux. L'effet naturel de la facilité du divorce est d'amener des discordes entre les époux : plus de sévérité les éloigne.

Ces maximes sont le résultat de l'expérience.

ɕ Dans l'ancienne législation, on ne connoissoit pas le divorce pour causes indéterminées, et l'on ne prononçoit la séparation de corps que pour des cas graves; et cependant, dans ce système, les époux n'en étoient pas plus malheureux : la patience étouffoit les premiers germes de division ; l'idée que le mariage étoit indissoluble accoutumoit insensiblement un époux à l'autre, et finissoit par en faire des époux unis. Depuis qu'il y a plus de facilité pour se quitter, les divorces sont devenus innombrables ɕ (3).

Cette observation est très-importante. « Dans les questions de morale où l'on ne peut rien démontrer, où il n'y a point de règles certaines pour discerner la vérité, il est fort aisé de faire des

(1) M. *Tronchet*, Procès-verbal du 16 vendémiaire an 10, *tome I.ᵉʳ, page 323.* — (2) Ibid. — (3) Le *Ministre de la justice*, Procès-verbal du 14 vendémiaire an 10, *page 312.*

* Ce reproche ne peut pas s'appliquer au divorce par consentement mutuel, tel qu'il est organisé par l'article 233 ; car la volonté des époux ne suffit pas pour opérer la dissolution du mariage.

raisonnemens

raisonnemens séduisans, quelque parti que l'on embrasse, et tous ces raisonnemens se réduisent à ceci : telle chose vous paroît probable, et à moi, non. Mais il y a un moyen plus sûr que les raisonnemens pour découvrir cette vérité si difficile à démêler, c'est l'expérience.

» Or, pourquoi à Rome, quand les divorces étoient si communs, fut-on obligé de faire des lois pour forcer les citoyens à se marier? Pourquoi l'Angleterre, après avoir autorisé le divorce pour cinq causes, l'a-t-elle réduit au seul adultère? Pourquoi, depuis que nous avons le divorce, y a-t-il tant de mariages annullés, quoique les mœurs n'en soient pas devenues meilleures, ni les mariages qui restent plus heureux? Pourquoi y a-t-il cent fois plus de divorces qu'il n'y avoit autrefois de séparations?

» Comment, après cette expérience de tous les temps et de tous les pays, pourroit-on croire à la justesse de tous les raisonnemens qui se font en faveur du divorce, et spécialement pour conserver les motifs d'incompatibilité d'humeur et de consentement mutuel? Comment se persuader qu'ils contribuent, en effet, au bonheur des mariages, à la population, à la pureté des mœurs?

» C'est sur-tout l'admission de ces motifs qui a fait élever les divorces au nombre effrayant qui nous est certifié; et l'on voudroit encore conserver ces moyens de dissolution du mariage » (1)!

4.ᵉ Inconvénient. Le malheur de tous les membres de la famille. Cette facilité du divorce est également funeste au bien de la famille, aux époux, à leurs enfans.

« Il faut une autorité dans la famille : la prééminence du sexe la donne au mari; s'il ne l'exerce point, il y a anarchie; s'il l'exerce,

---

(1) M. *Maleville*, Procès-verbal du 14 vendémiaire an 10, *tome I.ᵉʳ, pages 310 et 311.*

on demandera le divorce. C'est ainsi que la cause d'incompatibilité ruine l'autorité du mari, même avant qu'elle existe » (1).

Cet effet est particulier à cette cause ; mais le système des causes indéterminées est dangereux dans son essence même.

« L'intérêt de la femme le repousse. Elle est entrée dans le mariage avec sa jeunesse, avec son honneur ; elle en sort flétrie et dégradée : la loi peut-elle réparer ce malheur? Si elle ne peut le réparer et qu'elle l'autorise, elle est sacrilége ; si elle ne peut rendre, après le divorce, la dignité d'épouse et de mère, comment souffriroit-elle que la femme fût réduite à une position telle, qu'elle dût ou demeurer dans un célibat forcé, ou se réfugier dans les bras d'un homme qui n'auroit pour elle que du mépris? Aussi une expérience trop malheureuse a-t-elle éclairé les femmes sur le funeste don que leur avoit fait la loi.

» Si l'on se reporte maintenant aux enfans, on se rappellera ces lois anciennes qui avoient établi des peines pour les secondes noces, parce qu'elles supposoient qu'un père qui veut avoir d'autres enfans, qui a donné une marâtre aux fruits de sa première union, n'a plus pour eux la même tendresse : l'amour de la nouvelle épouse absorbe celui des enfans. C'est ainsi que le divorce met en contradiction, dans l'essence même du cœur humain, deux affections qui lui sont également naturelles » (2).

Ces suites funestes appartiennent sans doute au divorce dans tous les systèmes; mais puisque la loi ne pouvoit refuser le divorce, les dangereuses conséquences qu'il entraîne devoient du moins décider le Législateur à ne pas le rendre trop facile. « Faut-il; puisque le mariage a tant d'importance, que les premières légèretés, que le premier caprice, soient capables de le détruire? *Montaigne*

---

(1) M. *Portalis*, Procès-verbal du 14 vendémiaire an 10, *tome Ier, page 302.* — (2) Ibid.

dit, avec raison, que le mariage est une chose trop sérieuse pour qu'on doive en sortir par une porte aussi enfantine que la légèreté » (1).

Concluons de tout ce qui vient d'être dit, que le besoin de s'assurer les avantages que le système des causes indéterminées promettoit, ne devoit le faire admettre qu'autant que par de sages correctifs on trouveroit le moyen de le concilier avec la stabilité de l'union conjugale.

5.ᵉ Considération. *Les Inconvéniens du Divorce pour causes indéterminées, ne pouvoient être corrigés.*

MAIS étoit-il possible d'en trouver qui le modifiassent aussi heureusement?

Dans le principe de la discussion, on s'en étoit flatté.

On convenoit que *s* l'abus qui avoit été fait jusque-là du divorce fondé sur l'incompatibilité d'humeur, avoit discrédité ce mode de dissoudre l'union conjugale ; mais on attribuoit, avec raison, cet abus à l'imprévoyance de la loi, qui avoit rendu ce mode trop facile *s* (2).

En conséquence, on ne désespéroit pas de parvenir « à l'organiser de manière à en faire une institution utile » (3).

Dans cette vue, on proposoit plusieurs conditions comme « des moyens propres à restreindre la cause trop vague de l'incompatibilité d'humeur » (4).

On pensoit enfin .que « le problème seroit résolu, là où telle somme d'entraves et de sacrifices seroit imposée à l'époux qui voudroit divorcer par ce mode, que l'usage qu'il en feroit ne pût jamais être l'effet du caprice ou de la légèreté, mais la résolution

(1) M. *Portalis*, Procès-verbal du 14 vendémiaire an 10, *tome I.ᵉʳ, page 302.* — (2) M. *Berlier*, Procès - verbal du 16 vendémiaire an 10, *page 319.* — (3) Ibid. — (4) Le *Premier Consul*, Procès-verbal du 14 vendémiaire an '10, *page 309 ;* — M. *Berlier*, Procès-verbal du 24 vendémiaire an 10, *page 342 ;* — M. *Berlier*, ibid., *page 344.*

évidente d'un individu qui succombe au malheur de sa position » (1).

Des précautions de la même nature furent aussi proposées pour le consentement mutuel.

Mais une première réflexion qui se présente , c'est que 5 ces précautions multipliées, ces préliminaires, ces conditions adaptées au divorce pour causes indéterminées, sont autant d'aveux de ses abus et de ses dangers 5 (2). 5 Qu'est-ce qu'une loi qui exige le secours de tant de précautions, qu'il faut enchaîner comme une passion violente 5 (3)?

D'ailleurs, leur effet fût-il assuré, on auroit à craindre qu'insensiblement il ne s'affoiblît: « Qu'arrive-t-il? les précautions tombent dans la suite des temps; la loi leur survit et reste » (4).

Enfin , on a pensé que toutes ces précautions pouvoient bien gêner la légèreté et le caprice, et diminuer ainsi l'abus du divorce pour causes indéterminées, mais qu'elles n'en corrigeoient pas le vice essentiel, puisqu'au surplus la dissolution du mariage n'en dépendoit pas moins de la seule volonté des époux. C'étoit là le défaut dont il falloit avant tout purger le système ; il falloit régler les choses de manière que les époux ne fussent pas assurés d'obtenir le divorce , pourvu qu'ils se soumissent à certaines formalités, qu'ils consentissent à certains sacrifices. Si l'on arrivoit à ce résultat, les précautions qui avoient été proposées pouvoient devenir utiles , en donnant de nouvelles garanties ; mais si elles étoient seules, elles laissoient subsister tous les inconvéniens dont il a été parlé *; elles laissoient dans sa force le plus grave de tous, celui duquel tous les autres dérivoient, l'inconvénient d'ébranler la stabilité du mariage.

5 Tout père de famille trembleroit si le divorce étoit rendu trop

---

(1) M. *Berlier*, Procès-verbal du 16 vendémiaire an 10, *page 320.* — (2) M. *Tronchet*, ibid., *page 322.* — (3) M. *Portalis*, Procès-verbal du 14 vendémiaire an 10, *page 301.* — (4) Ibid.

* *Voyez pages 147 et suiv.*

facile, et si la durée du mariage dépendoit du libre arbitre de chacun des époux § (1).

« Le principe fondamental du contrat de mariage, principe avoué par tous et même par ceux qui ont poussé le plus loin l'abus du divorce, est que le mariage est le plus saint des engagemens, parce qu'il tient à l'harmonie sociale, qu'il forme les familles particulières dont se compose la grande famille de l'État , qu'il est le conservateur des mœurs. De là sont nés les empêchemens que l'intérêt des mœurs a réclamés, et les formes destinées à donner de la stabilité au mariage. De là cette intervention de l'officier public qui, en même temps qu'il annonce aux époux les obligations auxquelles ils se soumettent, sanctionne le contrat au nom de la société.

» La conséquence de ce principe est qu'un pareil engagement ne peut être légèrement dissous : peut-être même devroit-il être indissoluble. Il ne s'agit point ici des maximes religieuses : la loi civile , qui ne régit point la conscience, peut cependant établir tout ce que réclame l'intérêt public ; et , sous ce rapport, son pouvoir va jusqu'à restreindre la liberté individuelle. Elle peut donc du moins rendre le divorce difficile : il y a plus, elle le doit » (2).

C'en étoit assez pour écarter le système des causes indéterminées. § Pouvoit-on, lorsqu'on travailloit à rétablir les mœurs, se montrer plus relâché qu'on ne l'étoit sous l'ancien régime , et rendre le divorce plus facile que ne l'étoit alors la séparation de corps et de biens? Or, il est constant que jamais celle-ci n'a été admise sur le consentement mutuel, ni même sur le seul aveu que les époux auroient pu faire de la vérité des faits allégués pour motiver la demande. La justice vouloit en être assurée, et recouroit

(1) M. *Maleville,* Procès-verbal du 14 vendémiaire an 10, *tome I.ᵉʳ*, *page 310.* —
(2) M. *Tronchet,* Procès-verbal du 16 vendémiaire an 10, *page 322.*

toujours aux divers genres de preuves qui pouvoient lui donner cette conviction. Comment donc s'écarter maintenant d'une règle aussi sage et aussi nécessaire » (1)?

Mieux eût valu rentrer dans ces limites et s'en tenir au système des causes déterminées, quand même on n'auroit pas pu remédier aux deux difficultés qu'il présentoit; car, « si l'on déshonore le mariage, les passions gagnent ; elles perdent au contraire si le mariage est respecté » (2). Et, d'ailleurs, « quand on veut juger un principe; quand on veut juger une loi, il ne faut pas uniquement s'occuper des inconvéniens qu'elle ne peut empêcher, et qui sont toujours sensibles, il faut voir encore ceux qu'elle prévient et ceux qu'elle étouffe. Si l'on ne voyoit que les inconvéniens qu'une loi ne peut empêcher, il y auroit des raisons de proscrire la morale même » (3).

Mais, avant d'en venir là, on devoit examiner s'il n'étoit point quelqu'autre moyen que le système des causes indéterminées, pour, en admettant exclusivement le système des causes déterminées, étendre néanmoins l'usage du divorce à tous les cas où il seroit nécessaire, et empêcher qu'il ne devint impossible dans le fait, alors qu'il seroit autorisé dans le droit.

II.e DIVISION.

Comment le Système du Consentement mutuel établi par l'article 233, a été substitué au Divorce pour Causes indéterminées.

LE moyen auquel on songea d'abord pour couvrir les causes honteuses du divorce, fut de tenir la procédure secrète.

---

(1). M. *Boulay*, Procès-verbal du 24 vendémiaire an 10, *tome I.er*, *pages 339 et 340.* — (2) M. *Portalis*, Procès-verbal du 14 vendémiaire an 10, *page 308.* — (3) Ibid.

« On a parlé, a-t-on dit, du danger de donner de l'éclat à ces sortes de contestations.

» Il est possible d'étouffer cet éclat par des formes. Les Rédacteurs du projet de Code civil en ont proposé qui ensévelissent les procédures sur divorce dans le plus profond secret » (1).

¶ Si l'œil du public ne peut se porter sur les faits, si le motif du jugement n'est pas même exprimé, où est alors cette publicité que l'on craint ¶ (2)?

Il est vrai que « les juges sauront du moins de quoi il s'agit ; le greffier du Tribunal le saura, d'autres personnes le sauront, et par conséquent point de secret.

» Mais, de bonne foi, peut-on, dans cette matière, se flatter d'un secret impénétrable? Existera-t-il même dans le cas du simple consentement mutuel? Plus on s'enveloppera de mystère, plus la malignité s'exercera contre les époux. Quand on a évité le scandale de l'humiliation d'une procédure publique dont l'effet se répand toujours au loin ; quand on échappe à la preuve authentique et éternelle qui résulte d'une énonciation de causes dans le jugement, n'a-t-on pas obtenu tout ce qu'on peut raisonnablement espérer? N'a-t-on pas fait tout ce qu'il est possible de faire dans l'intérêt des mœurs et de la décence publique, dans celui des familles, des enfans et des époux ? Vouloir en obtenir davantage, c'est véritablement courir après une chimère » (3).

Néanmoins le Conseil d'état persista à penser que le secret de la procédure ne jetoit pas un voile assez épais sur les causes que les époux desireroient dérober à la curiosité publique.

D'ailleurs il ne remédioit qu'à une partie des difficultés : l'impossibilité d'obtenir le divorce, faute de pouvoir administrer des preuves

---

(1) M. *Tronchet*, Procès-verbal du 16 vendémiaire an 10, *tome I.ᵉʳ, page 324.* —
(2) M. *Boulay*, Procès-verbal du 24 vendémiaire an 10, *page 339.* —(3) Ibid.

juridiques, demeuroit la même ; l'inconvénient de ne pas étendre l'usage du divorce à tous les cas où il est nécessaire, subsistoit également.

Alors le divorce par consentement mutuel, considéré non plus comme cause, mais comme signe, fut proposé.

Je n'entrerai pas dans le détail des diverses formes qu'on a successivement essayé de donner à ce mode de divorce ; cette discussion très-étendue pourroit maintenant être sans intérêt, car toutes les propositions qui ont été faites sont absolument étrangères au système qui a été adopté.

Mais il faut faire connoître ce système, dont on n'a pas assez généralement pénétré la profondeur, et montrer qu'il ne peut, sous aucun rapport, être confondu avec le système du divorce pour causes indéterminées ;

Que cependant il en a tous les avantages ;

Qu'il n'en partage pas les inconvéniens et les abus.

I.re Subdivision.

Différence entre le Divorce par consentement mutuel, tel qu'il est réglé par l'article 233, et le Divorce par consentement mutuel établi par la Loi du 20 septembre 1792.

On aperçoit au premier coup d'œil cette différence.

Dans la loi du 20 septembre, le consentement mutuel étoit la cause du divorce ; ici, « il est seulement le signe que le divorce est devenu nécessaire. Ainsi le Tribunal prononce le divorce, non parce qu'il y a consentement mutuel, mais quand il y a consentement mutuel : il s'arrête à ce signe, et ne va pas jusqu'aux causes réelles qui peuvent avoir amené la rupture entre les époux » (1).

Mais si l'on s'en fût rapporté aux époux seuls, le consentement

---

(1) Le *Premier Consul*, Procès-verbal du 14 vendémiaire an 10, *tome I.er, page 316.*

mutuel

mutuel eût été un signe très-équivoque de la nécessité du divorce, ou plutôt le système de la loi du 20 septembre auroit été maintenu, avec cette seule différence qu'on eût appelé *signe* ce qu'elle appeloit *cause :* changement puérile, qui ne porte que sur les mots; subtilité indigne de la majesté de la loi.

Il a donc fallu ajouter des précautions telles, que le consentement mutuel devînt une preuve réelle qu'il y a des causes légitimes de divorce, et ne fût jamais lui-même une cause directe et suffisante.

On ne pouvoit y parvenir qu'en ne faisant pas dépendre la dissolution du mariage de la seule volonté des époux. C'est ce qui a été fait.

On ne s'est pas contenté de leur consentement mutuel, on a exigé encore le consentement de leurs ascendans respectifs. On a fait de ces ascendans des jurés qui prononcent, d'après leur conviction intime sur la nécessité du divorce.

Cette précaution doit calmer toutes les inquiétudes.

Les juges ici sont portés à maintenir une union qu'eux-mêmes ont concouru à former; ils connoissent l'intérieur de ce mariage qu'on voudroit dissoudre : la tendresse pour les parties préside à leurs conseils. Certes, quand de tels juges déclarent qu'il y a nécessité de rompre le lien conjugal, il faut bien que cette nécessité existe.

· Mais, objectera-t-on, si les époux n'ont pas d'ascendans, que devient cette précaution si sage, et comment est-elle suppléée?

J'observerai que le divorce par consentement mutuel n'est permis que pendant les vingt premières années du mariage, et ne l'est plus lorsque la femme a atteint l'âge de quarante-cinq ans *.

J'observerai, en second lieu, que la loi exige le consentement des ascendans de l'un et l'autre époux.

J'observerai enfin qu'ici, comme pour la formation du mariage,

---

* *Voyez l'article 277, page 281.*

3.   X

le consentement du père est suppléé par celui de la mère, et celui de la mère par le consentement des autres ascendans.

Or, si les époux se marient jeunes, il sera bien rare que dans une période de vingt ans, tous deux aient perdu leurs pères, leurs mères et tous leurs ascendans.

S'ils se marient plus âgés, cette période se raccourcit, puisque le divorce par consentement mutuel n'est plus possible dès que la femme est parvenue à l'âge de quarante-cinq ans.

Ainsi, dans les deux hypothèses, l'usage du divorce est renfermé dans un espace de temps pendant lequel on peut raisonnablement espérer qu'il restera quelqu'un des chefs des deux familles, et le plus souvent de toutes les deux. Cette assurance suffit à la loi; il lui est impossible de statuer d'après des cas rares; elle est forcée de se régler sur ce qui arrive le plus communément.

Mais supposons que sous ce rapport son vœu soit quelquefois trompé; il reste du moins d'autres garanties qui en même temps qu'elles fortifient la première, la suppléent lorsqu'il est impossible de l'obtenir.

Il y a d'abord des épreuves longues, des comparutions réitérées; l'assistance, les exhortations, les conseils d'amis d'un âge mûr, d'un caractère respectable *.

Si cette sage lenteur, si les rapprochemens qui sont ménagés entre les époux, si la nécessité de répéter la demande et par conséquent de réfléchir plusieurs fois sur la résolution de divorcer, si les représentations du magistrat, des amis, qui en font apercevoir les conséquences, pouvoient ne pas calmer les passions, elles se trouveroient du moins contenues par l'une des plus fortes, par celle de l'intérêt; car le divorce coûte aux époux la moitié de leurs biens, qui passe aussitôt à leurs enfans **.

---

* *Voyez les articles 278, 285 et 286, p. 282, 295 et 297.* —** *Voyez l'article 305, p. 336.*

Il est bien difficile que, lorsqu'il est acheté aussi chèrement, lorsque la volonté réciproque d'en user est mise à des épreuves capables de la lasser, la persévérance à l'obtenir ne soit pas un signe indubitable qu'il est nécessaire, et qu'il existe une *cause absolue,* comme l'a dit l'Orateur du Gouvernement (1).

On objectera que ces précautions n'ont pas paru une garantie suffisante pour prévenir l'abus du système des causes indéterminées.

J'en conviens; mais on vouloit alors qu'elles devînssent la garantie unique et principale. Ici, au contraire, on n'y recourt que subsidiairement et accidentellement.

Ainsi, même dans l'hypothèse plus rare, où le consentement des chefs des deux familles ou d'une seule ne peut plus être le gage qu'il existe des causes légitimes et réelles du divorce, on en a du moins l'assurance la plus forte que la nature des choses permette d'espérer.

Le consentement mutuel employé comme signe, ne rétablit donc pas le divorce pour causes indéterminées, c'est-à-dire, celui qui n'a pour motif que la volonté des parties.

Je me suis obligé à prouver qu'au surplus il a tous les avantages de ce dernier mode de divorce.

II.ᵉ Subdivision.

Le Divorce par le Consentement mutuel considéré comme Signe, a tous les avantages du Divorce pour causes indéterminées.

Je n'ai besoin de m'arrêter qu'un moment sur cette proposition : elle est évidente.

Nous avons vu que le divorce pour causes indéterminées avoit

---

(1) M. *Treilhard,* Exposé des motifs, Procès-verbal du 19 ventôse an 9, *tome II, page 547.*

deux avantages, l'un d'autoriser le divorce dans toutes les circonstances où il est nécessaire; l'autre, de le rendre possible dans le fait toutes les fois qu'il est autorisé dans le droit.

Tous deux se retrouvent dans le système de l'article 233.

Numéro I.er

Il assure l'usage du Divorce dans tous les cas où le remède est nécessaire.

LE divorce n'est plus renfermé dans le petit nombre de causes déterminées que la loi établit; il a lieu toutes les fois que la vie commune est devenue insupportable aux époux. Ainsi ces causes, qui, sans se réduire à un fait unique et précis, font du mariage un joug de fer, ne sont plus regardées comme des circonstances indifférentes *.

Ce système est immoral, dira-t-on; il donne trop de latitude au divorce, il favorise la légèreté, le caprice.

On se trompe.

Si le divorce est un remède qu'il faille admettre quand la situation des époux le rend nécessaire, la loi ne peut faire que l'une de ces deux choses,

Ou calculer si exactement toutes les situations où les époux peuvent se trouver, qu'elle accorde déterminément le divorce dans toutes celles où la dissolution du mariage est devenue un besoin;

Ou constituer un jury qui prononce sur ce besoin d'après la diversité des circonstances.

La Commission, et ensuite la Section, avoient adopté le premier de ces moyens qui, au premier coup d'œil, paroissant le moins arbitraire, sembloit d'autant mieux assurer la stabilité du mariage contre l'abus du divorce. En se réduisant au système du divorce

---

* *Voyez page 131.*

pour causes déterminées, elles énonçoient dans le plus grand détail celles qui pourroient l'opérer (1).

Cette théorie, d'un côté, étoit insuffisante; de l'autre, elle étoit trop relâchée. -

Elle étoit insuffisante, car elle n'énuméroit pas toutes les causes légitimes du divorce; l'imagination de l'homme ne sauroit prévoir et embrasser tant de détails, cette variété infinie de circonstances qui, bien rarement, se trouvent les mêmes, et qu'il est impossible de réduire d'avance en faits positifs.

Néanmoins « cette théorie étoit moins rigoureuse que celle du consentement mutuel tel qu'il est organisé » (2); car, dans le desir d'embrasser autant que possible tous les motifs du divorce, on se trouvoit forcé de proposer « des articles vagues et qui, autorisant le divorce pour des causes très-légères, détruisoient la belle théorie sur laquelle ils étoient fondés » (3), celle de ne pas permettre trop facilement la dissolution du mariage; au lieu qu'en instituant des jurés qui, nécessairement bien instruits des circonstances et de la situation, les pèsent beaucoup plus que les faits isolés et particuliers, on a l'assurance morale la plus grande possible, que le divorce ne sera accordé que lorsqu'il sera indispensable, qu'il sera refusé lorsqu'on pourra se passer d'en venir à ce remède extrême.

Numéro II.

Le même Sysième rend le Divorce possible dans le fait, toutes les fois qu'il est autorisé dans le droit.

Mais le système établi par l'article 233, empêche encore que la faculté du divorce ne devienne illusoire par le fait.

---

(1) *Voyez* Projet de Code civil, *livre I.ᵉʳ, titre VI, article 3, page 43; — 1.ʳᵉ Rédaction, chap. I.ᵉʳ, art. 1.ᵉʳ*, Procès-verbal du 14 vendémiaire an 10, *tome I.ᵉʳ, page 294.* —(2) Le *Premier Consul,* ibid., *page 317.* — (3) Ibid.

I. Avec de tels jurés, on peut se passer de preuves juridiques.

Qu'on les emploie devant des juges étrangers aux parties et qui prononcent sur des faits positifs, rien de plus naturel.

Mais qu'apprendroient-elles à un père, à une mère qui connoissent l'intérieur du mariage de leur fils, de leur fille, qui trop souvent ont plaint ses malheurs ou gémi de ses déportemens ?

A quoi serviroient-elles, quand le consentement de ce père, de cette mère, sera déterminé, moins par quelques faits que par l'ensemble des circonstances et de la situation, et par la conviction personnelle ?

Voilà donc encore un autre obstacle levé ; celui qui, faute de preuves juridiques, rendoit le divorce impossible, alors même que la demande étoit fondée sur les motifs les plus solides et les plus légitimes.

Et prenons garde que le retranchement des preuves juridiques n'affoiblît pas la certitude que ces causes existent. Ici, comme je l'ai dit, les juges sont infaillibles ; ils savent tout, et ils n'ont besoin que de se recueillir pour trouver en eux-mêmes la conviction que le divorce doit être accordé ou refusé. Ici, les juges sont impartiaux ; « ils ont intérêt de maintenir un mariage qu'ils ont formé, et ils ne partagent pas l'égarement et les passions qui peuvent faire agir les époux » (1). « Leur aveu est donc une garantie que le divorce est devenu nécessaire » (2).

Le mot *juges* est même impropre : le père, la mère ne prononcent pas, ils consentent : ce n'est donc que leur volonté personnelle qu'ils ont à fixer. « Cette condition du consentement des ascendans est donc une garantie que le mariage ne sera dissous que pour des causes graves et réelles » (3).

---

(1) Le *Premier Consul*, Procès-verbal du 14 vendémiaire an 10, *tome I.er, p. 314.*
— (2) Ibid. — (3) Ibid.

Je sais les objections qu'on a faites sur la foiblesse des pères, sur leurs calculs d'intérêts. Mais j'y répondrai dans un moment.

II. Enfin, par ce système, « il existe un moyen de couvrir les causes de divorce que l'intérêt des mœurs ne permet pas de divulguer » (1), et celles qu'il seroit dangereux de révéler.

Un père, une mère, iront-ils dévoiler la turpitude de leurs enfans, ou compromettre leur tête ?

On a néanmoins contesté cet effet au mode de divorce dont il s'agit.

« Le consentement mutuel, a-t-on dit, ne couvriroit pas, comme on l'espère, le déshonneur de la véritable cause ; car il faudra que la cause réelle soit connue de la famille, dont l'autorisation est nécessaire ; et en prononçant le divorce, elle rend la cause publique, ou elle la fait supposer quand elle n'existe pas » (2).

Il a été répondu que « si quelques personnes soupçonnent ou devinent la cause réelle du divorce, ce sera un de ces bruits qui passent et qui ne sont point comparables à la diffamation résultant des preuves judiciaires » (3).

La juste répugnance que peuvent avoir des époux à découvrir les causes de leur demande, ne les oblige donc plus à dévorer en silence une douleur trop légitime, à porter, sans oser le briser, un joug dont ils sont accablés.

Mais ce n'est pas assez que le divorce par consentement mutuel ait les avantages du divorce pour causes indéterminées, il faut encore qu'il n'ait pas les inconvéniens qui ont fait rejeter ce dernier système.

Il en est entièrement dégagé.

_____

(1) Le *Premier Consul*, Procès-verbal du 14 vendémiaire an 10, *tome I.ᵉʳ*, p. *314*. — (2) M. *Bigot - Préameneu*, Procès-verbal du 24 vendémiaire an 10, *pages 358 et 359*; — M. *Tronchet*, Procès-verbal du 14 vendémiaire an 10, p. *305*. — (3) Le *Premier Consul*, Procès-verbal du 24 vendémiaire an 10, p. *359*.

III.e Subdivision.

Le Divorce par le consentement mutuel considéré comme signe, n'a pas les vices du Divorce pour causes indéterminées.

Le divorce pour causes indéterminées étoit fondé sur une fausse application de principes vrais ; il ébranloit la stabilité du mariage.

Le consentement mutuel, considéré comme signe, est exempt de ces reproches.

Numéro I.er

Ce mode de Divorce est conforme aux principes du mariage considéré comme contrat civil.

Le faux raisonnement sur lequel on fondoit en principe la légitimité du divorce pour causes indéterminées, devient exact quand on l'applique au divorce organisé par l'article 233 *.

Il est vrai qu'aux yeux de la loi le mariage n'est qu'un contrat.

Il est vrai encore que les contrats peuvent être détruits par la volonté contraire des parties qui les ont formés.

Mais il ne l'est pas que les époux soient seuls parties dans le mariage. Après eux viennent les ascendans, les enfans, la société.

La volonté des ascendans a concouru plus ou moins à la formation du contrat. Les époux étoient-ils mineurs, le consentement ou du père, ou de la mère, ou de l'aïeul, a contribué autant que le leur à les unir : étoient-ils majeurs, il leur a fallu encore ou le consentement, ou du moins le conseil de leurs ascendans.

Les enfans acquièrent par le mariage une situation qu'il leur importe de ne perdre qu'à la dernière extrémité, et qui dépend de

---

* *Voyez pages 138 et suivantes.*

l'union

l'union de ceux dont ils ont reçu la vie : cette union leur donne une maison paternelle, c'est-à-dire un centre où se reportent toutes les affections de la piété filiale, et d'où partent tous les soins, tous les secours, tout l'appui qu'ils peuvent attendre de la tendresse paternelle.

La société, qui se multiplie et se soutient par les mariages, qui ne peut espérer d'ordre dans la grande famille qu'elle compose, qu'autant qu'il en existe dans les familles particulières qui en sont les fractions, intervient aussi dans l'union des époux. C'est elle qui en règle les formes et les conditions ; c'est elle qui en crée les priviléges, en fixe les droits et les devoirs ; c'est elle qui les fait respecter ; c'est en son nom et par un de ses agens que le nœud conjugal est formé.

Ainsi, pour suivre exactement le principe que le mariage, étant un contrat, peut être dissous par la volonté des parties, il faut que les ascendans et la société concourent au divorce et que les intérêts des enfans soient défendus.

C'est ce qui arrive dans le système de l'article 233.

Les ascendans, les enfans, la société, ont tous le même intérêt.

S'il leur importe que « le mariage ait de la stabilité » (1), et qu'il ne soit pas dissous sans une nécessité absolue, il leur importe aussi « qu'on sépare des époux qui ne peuvent vivre ensemble, et dont l'union, si elle étoit prolongée, engloutiroit souvent le patrimoine commun, dissoudroit la famille et produiroit l'abandon des enfans : c'est offenser la sainteté du mariage que de laisser subsister de pareils nœuds » (2).

Mais toutes ces parties ne peuvent agir directement.

Ce seroit affoiblir la dignité paternelle que de mettre, en aucun cas, les pères sous la dépendance des enfans, en leur rendant le

---

(1) Le *Premier Consul*, Procès-verbal du 16 vendémiaire an 10, tome *I.ᵉʳ*, page 331.
— (2) Ibid.

consentement de ces derniers nécessaire. « Il seroit contre toutes les convenances naturelles et morales que les enfans fussent les juges de leurs père et mère » (1).

Aussi, dans le principe, n'avoit-on aperçu d'autre moyen de mettre leurs intérêts à couvert, que ɟ d'interdire le divorce aux époux dont le mariage auroit été suivi d'une heureuse fécondité ɟ (2).

Mais on a considéré ensuite que cette prohibition, loin de les servir, pourroit souvent leur nuire, parce que, comme il vient d'être dit, l'intérêt des enfans n'est pas toujours que le mariage subsiste ; que d'ailleurs c'étoit trop resserrer l'usage du divorce, les mariages stériles étant heureusement les moins nombreux.

Quant à la société, elle ne pourroit agir que par des juges.

Cependant, comment s'abandonner aussi entièrement à ces juges qu'aux pères et mères ! Ils ne sont pas, comme ceux-ci, instruits des circonstances ; ils n'ont ni les mêmes sentimens ni un intérêt personnel. Il faudroit les soumettre à des règles pour prévenir l'arbitraire, c'est-à-dire qu'il faudroit déterminer les cas pour lesquels ils prononceroient le divorce : dès-lors la dissolution du mariage ne pourroit avoir lieu que pour des faits positifs et prouvés.

Les ascendans sont donc les seuls des tiers intéressés qui puissent intervenir directement ; et comme leur intérêt est le même que celui de la société et des enfans, il en résulte qu'en agissant pour eux-mêmes, ils agissent aussi et pour les enfans et pour la société.

C'est ainsi que le mode de divorce organisé par l'article 233 est une conséquence du principe que le mariage, aux yeux de la loi, n'est qu'un contrat, qui peut dès-lors se résoudre par la volonté des parties.

---

(1) M. *Beulay*, Procès-verbal du 24 vendémiaire an 10, *tome I.ᵉʳ*, *page 338*. —
(2) M. *Portalis*, Procès-verbal du 14 vendémiaire an 10, *page 315*.

NUMÉRO II.

Ce mode de Divorce n'ébranlant pas la stabilité du Mariage, n'a aucune des suites désastreuses du Divorce pour causes indéterminées.

J'AJOUTE qu'à la différence du divorce pour causes indéterminées, il laisse au mariage toute la stabilité qu'il peut conserver avec l'institution du divorce, et que par cela seul il écarte les suites désastreuses qu'auroit eu le système qu'il remplace.

Il n'ébranle pas la stabilité du mariage.

IL laisse au mariage sa stabilité; car d'abord que le divorce ne dépend plus de la seule volonté des époux, on n'a plus à craindre la légèreté, la passion, l'inconstance.

Cependant on a prétendu qu'il ne falloit pas mettre une entière confiance dans le concours des ascendans, que quelquefois ces ascendans pourroient être foibles, indifférens, passionnés, quelquefois agir par des motifs d'intérêt.

« Que fera le père, a-t-on dit, si sa fille vient se plaindre de la conduite de son mari ; si elle vient déclarer qu'elle ne peut vivre avec lui ; si, par ses larmes, elle parvient à émouvoir la sensibilité paternelle! Le père cédera à sa foiblesse, et consentira au divorce. Il arrivera le plus souvent qu'un époux paroîtra coupable lorsque l'autre seul le sera » (1).

En outre « les familles sont ou indifférentes ou passionnées; et il en est ainsi, même des ascendans » (2). « Dans une pareille matière, les parens épousent les passions des époux » (3).

---

(1) M. *Bigot-Préameneu,* Procès-verbal du 16 vendémiaire an 10, *tome I.ᵉʳ, p. 326.* — (2) Le *Ministre de la justice,* ibid., *page 329.* — (3) M. *Boulay,* Procès-verbal du 24 vendémiaire an 10, *page 338.*

En général, c'est une espérance bien vaine que celle qui fait croire « qu'un conseil de famille, un père, une mère, des ascendans, tempéreront les passions, et empêcheront le divorce lorsqu'il ne sera pas réellement nécessaire.

» L'expérience a détruit depuis long-temps cette illusion. Qu'on interroge les magistrats, les hommes de loi, même ces individus qui vivent de divorces, tous attesteront que l'intervention des familles est une ressource vaine et abusive. Des pères et des mères partagent assez souvent l'ambition de leurs enfans; ils veulent aussi que le mariage subsistant fasse place à un mariage plus avantageux; et, séduits par cette perspective, ils osent même provoquer le divorce. Il y a plus, on ira jusqu'à acheter le consentement de la famille; et le mariage deviendra ainsi un foyer de crimes et de malheurs » (1).

5 On doit donc craindre l'indulgence des familles 5 (2), leur partialité. Ces sentimens peuvent les déterminer à accorder trop facilement le divorce.

Mais on peut craindre aussi que l'esprit d'intérêt ne le leur fasse refuser, lorsqu'il est cependant nécessaire. « Puisqu'ordinairement ce motif porte l'un des époux à résister au divorce, il peut bien aussi déterminer l'opinion de la famille » (3).

Cette dernière considération du moins n'ôtoit pas au système l'avantage de maintenir la stabilité du mariage, et, sous ce rapport, elle étoit même en sa faveur.

Mais, en général, ces objections naissoient de la fausse supposition qu'il s'agissoit de faire intervenir la famille entière et de l'ériger en conseil; et s'il en eût été ainsi, les objections étoient fondées : le concours des collatéraux, même des frères et des

(1) M. *Tronchet*, Procès-verbal du 16 vendémiaire an 10, *tome I.er*, *page 323.*—
(2) *Idem*, Procès-verbal du 14 vendémiaire an 10, *page 317.* — (3) Ibid.

sœurs, ne feroit qu'embarrasser, et leur avis seroit souvent dicté par des vues d'intérêt personnel ; (1). « Il seroit dangereux de subordonner le succès de la demande à leur consentement ; des raisons d'intérêt les rendroient souvent injustes ou difficiles » (2).

Mais ce n'étoit pas là le système. Jamais « on n'a proposé d'établir un conseil de famille proprement dit : on a voulu que chacun des époux prît séparément l'autorisation de la sienne » (3), c'est-à-dire, « l'autorisation de ses ascendans » (4), et que, « si un seul des ascendans refusoit de consentir, il n'y eût plus de divorce » (5).

Or, 1.º si l'intervention des collatéraux pouvoit avoir ses dangers, « il n'en étoit pas de même de l'aveu des ascendans : l'intervention nécessaire de ceux à qui les époux doivent la naissance, peut souvent servir à les rapprocher » (6).

2.º Les ascendans des deux époux ne délibèrent pas plus en commun pour le divorce, qu'ils ne délibèrent en commun pour le mariage.

D'ailleurs il devient impossible de redouter l'indulgence, la partialité, la passion des ascendans de l'un des époux, puisqu'elle n'auroit d'effet qu'autant qu'elle seroit partagée par les ascendans de l'autre : hypothèse très-rare. Il est bien plus présumable que, lorsque des ascendans qui donnent leur autorisation *séparément*, qui séparément aussi peuvent la révoquer, tombent d'accord, c'est que le divorce est nécessaire.

3.º Et enfin pourquoi les ascendans mériteroient-ils moins de confiance dans la matière du divorce que dans celle du mariage? Quand la loi exige que le fils de famille, pour se marier, obtienne leur consentement s'il est mineur, requière leur conseil s'il est

---

(1) Le *Consul Cambacérés*, Procès-verbal du 16 vendémiaire an 10, *tome I.ᵉʳ*, *page 329.* — (2) Le *Consul Cambacérés*, Procès-verbal du 14 vendémiaire, *page 315.* — (3) Le *Premier Consul*, ibid, *page 317.* — (4) Ibid., *page 316.* — (5) Ibid., *page 317.* — (6) Le *Consul Cambacérés*, ibid., *page 315.*

majeur, elle suppose qu'à l'égard de l'intérêt de leurs enfans, ils seront clairvoyans et sages : et par la contradiction la plus étrange, elle se défieroit de leur fermeté, de leurs passions, quand il faut examiner si le bonheur de leurs enfans, qu'elle leur a confié lors du mariage, exige que ce même mariage soit maintenu ou détruit!

Il est donc évident que l'intervention nécessaire des ascendans donne toute la garantie que la sagesse humaine peut trouver, que le mariage ne sera pas dissous pour des causes légères.

Le respect pour la stabilité du Mariage, ôte au Divorce par le consentement mutuel considéré comme signe, les conséquences du Divorce pour causes indéterminées.

Lᴀ stabilité du mariage étant respectée, tous les autres inconvéniens du divorce pour causes indéterminées disparoissent, car tous découloient de l'instabilité que ce système imprimoit à l'union conjugale.

Il n'est plus possible à l'un des époux de sacrifier légèrement l'autre à ses passions ou à son intérêt.

La difficulté de se divorcer détermine à la résignation, à la patience, et prévient les dissentions entre les époux.

Tous les membres de la famille ne tombent pas, sans une nécessité inévitable, dans le malheur que le divorce leur prépare.

III.ᵉ Dɪᴠɪsɪoɴ.

Le Divorce par Consentement mutuel n'est pas illusoire dans l'usage.

Cᴇᴘᴇɴᴅᴀɴᴛ il reste une dernière difficulté.

On a pensé que le divorce ne s'opéreroit que bien rarement par le consentement mutuel, ou du moins par un consentement mutuel véritable.

« Il sera rare, a-t-on dit, que des époux s'accordent pour rompre leur mariage » (1); tantôt le consentement sera refusé, tantôt il sera extorqué.

Il faut répondre à ces objections.

I.ʳᵉ Subdivision.

L'Époux qui a des torts se prêtera-t-il au Divorce par Consentement mutuel !

On a dit : « L'époux qui a donné lieu à des plaintes, ne consentira jamais au divorce » (2). « Jamais, par exemple, le consentement ne sera donné par le mari qui aura maltraité son épouse, n'eût-il d'autre motif pour le refuser que l'intérêt de ne pas restituer la dot : ce motif portoit autrefois les maris à combattre les demandes en séparation de corps » (3).

Pour saisir la réponse qui a été faite à cette objection, il est nécessaire de distinguer :

Ou l'époux demandeur veut couvrir par le consentement une des causes déterminées du divorce, ou il le demande pour un motif que la loi n'a pas mis au nombre de ces causes.

Dans le premier cas, si l'autre refuse, il reste au demandeur la ressource de le poursuivre ; (4). Son malheur n'est donc pas sans remède. Mais ce refus n'aura pas lieu, ou il sera la preuve que le divorce n'est pas demandé pour une cause véritable. En effet,

---

(1) M. *Portalis*, Procès-verbal du 16 vendémiaire an 10, *tome I.ᵉʳ*, *page 329*. — (2) M. *Tronchet*, Procès-verbal du 24 vendémiaire an 10, *page 346*. — (3) M. *Tronchet*, Procès-verbal du 16 vendémiaire an 10, *page 330*. — (4) M. *Thibaudeau*, Procès-verbal du 24 vendémiaire an 10, *tome I.ᵉʳ*, *page 346*.

« la cause est-elle vraie, l'autre époux acceptera la proposition pour sauver son honneur » (1); « la cause est-elle imaginaire, l'autre époux, fort de son innocence, résistera; les parens interviendront, et désabuseront l'époux trompé par de fausses apparences» (2).

Dans le second cas, s il n'y aura pas à la vérité de divorce; mais de ce que le mode du consentement mutuel n'opère pas toujours le bien qu'on s'en promet, ce n'est pas un motif de le proscrire entièrement s (3).

II.e SUBDIVISION.

N'a-t-on pas à craindre que le Consentement ne soit pas libre!

ON a dit : «. Peut-on s'assurer de la sincérité du consentement mutuel ? L'époux qui se verra menacé de la part de l'autre, consentira-t-il librement ? Et peut-on regarder comme une cause légitime de divorce, un consentement arraché par la violence » (4)?

Cette difficulté n'est pas aussi sérieuse qu'elle peut le paroître au premier aspect.

D'abord, on ne conçoit pas pourquoi l'époux malheureux s'opiniâtreroit à vouloir demeurer avec son tyran : les violences même qu'on exerce contre lui et qui lui présentent un avenir funeste, ne peuvent que lui faire desirer de se dégager.

On dira que ses principes peuvent lui donner de la répugnance pour le divorce.

S'il en est ainsi, il a un autre moyen : les mauvais procédés dont on a usé envers lui l'autorisent à demander la séparation de corps.

(1) M. *Emmery*, Procès-verbal du 14 vendémiaire an 10, *tome I.er, page 313.* — (2) Le *Consul Cambacérés,* Procès-verbal du 26 vendémiaire an 10, *tome I.er, pages 367 et 368.* — (3) M. *Thibaudeau,* Procès-verbal du 24 vendémiaire an 10, *page 346.* — (4) M. *Boulay,* ibid., *page 339.*

Mais

Mais supposons que des motifs qu'on ne peut pénétrer le déterminent à rester dans l'union conjugale; dans cette hypothèse, les violences ne le forceront pas de la rompre.

Elles pouvoient sans doute avoir cet effet dans le système où le consentement mutuel devenoit une cause directe du divorce, quoique même alors l'époux divorcé, reprenant sa liberté pendant la séparation d'épreuve, eût la facilité de se refuser ultérieurement au divorce; mais elles ne peuvent l'avoir dans le système de l'article 233.

La raison en est que les époux ne sont pas abandonnés à eux-mêmes. Les ascendans intervenant des deux côtés, les violences que se permet l'un des époux sont inutiles, car elles n'ont point de résultat si ses propres ascendans ne consentent pas au divorce, et si en outre les ascendans de l'époux violenté refusent leur consentement.

On n'a donc pas à craindre que le consentement soit extorqué.

CHAPITRE II.

DU DIVORCE POUR CAUSES DÉTERMINÉES.

Ce chapitre est composé de trois sections:

La première fixe les formes du divorce pour causes déterminées;

La deuxième, les mesures provisoires auxquelles la demande en divorce peut donner lieu;

La troisième, les fins de non recevoir, qui peuvent être opposées à l'action en divorce.

SECTION Ire

DES FORMES DU DIVORCE POUR CAUSES DÉTERMINÉES.

L'ORDRE naturel des idées vouloit que la loi décidât, avant tout, où l'action en divorce seroit portée.

- Mais ce n'étoit pas assez d'indiquer le Tribunal compétant quand il n'y auroit qu'une action civile; il falloit encore prévoir le cas où il y auroit une action criminelle intentée par le ministère public, à raison des faits qui motiveroient la demande en divorce, et décider quel seroit, dans ces circonstances, le ministère du juge civil et celui du juge criminel.

. Les articles 234 et 235 statuent sur toutes ces choses : j'en ferai la matière d'une Ire partie.

La juridiction étant fixée, il convenoit de tracer les règles d'après lesquelles les juges se dirigeroient, c'est-à-dire, d'établir les formes de la procédure, tant en première instance qu'en cause d'appel.

En première instance, le Code distingue trois degrés de procédure:

Procédure pour obtenir l'autorisation de poursuivre la demande en divorce (Articles 236, 237, 238, 239 et 240.);

. Procédure à fin d'admission de la requête (Articles 241, 242, 243, 244, 245 et 246.);

Procédure pour parvenir au jugement (Articles 247, 248, 249, 250, 251, 252, 253, 254, 255, 256, 257, 258, 259, 260 et 261).

Ces trois points seront expliqués dans la IIe, la IIIe et la IVe partie.

La procédure sur l'appel est réglée par les articles 262 et 263.

Ces articles seront le sujet de la Ve partie.

Enfin il restoit à s'occuper de l'exécution du jugement.
Les articles 264, 265 et 266, y ont pourvu.
Je les réunirai dans une VI.ᵉ partie.

I.ʳᵉ PARTIE.

DU TRIBUNAL COMPÉTANT. (Art. 234 et 235.)

L'ᴀʀᴛɪᴄʟᴇ 234 décide devant quels juges toute demande en divorce pour causes déterminées doit être portée.

L'article 235 est relatif au cas où les faits sur lesquels la demande est fondée, donnent lieu à une poursuite criminelle de la part du ministère public.

I.ʳᵉ Dɪᴠɪsɪᴏɴ.

Devant quels Juges toute Demande en Divorce pour Causes déterminées doit être portée.

ARTICLE 234.

QUELLE que soit la nature des faits ou des délits qui donneront lieu à la demande en divorce pour cause déterminée, cette demande ne pourra être formée qu'au Tribunal de l'arrondissement dans lequel les époux auront leur domicile.

Cᴇᴛ article décide trois choses :

La première, que les demandes en divorce ne pourront jamais être soumises qu'aux Tribunaux;

La seconde, qu'elles sont exclusivement de la compétence des Tribunaux civils;

La troisième, que le Tribunal du domicile est le Tribunal compétant.

Z 2

I.ʳᵉ Subdivision.

Les Demandes en Divorcé ne peuvent être portées que devant les Tribunaux.

La loi du 24 août 1790 (article 12) prononçoit que les contestations entre mari et femme seroient portées devant des arbitres choisis parmi leurs parens; ou, à défaut, parmi leurs amis.

Le jugement arbitral étoit sujet à l'appel.

La loi du 20 septembre 1792 (S. 2, article 18) appliqua ces dispositions aux demandes en divorce pour causes déterminées, comme si une action qui intéresse l'ordre public pouvoit être la matière d'un compromis.

La loi du 9 ventôse an 4 a dans la suite rectifié cette erreur, en renvoyant les demandes en divorce devant les Tribunaux civils.

Tel étoit l'état des choses lorsqu'on s'est occupé du Code Napoléon.

La Commission, pour exclure à jamais l'ancien système, avoit proposé l'article suivant : *Le divorce doit être demandé, instruit et prononcé, avec connoissance de cause, en justice. Il ne peut être porté devant des arbitres. Tout divorce volontaire est prohibé* (1).

§ La Cour d'appel de Paris jugea cet article inutile, le principe qu'il posoit pouvant être établi suffisamment, quoique d'une manière implicite, par les autres dispositions de la loi§(2), c'est-à-dire, par celles qui règlent les formes du divorce; car il est évident que § le mariage ne peut être dissous que dans les formes que la loi prescrit § (3).

D'après cette observation, l'article a été retranché; mais on en

_____

(1) Projet de Code civil, *liv. I.ᵉʳ, tit. VI, art. 4, page 43.* — (2) Observations de la Cour d'appel de Paris, *page 50.* — (3) Ibid.

a conservé le principe dans l'article 234, lequel écarte le jugement arbitral, par la disposition qui statue que *toute demande en divorce ne pourra être portée QUE devant le Tribunal de l'arrondissement.*

IIe Subdivision.

Les Demandes en Divorce sont exclusivement de la Juridiction civile.

« La demande en divorce est essentiellement civile; elle a pour objet la dissolution d'un contrat civil; les moyens pour arriver à cette fin sont donc de la connoissance du Tribunal civil » (1).

Voilà la règle générale.

Mais il s'agissoit de savoir si elle n'étoit pas susceptible d'exception, dans le cas particulier où la demande est fondée sur des délits, et que ces délits sont poursuivis criminellement; alors l'action ne change-t-elle pas de nature, et ne devient-elle pas criminelle?

Le Code des délits et des peines du 3 brumaire an 4 (art. 8), donne en effet à la partie civile l'option entre les deux Tribunaux. Il dit que *l'action civile peut être poursuivie en même temps et devant les mêmes juges que l'action publique, mais qu'elle peut l'être aussi séparément.*

Le demandeur en divorce peut-il s'appliquer ces dispositions? Peut-il, en se rendant partie civile, attirer au Tribunal criminel la connoissance de la demande en divorce?

Cette faculté lui a été refusée dans tous les projets qui ont été présentés, et enfin par l'article qui nous occupe.

La rédaction de la Commission, qui éclaircit l'article 234, portoit: *Quelle que soit la nature du délit imputé par le demandeur à l'autre*

_____

(1) Le *Ministre de la justice,* Procès-verbal du 4 brumaire an 10.

époux , le divorce ne peut être poursuivi que par la voie civile ; sans préjudice de l'action criminelle , qui peut être intentée d'office par le ministère
public (1).

La Section avoit établi le même principe (2).

Enfin l'article 234 décide que , *quelle que soit la nature des faits
et des DÉLITS qui donnent lieu à la demande en divorce , elle ne POURRA
être formée QU'AU TRIBUNAL de l'arrondissement.*

Cette décision est fondée principalement sur la nature des rapports que le mariage établit entre les époux , la nature de l'intérêt
qu'a le demandeur en divorce , la nature de l'action qui appartient
à la partie civile.

1.º « La nature des rapports qui existent entre le mari et la
femme , ne permettent pas qu'ils prennent l'un contre l'autre la
voie criminelle » (3). Il seroit atroce que l'un des époux eût la
faculté de provoquer indirectement une condamnation de mort
contre la personne avec laquelle il a vécu dans l'union la plus
étroite qui puisse se former entre les hommes ; qu'il lui fût permis
de suivre ainsi le seul mouvement de la haine et de la vengeance
sans y être forcé. Il ne seroit en effet dirigé que par ces motifs :
puisque l'action civile lui suffit pour se délier , l'inimitié seule
pourroit le porter à préférer l'action criminelle : on ne doit pas lui
permettre cette cruauté inutile.

2.º La nature de l'intérêt qu'a le demandeur en divorce , n'est
pas celui qui a fait donner l'action civile. « La partie publique a
seule le droit de provoquer la peine publique : ce droit n'appartient pas à la partie civile , qui ne peut, en aucun cas, conclure
qu'à des dommages et intérêts » (4). Or ce ne sont pas des dommages-intérêts, c'est-à-dire une somme d'argent, que le demandeur

(1) Projet de Code civil, *liv. I.er, tit. VI, art. 27, page 47.* — (2) *1.re Rédaction ,
chap. II, sect. I.re, art. 21 ;* Procès-verbal du 26 vendémiaire an 10, tome I.er, page 374 ;
— (3) M. *Tronchet ,* Procès-verbal du 4 brumaire an 10. — (4) Ibid.

en divorce cherche à obtenir : « s'il y a attentat , le seul intérêt qu'ait l'époux, c'est de ne pas demeurer avec celui qui a formé des desseins contre sa vie » (1).

3.º La nature de l'action en divorce ne pourroit se concilier avec celle de l'action privée en matière criminelle.

Le but principal et direct des jugemens criminels , c'est la vindicte publique. Ils ne statuent qu'accessoirement sur l'action privée de la partie civile, et seulement afin de faire droit par un même arrêt à toutes les parties lésées.

Mais ce caractère d'action purement accessoire ne sauroit convenir à la demande en divorce. Elle intéresse l'état des personnes : son objet est donc trop grave, pour qu'elle ne soit pas toujours considérée comme une action principale qui mérite par elle-même toute l'attention de la justice.

III.ᵉ Subdivision.

Le Tribunal civil du domicile des Époux est le seul compétant,

L'Action en divorce étant essentiellement de la juridiction civile, et ne pouvant jamais se rattacher à une procédure criminelle , on n'avoit plus qu'à suivre les règles communes pour déterminer le ·Tribunal civil où elle seroit portée. On sait que , d'après ces règles , les actions civiles sont exercées devant le Tribunal du domicile du défendeur.

Dans cette matière, le Tribunal du défendeur est le même que celui du demandeur, puisque, d'après l'article 108 du Code , la femme n'a pas d'autre domicile que celui de son mari *.

___

(1) M. *Tronchet ,* Procès-verbal du 4 brumaire an 10.

* *Voyez tome I.ᵉʳ, page 519.*

On ne sauroit avoir de doute que par rapport à la femme séparée de corps, parce qu'elle n'habite pas avec son mari.

La question pourroit se présenter dans l'espèce de l'article 310, c'est-à-dire, dans l'hypothèse où le mari contre lequel la séparation de corps auroit été obtenue, voudroit, après trois ans, la faire convertir en divorce, et où la femme auroit établi sa résidence dans l'arrondissement d'un autre Tribunal.

Mais il faut se rappeler la distinction qui existe entre le domicile, qui est là où l'établissement principal se trouve fixé, et la simple résidence, qui est le lieu où la personne habite *.

Ceci posé, l'article 108 lève toutes les difficultés. Il applique en effet la règle qu'il établit à toutes les femmes mariées, sans distinction, et il veut que tant que le mariage subsiste, le domicile de la femme soit le même que celui du mari. Or, la séparation de corps fait cesser les effets du mariage, mais ne rompt pas le lien conjugal; ses principales conséquences ne laissent pas de subsister. C'est ainsi que la femme séparée de corps a encore besoin, pour contracter, de l'autorisation de son mari **.

On objectera que cette doctrine a un inconvénient; que si le domicile de la femme séparée demeure le même que celui du mari, ce sera dans sa propre maison que ce dernier fera signifier l'acte par lequel, aux termes de l'article 310, il appellera la femme devant le juge pour déclarer si elle consent à faire cesser la séparation; que cet acte ne sera pas connu d'elle; que cependant elle sera censée dûment appelée; qu'ainsi on prononcera contre elle par défaut un divorce qu'elle pouvoit, qu'elle vouloit peut-être éviter.

La réponse à cette objection est dans la latitude que l'article 310 laisse au juge, qu'il ne lie par aucune règle, qu'il n'assujettit à aucun délai. Si les circonstances apprennent au juge, ou lui font même

* Voyez tome I.er, page 487. — ** Voyez tome II, pages 347 et 349.

soupçonner

soupçonner que la femme n'a pas été réellement avertie, rien ne l'empêche d'ordonner un réassigné, d'ordonner même que l'acte sera signifié ou à la personne ou au lieu de la résidence.

· I I.^e DIVISION.

Du cas où les Faits sur lesquels la Demande en divorce est fondée donnent lieu à des Poursuites criminelles de la part du Ministère public.

ARTICLE 235.

Si quelques-uns des faits allégués par l'époux demandeur, donnent lieu à une poursuite criminelle de la part du ministère public, l'action en divorce restera suspendue jusqu'après le jugement du Tribunal criminel; alors elle pourra être reprise, sans qu'il soit permis d'inférer du jugement criminel aucune fin de non-recevoir ou exception préjudicielle contre l'époux demandeur.

NOUS venons de voir que jamais, et sous aucun prétexte, l'époux demandeur ne peut saisir la justice criminelle de la connoissance de la demande en divorce.

Mais il falloit prévoir les cas où les faits sur lesquels cette demande est fondée, donneroient lieu à des poursuites au criminel de la part du ministère public, afin de déterminer,

1.º L'ordre des deux actions entre elles;

2.º Si le jugement prononcé par le Tribunal criminel, en supposant qu'il dût intervenir le premier, préjugeroit la demande civile.

Ire SUBDIVISION.

De l'Ordre dans lequel l'Action civile et l'Action criminelle sont poursuivies, lorsqu'elles concourent à raison des faits.

LA question étoit de savoir auquel du jugement civil ou du jugement criminel la priorité seroit accordée.

3. A a

La Commission proposoit de *surseoir à l'instruction de la demande en divorce jusqu'après le jugement de l'accusation* (1).

La Section donnoit la priorité à la procédure civile. La rédaction qu'elle présentoit exprimoit moins cette idée qu'elle ne la laissoit apercevoir ; elle portoit : *Le divorce sera autorisé ou rejeté, nonobstant l'action criminelle qui pourroit être intentée d'office par le commissaire du Gouvernement, et sans préjudice de cette action* (2).

Mais dans la suite de l'article, elle supposoit que le jugement civil interviendroit le premier ; car elle ajoutoit : *Le jugement portant absolution de l'époux accusé, ne produira aucun effet contre celui qui aura autorisé le divorce ; s'il intervient au contraire un jugement de condamnation contre l'époux accusé, ce jugement rétablira le droit de l'époux demandeur, nonobstant le jugement qui auroit rejeté sa demande en divorce. En conséquence, sur la présentation du jugement de condamnation, et sur la simple requête du demandeur, le divorce sera autorisé* (3).

Au Conseil d'état, la disposition a été entendue dans ce sens, « qu'il y auroit d'abord une procédure civile » (4).

La même disposition fut reproduite en termes plus clairs dans une rédaction subséquente. L'article présenté portoit : *Dans le cas d'attentat de l'un des époux à la vie de l'autre, le commissaire du Gouvernement pourra toujours intenter l'action criminelle ; mais si elle a été précédée d'une demande en divorce, fondée sur la même cause, il sera sursis au jugement du Tribunal criminel jusqu'à ce qu'il ait été statué sur la demande en divorce* (5).

La Section avoit considéré « qu'on pouvoit séparer les deux procédures, puisqu'il est dans la nature des choses que des faits et des preuves qui ne seroient pas suffisans pour déterminer la

---

(1) Projet de Code civil, *liv. I.er, tit. VI, art. 27, page 47.* — (2) *1.re Rédaction, chap. II, sect. I.re, art. 21 ;* Procès-verbal du 26 vendémiaire an 10, *tome I.er, page 374.* — (3) Ibid. — (4) M. *Tronchet,* ibid. — (5) *3.e Rédaction, art. 8,* Procès-verbal du 6 nivôse an 10.

condamnation à une peine » (1), « sur-tout lorsque la décision est soumise à des jurés qui se règlent d'après les considérations d'équité plus que d'après le fait positif » (2), « le soient cependant assez pour déterminer le juge civil à prononcer le divorce » (3). ⸿ Les deux actions étant donc essentiellement différentes et indépendantes entre elles, on ne s'étoit pas cru lié par le principe, d'ailleurs vrai en soi, que le criminel emporte le civil ⸿ (4); et, en conséquence, on n'avoit pas hésité à examiner lequel des deux étoit le plus avantageux, ou de donner la priorité à la procédure civile, ou de la donner à la procédure criminelle.

Or, la Section avoit été touchée sur-tout de « la crainte que le jugement criminel, s'il intervenoit d'abord, n'influençât le jugement civil au point de le réduire à une simple formalité » (5).

D'un autre côté, on réclama contre ce système, qui blessoit le principe reçu que la procédure criminelle doit toujours avoir la priorité.

Les deux systèmes ont été débattus.

Examinons d'abord le point de fait.

Étoit-il vrai que le jugement criminel, en supposant qu'il intervînt le premier, influât réellement sur le jugement civil, à moins que la loi n'en décidât autrement?

Numéro Ier

Le Jugement criminel, s'il intervenoit d'abord, influoit naturellement sur le Jugement civil.

Il a été reconnu que cette influence étoit dans la nature des choses.

---

(1) M. *Emmery*, Procès-verbal du 14 nivôse an 10. — (2) Le *Premier Consul*, ibid. — (3) M. *Emmery*, ibid.; — Le *Premier Consul*, ibid. — (4) Le *Premier Consul*, ibid. — (5) M. *Emmery*, ibid.

« Les faits sont indivisibles; la vérité est une, et la vérité de la chose jugée est considérée comme une vérité morale » (1).

Donc, « si le Tribunal criminel condamne l'accusé, il juge la demande en divorce » (2) :

« Si au contraire les jurés déclarent que le fait n'est pas constant, il n'est plus possible au juge civil d'admettre la demande » (3). « Il seroit trop rigoureux d'adopter en principe que lorsqu'un accusé a échappé à la condamnation, on pourra le rechercher encore, fût-ce au civil » (4).

A la vérité l'absolution peut avoir été prononcée sur l'intention ou sur des circonstances atténuantes, et alors les jurés n'ayant pas repoussé le fait, « peu importe, pour le succès de la demande, que l'accusé ait été acquitté » (5) ; il n'y a pas réellement de préjugé.

Mais « il y auroit de l'inconvénient à laisser discuter l'absolution de l'accusé, à examiner sur quelle question il a été acquitté : de quelque manière qu'il l'ait été, il doit être considéré comme parfaitement innocent » (6).

L'influence du jugement criminel sur le jugement civil étoit donc incontestable, si l'accusation devoit être jugée la première.

Mais quelle devoit être la conséquence de cette vérité?

On a soutenu,

D'un côté, que l'influence du jugement criminel étoit un motif déterminant pour donner la priorité à la procédure civile;

De l'autre, qu'elle n'affoiblissoit pas les raisons qui, dans le droit commun, ont fait donner la priorité à la procédure criminelle.

Voyons sur quels motifs on appuyoit l'un et l'autre système.

_____

(1) M. *Regnier,* Procès-verbal du 14 nivôse an 10. — (2) M. *Boulay,* ibid. — (3) M. *Regnier,* ibid. — (4) Ibid. — (5) Le *Consul Cambacérès,* ibid. — (6) M. *Réal,* ibid.

NUMÉRO II.

Motifs du Système qui donnoit la priorité à la Procédure civile.

On a observé que la priorité de la procédure criminelle rendroit la procédure civile inutile, et que dès-lors il seroit superflu de l'autoriser. « S'il est jugé, a-t-on dit, que l'attentat n'existe pas, il ne peut devenir une cause de divorce : s'il est jugé qu'il existe, il survient une condamnation, ou à la peine de mort, ou à une autre peine du nombre de celles que la loi met au rang des causes de divorce » (1).

En outre, on voyoit dans le préjugé que formeroit le jugement criminel, l'inconvénient d'intervertir l'ordre des juridictions : « Les jurés qui ne sont que juges du fait et non du droit, se trouveroient appelés à décider une question d'état » (2).

Et de cet inconvénient, il en naîtroit même un autre : « l'époux demandeur n'obtiendroit pas justice ; il paroîtroit trop odieux aux jurés, qui répugneroient à envoyer sur sa demande l'autre époux à l'échafaud » (3).

« La loi elle-même seroit odieuse, si elle réduisoit l'époux outragé, à ne pouvoir demander le divorce sans faire infliger à l'autre une peine capitale ; ce qui seroit cependant inévitable, si la procédure criminelle devoit marcher la première » (4).

NUMÉRO III.

Motifs du Système qui donnoit la priorité à la Procédure criminelle.

Il est certain que 5 la Section, en subordonnant la procédure

---

(1) M. *Boulay*, Procès-verbal du 14 nivôse an 10. — (2) M. *Réal*, ibid. — (3) M. *Boulay*, ibid. — (4) Le *Premier Consul*, ibid.

criminelle à la procédure civile, s'écartoit de la règle commune, qui veut que la procédure criminelle marche toujours la première $ (1).

Cependant cette règle a deux principaux avantages ; car si la procédure civile avoit la priorité, il en résulteroit,

1.° « Que les preuves pourroient périr ou être dénaturées avant que la procédure civile commençât » (2) ;

2.° « Qu'on seroit exposé à voir dans la même affaire deux jugemens contradictoires » (3).

Il est vrai que « les deux actions ne sont pas de la même nature. Le mari qui se pourvoit d'abord au civil, ne demande point le châtiment de sa femme, mais le divorce, et il n'a besoin d'articuler des faits et d'administrer des preuves que dans la mesure exactement nécessaire pour obtenir l'effet de sa demande » (4). S'il y a une procédure criminelle, ce n'est que par occasion, c'est parce que « le ministère public est là ; et s'il s'aperçoit que l'attentat soit tellement grave que l'intérêt de la société ne permette pas de le dissimuler, il en poursuit la punition » (5).

Cependant ceci ne sauve pas le danger de la contradiction : il n'en est pas moins certain que « le fait soumis aux deux Tribunaux étant le même, pourroit être jugé d'une manière contradictoire, si les deux procédures marchoient dans l'ordre que la Section avoit proposé ; car il est possible que les jurés déclarent que le fait n'est pas constant, après que le Tribunal civil l'aura admis comme motif de prononcer le divorce » (6).

« Mais, dit-on, cette contradiction est peu à craindre : les preuves qui convaincroient le juge civil, opéreroient sans doute aussi la conviction du juge criminel » (7).

---

(1) Le *Consul Cambacérés*, Procès-verbal du 14 nivôse an 10. — (2) Ibid. — (3) Ibid. — (4) Le *Premier Consul*, ibid. — (5) Ibid. — (6) Le *Consul Cambacérés*, ibid. — (7) M. *Tronchet*, Procès-verbal du 4 brumaire an 10.

On doit observer que devant un Tribunal civil, il faut des preuves légales, c'est-à-dire, une déposition précise et formelle des témoins, pour que les juges puissent prononcer; tandis que devant les Tribunaux criminels, ce sont les jurés qui prononcent d'après leur conscience, sur l'ensemble des faits, des apparences, des considérations » (1).

Deux manières de prouver si différentes peuvent bien amener des jugemens différens.

« Il ne peut au contraire y avoir de contradiction si la procédure criminelle marche en premier ordre et qu'on n'autorise la poursuite au civil que lorsque les jurés auront prononcé que le fait existe » (2).

« En général il seroit difficile de faire juger deux fois le même fait et de se placer dans une situation telle qu'un Tribunal déclare que le fait existe, et qu'un autre déclare que le même fait n'existe pas » (3).

On ajouta qu'en tout cas la disposition qui donneroit la priorité à la procédure civile seroit illusoire; car « on ne pourroit empêcher le ministère public de poursuivre criminellement l'époux défendeur, dès qu'il auroit reconnu que les faits peuvent être le fondement d'une accusation. Il ne reste donc qu'à laisser agir d'abord la justice criminelle, et, en cas d'absolution, à donner au demandeur la faculté de procéder à fins civiles » (4).

Il y avoit cependant un moyen de lever cette dernière difficulté : « pour empêcher le ministère public de s'emparer de l'action civile et de la convertir en action criminelle ; il suffisoit de lui interdire cette faculté jusqu'à ce que le Tribunal civil eût statué » (5).

Mais les deux autres considérations demeuroient dans toute leur force.

(1) M. *Regnaud* (de Saint-Jean-d'Angely), Procès-verbal du 4 brumaire an 10. — (2) Le *Consul Cambacérés*, Procès-verbal du 14 nivôse an 10. — (3) Ibid. — (4) Ibid.; — M. *Portalis*, ibid. — (5) M. *Boulay*, ibid.

Elles n'étoient pas affoiblies par l'objection que, dans le système qui donne la priorité à la procédure criminelle, toute procédure civile subséquente devient inutile.

D'abord, il est un cas où elle a certainement ses effets. C'est celui où la procédure criminelle se termine au jury d'accusation. « Ce jury, devant lequel on ne pose point de question, peut renvoyer le défendeur en divorce : mais que pourra faire en ce cas le demandeur » (1), s'il ne lui est pas permis de suivre la demande au civil ?

Ensuite, « tous les attentats ne sont pas de la même nature ; tel qui ne suffiroit pas pour faire infliger une peine, suffit pour donner lieu au divorce : et pourquoi ? Parce que la société conjugale qui identifie les époux, ne peut exister que lorsqu'ils sont vis-à-vis l'un de l'autre dans l'état de la plus parfaite sécurité. On doit donc laisser subsister l'usage des deux procédures » (2).

Numéro IV.

Comment les deux Systèmes ont été conciliés.

Puisque la Section ne se refusoit à accorder la priorité au jugement criminel, que par la crainte qu'il ne forçât le jugement civil, il est évident qu'en détruisant cette influence on concilioit toutes les opinions.

Il a été fait à cet égard deux propositions.

La première avoit seulement pour objet d'empêcher qu'on n'abusât du système qui donnoit la priorité à la procédure criminelle, pour porter devant les Tribunaux criminels les demandes susceptibles d'être jugées au civil.

Dans cette vue, on proposoit de « décider que lorsque les

_____

(1) M. *Réal*, Procès-verbal du 14 nivôse an 10. — (2) M. *Portalis*, ibid.

circonstances

circonstances sont telles qu'elles donnent lieu à la poursuite d'office par le ministère public, l'instruction criminelle aura lieu d'abord; mais que, quand les faits sont simplement énoncés dans une requête, le commissaire du Gouvernement ne pourra poursuivre au criminel » (1).

Voici comment on motivoit cette proposition. On disoit : « Il n'y a pas de raison pour suspendre la procédure criminelle ; car si l'époux demandeur y recourt, c'est une preuve évidente qu'il la préfère à l'action civile *. Si c'est le commissaire du Gouvernement; alors il convient de considérer que le droit d'accuser n'est pas dans ses mains un instrument mobile et dont il puisse se servir arbitrairement : l'usage ne lui en est permis que quand il y a d'une part un corps constant de délit, de l'autre une dénonciation. Sans ces entraves, la sûreté des citoyens seroit compromise. Le commissaire du Gouvernement seroit libre en effet d'accuser, d'après le soupçon le plus léger, sans que l'accusé pût espérer de réparation; le commissaire du Gouvernement s'excuseroit en alléguant que son zèle l'a égaré, et que d'ailleurs il n'a point encouru de forfaiture. Les deux conditions auxquelles son action est subordonnée, sont donc nécessaires pour assurer la tranquillité individuelle. Or, si les faits ne sont connus que par une requête, il n'y a ni dénonciation, ni corps de délit; car une requête ne contient que des allégations et souvent des allégations exagérées. Si, au contraire, il y a un corps de délit, rien ne peut arrêter l'action du ministère public. Dèslors, toute contradiction est impossible; car si le Tribunal civil déclare qu'il n'y a point d'attentat, il est prouvé qu'il n'y a pas de corps de délit; et dans le cas contraire, le commissaire est obligé d'agir » (2).

---

(1) M. *Portalis,* Procès-verbal du 14 nivôse an 10. — (2) Ibid.

* *Nota.* On a vu, *pages 179 et suiv.,* que le Code lui refuse cette faculté.

3. B b

Cependant, cette proposition fut contredite.

« On cita l'exemple d'une femme absoute sur l'accusation d'empoisonnement, malgré que des circonstances graves s'élevassent contre elle, et condamnée seulement à la reclusion, pour cause d'inconduite. Dans cette espèce, ajouta-t-on, il n'y avoit pas de corps de délit, et cependant il existoit des faits suffisans pour faire réussir une demande en divorce » (1).

On en conclut « qu'il faut juger d'abord le criminel, dans tous les cas où le ministère public est fondé à intenter une action, sans se borner au cas où il existe un corps de délit » (2), et « qu'on doit prendre pour dénonciation la requête en divorce » (3).

Mais bientôt, laissant là ces débats, on fit une seconde proposition plus propre à concilier les deux systèmes, celle de décider que « le jugement criminel ne seroit point préjudiciel » (4).

Avec cette condition, personne ne trouva plus de difficulté à donner la priorité à la procédure criminelle, et elle lui fut assurée (5).

En conséquence, la Section rédigea l'article en ces termes : *Dans le cas d'attentat de l'un des époux à la vie de l'autre, le commissaire du Gouvernement pourra toujours intenter l'action criminelle : si elle a été précédée d'une demande en divorce fondée sur la même cause, il sera sursis à l'instruction de la demande en divorce jusqu'après le jugement de l'accusation ; et sur la représentation de ce jugement, suivant qu'il aura condamné ou acquitté l'époux accusé, le divorce demandé par l'autre époux sera admis ou rejeté par le Tribunal civil* (6).

Le Tribunat demanda le retranchement de cet article, non qu'il repoussât le système de donner la priorité à la procédure criminelle,

---

(1) M. *Emmery*, Procès-verbal du 14 nivôse an 10. — (2) Ibid. — (3) M. *Réal*, ibid. — (4) M. *Portalis*, ibid. — (5) *Décision*, Ibid. — (6) *Rédaction communiquée au Tribunat, art. 8*, Procès-verbal du 22 fructidor an 10, *tome II, page 14.*

mais parce qu'il ne vouloit pas, comme je l'ai dit ailleurs*, que l'attentat fut mis spécialement au nombre des causes du divorce (1).

Ce mot a été supprimé dans la rédaction définitive, et l'on s'est borné à ne parler que du cas où les faits allégués donneroient lieu à une procédure criminelle.

On n'a prévu que celui où les poursuites seroient faites d'office par le ministère public, parce que, ainsi que je l'ai expliqué **, il n'est jamais permis au demandeur d'introduire l'action en divorce que par la voie civile.

II.e Subdivision.

Le Jugement criminel ne préjuge pas la Demande civile.

On vient de voir comment cette disposition a été admise ; mais il s'agit d'en fixer l'étendue.

L'article 235 n'ôte pas au jugement criminel, lorsqu'il condamne, la force de préjuger la question de fait ; alors l'office du juge civil se réduit à examiner si le fait dont l'existence ne peut plus être contestée, est une cause suffisante de divorce.

Mais lorsque le jugement criminel absout l'accusé, il cesse d'être préjudiciel. « Le juge civil en pèse l'effet suivant les circonstances. Autrefois aussi on civilisoit les informations » (2).

Cette disposition est fondée sur l'indépendance des deux actions entre elles.

Il ne sauroit en résulter aucune contradiction entre les deux jugemens. Il ne faut pas en effet perdre de vue « qu'il peut y avoir assez de faits pour prononcer le divorce, sans qu'il y en ait assez pour prononcer une peine » (3).

---

(1) Observations du Tribunat. — (2) M. *Portalis,* Procès-verbal du 14 nivôse an 10. — (3) Le *Ministre de la justice,* ibid.

* *Voyez page 114.* — ** *Voyez pages 181 et suiv.*

II.ᵉ PARTIE.

DE LA PROCÉDURE À FIN DE PERMISSION DE CITER.

(Art. 236, 237, 238, 239 et 240.)

« La marche de l'instruction d'une demande en divorce ne doit pas être confondue avec la marche de l'instruction d'une affaire ordinaire.

» En général, l'accès des Tribunaux ne peut être trop facile, ni la procédure trop rapide. Il n'en est pas de même en matière de divorce ; une sage lenteur doit donner aux passions le temps de se refroidir. Le divorce n'est tolérable que lorsqu'il est forcé, et la société gémit de l'admettre alors même qu'il est nécessaire. Chaque pas dans l'instruction doit donc être un grand objet de méditation pour le demandeur, et pour le juge un nouveau moyen de pénétrer les motifs secrets, les véritables motifs d'une demande de cette nature, de s'assurer du moins que ces motifs sont réels et légitimes. Toutes les dispositions du titre relatives aux formes, ont été rédigées en conséquence » (1).

C'est dans cette vue qu'on n'a pas, comme dans les autres affaires civiles, permis au demandeur d'appeler le défendeur devant la justice avant d'en avoir obtenu la permission.

On ménage par-là au juge l'occasion de le dissuader.

Si cette première tentative échoue, si le juge n'a pu rien gagner sur le demandeur isolé, le Législateur ne désespère pas encore, il constitue le magistrat, conciliateur entre les époux, avant de l'établir l'arbitre de leur destinée.

_____

(1) M. *Treilhard*, Exposé des motifs, Procès-verbal du 19 ventôse an 11, *tome II*, *page 551*.

Peut-être n'y a-t-il que de fausses apparences : des explications les détruiront; le ministre de la loi, froid comme elle, comme elle exempt de passion, démêlera la vérité et la présentera à un époux qui s'égare. Peut-être que des perfides ont lancé au milieu d'un mariage paisible les brandons de la discorde; ils seront démasqués. Peut-être même que des torts réels seront avoués avec franchise et généreusement pardonnés.

Voilà l'espoir du Législateur.

Il suffit de jeter les yeux sur les dispositions par lesquelles il a voulu le réaliser pour reconnoître que le but est atteint.

Les articles qui forment cette seconde partie, sont relatifs,

1.º A la présentation et à la réception de la requête (Art. 236 et 237.);

2.º A la comparution en conciliation (Art. 238 et 239.);

3.º A la permission de citer (Article 240.).

Je les distribuerai en conséquence sous trois divisions.

I.ʳᵉ DIVISION.

De la Présentation et de la Réception de la Requête.
(Art. 236 et 237.)

D'APRÈS cette rubrique la première division sera partagée en deux subdivisions.

I.ʳᵉ SUBDIVISION.

De la Présentation de la Requête.

ARTICLE 236.

TOUTE demande en divorce détaillera les faits : elle sera remise, avec les pièces à l'appui, s'il y en a, au président du Tribunal ou au juge qui en fera les fonctions, par l'époux demandeur en personne, à moins qu'il n'en soit empêché par maladie; auquel cas, sur sa réquisition et le certificat de deux docteurs en médecine ou en chirurgie, ou de deux officiers de santé, le magistrat se transportera au domicile du demandeur pour y recevoir sa demande.

Cet article détermine,

La forme de la requête;

Le juge qui la recevra;

Comment elle sera présentée.

NUMÉRO I.er

Forme de la Requête.

LA loi n'exige que deux choses,

1.º Que les faits soient détaillés dans la requête;

2.º Qu'elle soit accompagnée des pièces à l'appui.

NUMÉRO II.

A quel Juge la Requête doit être présentée.

LE demandeur est renvoyé au président ou au juge qui le remplace, c'est-à-dire à un magistrat qui, avant de s'armer de son pouvoir, va revêtir le caractère bienfaisant de conseil et d'ami, comme nous le verrons dans l'article suivant.

NUMÉRO III.

Comment la Requête est présentée.

« L'ÉPOUX doit présenter la requête en personne : point d'exception à cette règle ; la maladie même ne sauroit en affranchir : le juge, dans ce cas, se transporte chez le demandeur » (1).

Mais pourquoi cette formalité est-elle aussi rigoureusement exigée ?

Plus de facilité eût rendu inutile la sage précaution dont il a

_____

(1) M. *Treilhard*, Exposé des motifs, Procès-verbal du 19 ventôse an 11, *tome II*, *page 551.*

déjà été parlé et qu'établit l'article suivant : « c'est sur-tout dans ce premier moment qu'il convient de faire sentir toute la gravité et toutes les conséquences de l'action » (1).

On a objecté cependant qu'il étoit trop sévère de refuser le divorce à tous les absens sans distinction. « La présence du demandeur a dû être exigée alors qu'il étoit permis de se pourvoir en divorce pour cause d'incompatibilité : mais un absent pour service public peut apprendre des faits qui le forcent à recourir au divorce ; il seroit injuste de le priver des moyens de rétablir l'ordre dans sa maison » (2).

Il a été répondu que « l'objet de la disposition étant de mettre les époux en présence afin qu'on puisse essayer des moyens de conciliation, toute exception devient impossible » (3); que d'ailleurs « l'époux absent peut avoir été trompé par de faux rapports. On doit donc exiger qu'il examine par lui-même, et même le mettre en état d'accorder au repentir un généreux pardon » (4).

La disposition reçoit cependant, dans le cas de l'article 261, une exception dont je parlerai en son lieu.

IIe SUBDIVISION.

De la Réception de la Requête.

ARTICLE 237.

LE juge, après avoir entendu le demandeur, et lui avoir fait les observations qu'il croira convenables, paraphera la demande et les pièces, et dressera procès-verbal de la remise du tout en ses mains. Ce procès-verbal sera signé par le juge et par le demandeur, à moins que celui-ci ne sache ou ne puisse signer; auquel cas il en sera fait mention.

¶ DÈS l'abord, le demandeur est frappé du sévère appareil de la

---

(1) M. *Treilhard*, Exposé des motifs, Procès-verbal du 19 ventôse an 11, *tome II*, pages 551 et 552. — (2) Le *Consul Cambacérés*, Procès-verbal du 14 nivôse an 10; — Procès-verbal du 26 vendémiaire an 10, *tome Ier*, page 369. — (3) M. *Tronchet*, Ibid., page 370. — (4) M. *Boulay*, Procès-verbal du 14 nivôse an 10.

loi : sa plainte cependant n'est encore reçue que comme une confidence et afin qu'on puisse essayer de le ramener à des sentimens plus modérés ξ (1).

La Commission avoit établi la formalité de la comparution en personne (2), mais elle s'arrêtoit là, et n'en indiquoit pas le but, car elle n'obligeoit pas le juge de faire des représentations au défendeur, quoiqu'on vît bien que c'étoit la fin qu'elle se proposoit. Cette sage disposition a été ajoutée par la Section (3).

II.e DIVISION.

De la Comparution des deux Époux en conciliation.

(Articles 238 et 239.)

L'ARTICLE 238 règle la manière d'appeler les époux.

L'article 239 établit la conciliation.

I.re SUBDIVISION.

De l'Appel des Parties.

ARTICLE 238.

Le juge ordonnera, au bas de son procès-verbal, que les parties comparaîtront en personne devant lui, au jour et à l'heure qu'il indiquera ; et qu'à cet effet, copie de son ordonnance sera par lui adressée à la partie contre laquelle le divorce est demandé.

---

(1) M. Savoye-Rolin, Tribun, tome I.er, page 442. — (2) Projet de Code civil, liv. I.er, tit. VI, art. 6, page 44. — (3) 2.e Rédaction, art. 10, Procès-verbal du 6 nivôse an 10; — Rédaction communiquée au Tribunat, art. 10, Procès-verbal du 22 fructidor an 10, tome II, page 14.

II.e SUBDIVISION.

II.e Subdivision.

De la Conciliation.

ARTICLE 239.

Au jour indiqué, le juge fera aux deux époux, s'ils se présentent, ou au demandeur, s'il est seul comparant, les représentations qu'il croira propres à opérer un rapprochement : s'il ne peut y parvenir, il en dressera procès-verbal, et ordonnera la communication de la demande et des pièces au commissaire du Gouvernement, et le référé du tout au Tribunal.

Espérons que l'esprit de cet article ne sera pas méconnu, qu'on ne regardera pas comme une simple forme cette conciliation préalable, et que les magistrats donneront tout le temps, tous les soins nécessaires pour opérer un rapprochement entre les époux.

Cette conciliation, au surplus, remplace celle qui, dans les affaires ordinaires, a lieu devant le juge de paix.

III.e Division.

De la Permission de citer.

ARTICLE 240.

Dans les trois jours qui suivront, le Tribunal, sur le rapport du président ou du juge qui en aura fait les fonctions, et sur les conclusions du commissaire du Gouvernement, accordera ou suspendra la permission de citer. La suspension ne pourra excéder le terme de vingt jours.

5 Ce n'est qu'après tous ces essais de conciliation qu'on ouvre aux parties le temple de la justice, en accordant au demandeur la permission de citer 5 (1).

C'est le Tribunal entier qui la donne : le président ne fait plus que l'office de rapporteur.

La Commission vouloit que la permission pût être refusée (2) sauf l'appel (3).

_____

(1) M. *Savoye-Rollin*, Tribun, *tome I.er*, *page 442.* — (2) Projet de Code civil, *liv. I.er, tit. VI, art. 10, page 44.*—(3) Ibid., *art. 22, page 46.*

C'eût été rendre le juge plus fort que la loi : il eût pu écarter la demande en divorce alors même que la loi l'admettoit.

Aussi la Cour de cassation demandoit-elle que « la permission ne pût être refusée que dans le cas où les causes alléguées par le demandeur ne seroient pas du nombre de celles auxquelles la loi attache la faculté du divorce » (1).

Mais, même en renfermant le juge dans ces limites, il restoit un autre inconvénient ; il y avoit un procès dans un procès, car il falloit plaider d'abord pour faire juger s'il y avoit lieu de plaider.

Et, ce qui est remarquable, le procès préalable auroit préjugé en grande partie le fond.

En effet, toute la contestation roule sur deux points. Il s'agit ; 1.º de fixer le caractère des faits allégués, et de décider s'ils sont du nombre des causes légales du divorce ; 2.º de vérifier s'ils existent. Or, le premier jugement prononçoit sur la question de droit, et ne laissoit plus à juger que la question de fait.

La disposition présentée par la Commission devoit donc être retranchée.

Cependant on a permis au Tribunal « de suspendre, pour un temps, les effets de la permission même » (2), afin que s'il conserve l'espoir qu'un délai pourra amener une réconciliation entre les époux, il ne soit pas obligé de sacrifier cet espoir à la rigueur des formes.

Mais la loi prend la précaution de fixer le délai que le juge peut accorder ; la faculté d'ajourner indéfiniment eût été, sous une autre forme, le pouvoir d'écarter la demande elle-même.

Dans tous les cas, le juge est obligé de communiquer à la partie publique, qui prend des conclusions.

_____

(1) Observations de la Cour de cassation , *page 84.* — (2) M. *Savoye - Rollin ,* Tribun, *tome I.er, page 442.*

IIIe PARTIE.

DE LA PROCÉDURE À FIN D'ADMISSION DE LA DEMANDE. (Articles 241, 242, 243, 244, 245 et 246.)

QUOIQUE la permission de citer soit accordée, la demande n'est cependant pas encore admise, c'est-à-dire, qu'il n'est pas encore permis au Tribunal de prononcer sur le fond ; il est obligé de juger, avant tout, si elle est admissible.

La procédure qui peut l'éclairer sur ce point, est faite dans une audience secrète.

Le jugement est rendu à l'audience publique.

Ire DIVISION.

De l'Audience secrète. (Articles 241, 242, 243 et 244.)

« UNE première audition des époux a lieu à huis clos ; ce n'est qu'à la dernière extrémité que l'on donne de l'éclat à la demande, et qu'elle est renvoyée à l'audience publique : là seront pesées toutes les preuves ; si elles ne sont pas complètes, il pourra en être ordonné de nouvelles » (1).

L'article 241 décide dans quelle forme la citation sera donnée.

Les articles 242 et 243 règlent la forme de la défense.

L'article 244 ordonne que du tout il sera dressé procès-verbal, et il fixe la forme de cet acte.

---

(1) M. *Treilhard*, Exposé des motifs, Procès-verbal du 19 ventôse an 11, *tome II*, *page 552*.

C c 2

I.ʳᵉ Subdivision.

De la Citation et de sa forme.

ARTICLE 241.

Le demandeur, en vertu de la permission du Tribunal, fera citer le défendeur, dans la forme ordinaire, à comparoître en personne à l'audience, à huis clos, dans le délai de la loi; il fera donner copie, en tête de la citation, de la demande en divorce et des pièces produites à l'appui.

Cet article n'a pas besoin d'explication.

II.ᵉ Subdivision.

De la Comparution et de la Défense. (Articles 242 et 243.)

La loi distingue ici entre le demandeur et le défendeur.

Numéro I.ᵉʳ

Du Demandeur.

ARTICLE 242.

A l'échéance du délai, soit que le défendeur comparoisse ou non, le demandeur en personne, assisté d'un conseil, s'il le juge à propos, exposera ou fera exposer les motifs de sa demande; il représentera les pièces qui l'appuient, et nommera les témoins qu'il se propose de faire entendre.

D'après cet article, le demandeur doit comparoître le jour de l'expiration du délai.

Il peut se faire assister d'un conseil.

Il est obligé d'exposer de nouveau devant le Tribunal ses moyens, qu'il n'a encore fait connoître qu'au président.

Il doit produire les pièces à l'appui.

Il faut qu'il nomme à l'instant ses témoins.

De toutes ces formalités, une seule exige quelques éclaircissemens; je veux parler de l'exposé des moyens.

La Commission avoit proposé l'article suivant : *Il est défendu dans l'instruction, soit de première instance, soit d'appel, de publier, de part ni d'autre, aucun mémoire imprimé, à peine de mille francs d'amende tant contre la partie qui l'aura produit, que contre chacun des signataires, auteurs et imprimeurs* (1).

La Section reproduisit l'article dans les mêmes termes (2).

On sent que le but de la disposition étoit s d'empêcher que la contestation ne devînt publique s (3).

Au Conseil d'état, on dit « qu'il ne faudroit pas interdire l'impression des défenses, parce qu'il est possible que l'un des époux ait intérêt de redresser l'opinion publique qu'on seroit parvenu à égarer » (4).

Il est vrai que la contestation deviendroit publique, mais « cette publicité seroit un moyen d'amener plus sûrement les époux au divorce par consentement mutuel » (5).

« D'ailleurs on se flatte vainement que la procédure sera secrète; il ne peut pas y avoir de mystère là où il y a tant de témoins. Le secret devroit être réservé pour la procédure primaire, pendant laquelle on peut encore espérer la réconciliation; au-delà de ce terme, cet espoir est détruit » (6).

Il fut répondu, « qu'on pourroit sans inconvénient changer la disposition qui défend d'exprimer dans le jugement la cause du divorce; mais qu'il importe de ne pas donner de publicité à une procédure dont les détails sont scandaleux, et qui devient un vrai spectacle pour la malignité » (7).

---

(1) Projet de Code civil, *livre I.ᵉʳ, titre VI, article 24, page 47.* — (2) 1.ʳᵉ *Rédaction, chap. II, sect. I.ʳᵉ, article 18,* Procès-verbal du 26 vendémiaire an 10, *tome I.ᵉʳ, page 373.* — (3) M. *Boulay,* ibid. — (4) Le *Consul Cambacérés,* ibid. — (5) Ibid. — (6) Ibid. — (7) M. *Tronchet,* ibid.

Ces motifs firent alors adopter l'article (1).

Mais dans cette discussion même, et à l'occasion de cet article, on convint que « si la Section eût prévu que le système du consentement mutuel seroit admis, elle auroit présenté une autre rédaction » (2).

En effet, le mode du consentement mutuel donnant aux parties la facilité de cacher les causes de leur divorce *, la publicité n'étoit plus que pour ceux qu'elle n'effrayoit pas. Le secret de la procédure n'étoit donc plus si nécessaire.

On ne l'a en conséquence conservé que pour les dépositions des témoins : elles pouvoient présenter des détails scandaleux.

Au-delà, tout est public; c'est à l'audience publique que le rapport est fait, que les observations des parties sont entendues, que le jugement décisif est rendu **.

L'article de la Commission a donc été depuis supprimé.

Nᴜᴍᴇ́ʀᴏ II.

Du Défendeur.

ARTICLE 243.

Sɪ le défendeur comparoît en personne ou par un fondé de pouvoir, il pourra proposer ou faire proposer ses observations, tant sur les motifs de la demande que sur les pièces produites par le demandeur et sur les témoins par lui nommés. Le défendeur nommera, de son côté, les témoins qu'il se propose de faire entendre, et sur lesquels le demandeur fera réciproquement ses observations.

L'ᴀʀᴛɪᴄʟᴇ précédent décide que la comparution du défendeur n'est pas nécessaire, qu'il suffit qu'il ait été appelé. Il en est de

---

(1) *Décision*, Procès-verbal du 26 vendémiaire an 10, *tome I.ᵉʳ*, *page 373*. —
(2) M. *Emmery*, ibid.

* *Voyez page 167.* — ** *Voyez les articles 256, 257 et 258* du Code, *pages 219, 220 et 221.*

l'action en divorce comme de toutes les autres actions; personne n'a la facilité de s'y soustraire en ne comparoissant pas. Au reste, la présence et l'intervention du ministère public rassure ici contre l'inconvénient de prononcer par défaut dans une matière aussi grave.

L'article que nous discutons s'applique au cas où le défendeur comparoît.

A la différence du demandeur, il peut ne pas comparoître en personne et se faire représenter par un fondé de pouvoir.

De quelque manière qu'il se présente, il a la facilité de se faire assister d'un conseil : il doit être entendu dans ses défenses; il est obligé de nommer ses témoins.

La Commission ne s'étoit pas expliquée sur le droit qui appartient naturellement au demandeur de faire ses observations sur les témoins produits par le défendeur (1).

La Cour d'appel de Toulouse demanda que ⸲ cette faculté lui fût textuellement réservée, de peur qu'on ne prît prétexte du silence de la loi pour prétendre qu'elle lui est interdite ⸲ (2).

Cette observation a été adoptée.

III.ᵉ Subdivision.

Du Procès-verbal qui est dressé.

ARTICLE 244.

Il sera dressé procès-verbal des comparutions, dires et observations des parties, ainsi que des aveux que l'une ou l'autre pourra faire. Lecture de ce procès-verbal sera donnée auxdites parties, qui seront requises de le signer; et il sera fait mention expresse de leur signature, ou de leur déclaration de ne pouvoir ou ne vouloir signer.

Cet article ne diffère de celui que la Commission avoit proposé,

_____

(1) *Voyez* Projet de Code civil, *liv. I.ᵉʳ, tit. VI, art. 12, pages 44 et 45.* — (2) Observations de la Cour d'appel de Toulouse, *page 8.*

que par quelques changemens de rédaction tellement légers , qu'ils ne méritent pas d'être relevés.

Par exemple, la Commission avoit dit : *Le procès-verbal est relu aux parties* (1).

La Cour d'appel de Toulouse observa que « le mot *relu* sembleroit imposer inutilement l'obligation d'une seconde lecture » (2).

Le Conseil d'état y a substitué cette expression : *Lecture du procès-verbal sera donnée aux parties.*

II.e DIVISION.

De l'Audience publique. (Articles 245 et 246.)

LE système de la Commission étant que tout devoit être enseveli dans le secret le plus profond , elle n'avoit pas admis d'audience publique.

J'ai dit pourquoi ce système n'a pas été suivi *. Il arrive donc un moment où les parties doivent être renvoyées à l'audience, non encore pour être jugées au fond, mais pour faire prononcer si la requête est ou n'est pas admissible.

L'article 245 statue sur tout ce qui est relatif au renvoi.

L'article 246 concerne le jugement qui doit en être la suite.

---

(1) Projet de Code civil , *liv. I.er, tit. VI, art. 12, page 45.* — (2) Observations de la Cour d'appel de Toulouse, *page 8.*

* *Voyez pages 205 et 206. — Voyez aussi pages 158 et suiv.*

I.re SUBDIVISION.

I.ʳᵉ Subdivision.

Du Renvoi à l'Audience publique et de ses suites.

ARTICLE 245.

Le Tribunal renverra les parties à l'audience publique, dont il fixera le jour et l'heure; il ordonnera la communication de la procédure au commissaire du Gouvernement, et commettra un rapporteur. Dans le cas ou le défendeur n'auroit pas comparu, le demandeur sera tenu de lui faire signifier l'ordonnance du Tribunal, dans le délai qu'elle aura déterminé.

Cet article décide que le renvoi sera ordonné par le Tribunal;

Que la même ordonnance fixera le jour et l'heure de l'audience publique;

Que la communication de l'affaire au ministère public sera la suite du renvoi;

Qu'un rapporteur sera commis;

Que le prononcé, s'il a lieu en présence des parties, vaudra signification;

Que si le défendeur est absent, le demandeur lui fera signifier l'ordonnance dans le délai qu'elle aura prescrit.

La rédaction communiquée au Tribunat, portoit que la signification seroit faite *dans les vingt-quatre heures* (1).

Le Tribunat observa « qu'il seroit souvent impossible que le demandeur fît signifier l'ordonnance du Tribunal dans le délai de vingt-quatre heures, soit à raison de la distance des lieux, soit à raison du temps nécessaire pour l'expédition et l'enregistrement. Il est plus sage d'accorder au Tribunal la détermination du délai de la signification de l'ordonnance » (2).

Cette observation a été adoptée.

---

(1) *Rédaction communiquée au Tribunat, art. 18,* Procès-verbal du 22 fructidor an 10, *tome II, page 15.* — (2) Observations du Tribunat.

3.   D d

Du Jugement des fins de non recevoir pour l'admission ou le rejet de la Demande.

ARTICLE 246.

Au jour et à l'heure indiqués, sur le rapport du juge commis, le commissaire du Gouvernement entendu, le Tribunal statuera d'abord sur les fins de non recevoir, s'il en a été proposé. En cas qu'elles soient trouvées concluantes, la demande en divorce sera rejetée: dans le cas contraire, ou s'il n'a pas été proposé de fins de non recevoir, la demande en divorce sera admise.

Il ne s'agit pas encore du mérite de la demande au fond, mais de décider si elle doit être examinée.

Les fins de non recevoir sont les seuls motifs qui puissent la faire rejeter sans examen. S'il n'en n'existe pas, ou si celles qu'on propose ne sont pas concluantes, le fond doit être jugé.

La rédaction de la Commission, adoptée depuis par la Section, ne rendoit pas clairement cette théorie.

Elle portoit : *Au jour indiqué par l'ordonnance ci-dessus, sur le rapport qui est fait par le juge commis, et après avoir ouï le commissaire du Gouvernement, le Tribunal rend un jugement qui rejette la demande si elle lui paroît non recevable, ou l'admet si elle se trouve suffisamment justifiée, ou qui admet le demandeur à faire preuve des faits par lui allégués, et le défendeur à la preuve contraire* (1).

Au Conseil d'état, on observa que « cet article sembloit présenter l'idée que le Tribunal délibérera et prononcera deux fois sur la même demande » (2).

_____

(1) Projet de Code civil, *livre I.er, titre VI, article 13, page 45;* — 1.re *Rédaction, chap. II, sect. I.re, art. 9,* Procès-verbal du 26 vendémiaire an 10, *tome I.er, page 371.* — (2) Le *Consul Cambacérés,* ibid.

A cette occasion, la doctrine de l'article fut expliquée. Le rapporteur dit « que le Tribunal est obligé de délibérer d'abord sur les fins de non recevoir qui peuvent être opposées; mais que cette délibération n'a rien de commun avec celle sur le fond de la contestation. Ces fins de non recevoir sont celles qui écartent la demande, sans en permettre même l'examen. Après le jugement des fins de non recevoir, vient la question de savoir si la demande est mal fondée » (1).

Il n'y avoit donc ς d'inexact que la rédaction, qui conduisoit à croire que le Tribunal prononceroit sur le fond même de la demande ς (2),

Elle a été réformée, et l'article 246 ne laisse plus aucun doute sur l'esprit de sa disposition.

IV.ᵉ PARTIE.

DE LA PROCÉDURE POUR PARVENIR AU JUGEMENT DU FOND. (Art. 247, 248, 249, 250, 251, 252, 253, 254, 255, 256, 257, 258, 259, 260 et 261.)

CETTE procédure varie suivant la nature des différentes causes de divorce. Il est des faits qui peuvent être justifiés tant par des écrits que par des témoins : c'est l'adultère, ce sont les excès, les sévices, les injures graves.

Il en est un qui peut être prouvé par des actes authentiques, et

_____

(1) M. *Portalis,* Procès-verbal du 26 vendémiaire an 10, *tome I.ᵉ,* page 371. — (2) Le *Consul Cambacérés,* ibid.

qui par cela même ne doit pas l'être d'une autre manière ; c'est la condamnation à une peine infamante.

Le Code se règle sur ces distinctions.

Ire Division.

De la Procédure pour Causes d'adultère, d'excès, de sévices et d'injures graves. (Art. 247, 248, 249, 250, 251, 252, 253, 254, 255, 256, 257, 258, 259 et 260.)

5 Toutes les preuves ont été pesées 5 (1). Dans l'audience secrète, on a examiné les pièces produites à l'appui de la demande, recueilli les aveux des parties, consigné ces résultats dans un procès-verbal. Il est possible que cette première instruction éclaire suffisamment le juge pour qu'il soit en état de statuer sur le fond, et alors l'article 247 l'autorise à prononcer sans délai.

Mais si le sort de la demande dépend de faits qu'il faille prouver par témoins, alors commence une instruction nouvelle dont les articles 249, 250, 251, 252, 253, 254 et 255 règlent la forme.

L'article 248 détermine le mode de la défense des parties.

Après avoir statué sur le temps où l'affaire pourroit être jugée et sur la manière de compléter l'instruction, il étoit nécessaire de s'occuper du jugement même. Les articles 256, 257 et 258 sont relatifs à cet objet.

Enfin, par les raisons qui seront développées, on a cru devoir accorder au juge le droit de surseoir à l'exécution de son jugement. Ce sursis est la matière des articles 259 et 260.

Telle est l'économie des articles renfermés dans cette première division.

_____

(1) M. *Treilhard*, Exposé des motifs, Procès-verbal du 19 ventôse an 11, tome *II*, page 552.

Ire SUBDIVISION.

Dans quel cas le Jugement sur le fond peut être prononcé sans délai.

ARTICLE 247.

IMMÉDIATEMENT après l'admission de la demande en divorce, sur le rapport du juge commis, le commissaire du Gouvernement entendu, le Tribunal statuera au fond. Il fera droit à la demande, si elle lui paroît en état d'être jugée; sinon il admettra le demandeur à la preuve des faits pertinens par lui allégués, et le défendeur à la preuve contraire.

CET article avoit d'abord été arrêté en ces termes : *Immédiatement après l'admission de la demande en divorce, sur le rapport du juge commis, le commissaire du Gouvernement. entendu, le Tribunal statuera au fond. Il fera droit à la demande, si elle lui paroît suffisamment justifiée ; sinon il admettra le demandeur à la preuve des faits par lui allégués, et le défendeur à la preuve contraire* (1).

Le Tribunat adopta la première partie de cet article, mais il proposa de substituer à la seconde la rédaction qui depuis a passé dans le Code (2).

Voici comment il motivoit son opinion : « Le Tribunal, disoit-il, après avoir porté une décision sur les fins de non recevoir, peut statuer sur le fond de trois manières; ou en admettant la demande, ou en la rejetant, sans être obligé dans ces deux cas d'en venir à des enquêtes, ou enfin en ordonnant préalablement des preuves testimoniales : mais, dans ce dernier cas, ces preuves ne doivent porter que sur des faits *pertinens* » (3) *.

---

(1) *Rédaction communiquée au Tribunat, art.* 20, Procès-verbal du 22 fructidor an 10, *tome II, pages 15 et 16.* — (2) Observations du Tribunat. — (3) Ibid.

* *Voyez l'article 248, page 219.*

II.ᵉ Subdivision.

Des Enquêtes qui ont lieu lorsqu'une Instruction ultérieure devient nécessaire. (Articles 249, 250, 251, 252, 253, 254 et 255.)

Les témoins sont indiqués par les parties.

Ils peuvent être reprochés.

Le Tribunal juge les reproches, et par suite désigne les témoins qui sont entendus.

Ces témoins déposent.

C'est à ces quatre points que se rapportent les articles classés sous cette subdivision.

NUMÉRO I.er

De l'indication des Témoins par les Parties.

ARTICLE 249.

AUSSITÔT après la prononciation du jugement qui ordonnera les enquêtes, le greffier du Tribunal donnera lecture de la partie du procès-verbal qui contient la nomination déjà faite des témoins que les parties se proposent de faire entendre. Elles seront averties par le président, qu'elles peuvent encore en désigner d'autres, mais qu'après ce moment elles n'y seront plus reçues.

Aux termes des articles 242 et 243, les témoins doivent être indiqués dans l'audience secrète : mais cette indication n'est qu'éventuelle ; elle n'a d'effet que dans le cas où les aveux des parties et les pièces ne donnant pas de lumières suffisantes, une enquête devient nécessaire.

L'article 249 est pour ce cas.

Il permet aux parties d'ajouter de nouveaux témoins au moment où l'enquête est ordonnée, et les avertit qu'au-delà il ne leur sera plus permis d'en présenter.

La sagesse de cette disposition est évidente. Un époux vivement affecté de ses malheurs, en a les circonstances très-présentes. Il ne lui est pas plus possible d'ignorer en présence de qui les faits se sont passés, que d'ignorer les faits mêmes. Il peut donc indiquer à l'instant les témoins. Une réminiscence plus tardive, si elle étoit écoutée, donneroit lieu de craindre que les témoins ultérieurement produits ne fussent des témoins ou achetés ou complaisans.

Numéro II.

Des Reproches. (Articles 250 et 251.)

Mais tous les témoins ne méritent pas une égale confiance. C'est ce qui a fait admettre l'usage des reproches.

L'article 250 décide comment, dans la matière du divorce, les reproches seront proposés et jugés.

L'article 251 déroge, pour les procès en divorce, à une règle du droit commun, qui ne pouvoit recevoir d'application à ces matières.

Comment les Reproches sont proposés et jugés.

ARTICLE 250.

LES parties proposeront de suite leurs reproches respectifs contre les témoins qu'elles voudront écarter. Le Tribunal statuera sur ces reproches, après avoir entendu le commissaire du Gouvernement.

Déjà dans l'audience secrète les parties ont fait leurs observations sur les témoins produits contre elles *.

Ces observations ont pu guider le juge sur le point de savoir s'il falloit chercher de nouvelles lumières dans une enquête,

---

* *Voyez l'article 243, page 206.*

l'ordonner ou passer outre : il ne s'agissoit pas encore d'entendre les témoins.

Mais quand l'enquête est ordonnée, il importe d'examiner de plus près et de décider de quels témoins elle se composera. Alors arrive le moment de prononcer sur les reproches.

Des Témoins qui ne peuvent être reprochés.

ARTICLE 251.

> LES parens des parties, à l'exception de leurs enfans et descendans, ne sont pas reprochables du chef de la parenté, non plus que les domestiques des époux, en raison de cette qualité ; mais le Tribunal aura tel égard que de raison aux dépositions des parens et des domestiques.

IL est des personnes qui dans les autres affaires civiles ne peuvent être entendues comme témoins : unies à la partie par le sang, ou placées sous sa dépendance, leur affection, leur intérêt, l'habitude d'obéir, les rendent suspectes de partialité.

Mais cette présomption doit céder à la nécessité. Lorsque, comme dans les demandes en divorce, la contestation dépend de faits intérieurs qui quelquefois ne sont connus que des parens et des domestiques, il faut ou entendre ces personnes, ou renoncer à juger. Ces personnes alors deviennent des témoins nécessaires.

Tout ce qu'on peut faire, c'est de ne pas attacher de plein droit à leurs dépositions la même force qu'à celles de tiers étrangers aux parties, et de se réserver à examiner, d'après les circonstances, si elles sont dictées par la bonne foi, ou par la complaisance et la partialité.

Telle est aussi la précaution que prend l'article 251, lorsqu'il décide que *le Tribunal aura tel égard que de raison aux dépositions des parens et des domestiques.*

La Commission n'avoit admis cette restriction qu'à l'égard des parens.

parens. Elle donnoit donc implicitement à la déposition des domestiques un effet absolu (1).

La Cour de cassation demanda que les domestiques fussent compris dans la réserve. Elle disoit : « Il n'est pas moins vrai des dépositions des domestiques que de celles des parens, qu'on ne doit y avoir que tel égard que de raison » (2).

Cette observation a été adoptée.

Au reste les enfans et descendans des parties ne sont pas compris dans la disposition : il eût été trop dur, il eût été immoral d'appeler un fils à déposer contre un père, à rendre compte de faits que la piété filiale l'oblige à dissimuler. C'eût été d'un autre côté porter une atteinte trop grave à la dignité paternelle.

Numéro III.

De la Désignation des Témoins par le Jugement.

ARTICLE 252.

Tout jugement qui admettra une preuve testimoniale, dénommera les témoins qui seront entendus, et déterminera le jour et l'heure auxquels les parties devront les présenter.

La Cour de cassation demandoit ʃ qu'on exprimât que le jugement ne pourroit admettre les témoins valablement reprochés ʃ (3).

La Cour d'appel de Toulouse vouloit d'un autre côté ʃ qu'on défendît aux Tribunaux de rejeter les témoins non reprochés ʃ (4).

L'article 250 pourvoit aux deux cas, car le Tribunal, en désignant les témoins, est obligé de se conformer au jugement par lequel il a statué sur les reproches.

(1) *Voyez* Projet de Code civil, *livre I.er, titre VI, article 15, page 45.* — (2) Observations de la Cour de cassation, *page 84 et 85.* — (3) Ibid., *page 84.* — (4) Observations de la Cour d'appel de Toulouse, *page 8.*

3. E e

Ici, d'ailleurs, dans tout ce qui n'est pas spécialement réglé par le Code civil, il faut se référer aux lois sur la procédure, qui ne laissent pas de doute sur la question.

NUMÉRO IV.

Des Dépositions. (Articles 253, 254 et 255.)

Tout ce qui est relatif aux dépositions se trouve réglé par les articles 253, 254 et 255.

Comment les Témoins sont entendus.

ARTICLE 253.

Les dépositions des témoins seront reçues par le Tribunal séant à huis clos, en présence du commissaire du Gouvernement, des parties, et de leurs conseils ou amis, jusqu'au nombre de trois de chaque côté.

J'ai déjà dit que les détails scandaleux que peuvent présenter les dépositions, ont décidé à ne les recevoir qu'en secret.

Des Observations et des Interpellations que les Parties peuvent faire.

ARTICLE 254.

Les parties, par elles ou par leurs conseils, pourront faire aux témoins telles observations ou interpellations qu'elles jugeront à propos, sans pouvoir néanmoins les interrompre dans le cours de leurs dépositions.

Du Procès-verbal d'Enquête.

ARTICLE 255.

Chaque déposition sera rédigée par écrit, ainsi que les dires et observations auxquels elle aura donné lieu. Le procès-verbal d'enquête sera lu tant aux témoins qu'aux parties : les uns et les autres seront requis de le signer; et il sera fait mention de leur signature, ou de leur déclaration qu'ils ne peuvent ou ne veulent signer.

IIIe Subdivision.

De l'Exposé des Moyens des Parties.

ARTICLE 248.

A chaque acte de la cause, les parties pourront, après le rapport du juge, et avant que le commissaire du Gouvernement ait pris la parole, proposer ou faire proposer leurs moyens respectifs, d'abord sur les fins de non-recevoir, et ensuite sur le fond ; mais en aucun cas, le conseil du demandeur ne sera admis, si le demandeur n'est pas comparant en personne.

On conçoit que si, même lorsque tout est encore enseveli dans le secret, il n'est pas défendu de faire imprimer sa défense *, à plus forte raison cette faculté ne peut être refusée après que, dans une première audience publique, la demande en divorce a été divulguée.

IVe Subdivision.

Du Jugement au fond. (Articles 256, 257, et 258.)

Après l'instruction secrète, un rapporteur est nommé ; les enquêtes sont communiquées au procureur impérial, et les parties de nouveau renvoyées à l'audience publique.

On procède ensuite au jugement ; le divorce est définitivement accordé ou refusé.

Numéro Ier

Du Renvoi à l'audience, de la nomination d'un Rapporteur, et de la Communication des enquêtes au Ministère public.

ARTICLE 256.

Après la clôture des deux enquêtes ou de celle du demandeur, si le défendeur n'a pas produit de témoins, le Tribunal renverra les parties à l'audience publique, dont il indiquera le jour et l'heure ; il ordonnera la communication de la procédure au commissaire du Gouvernement, et commettra un rapporteur. Cette ordonnance sera signifiée au défendeur, à la requête du demandeur, dans le délai qu'elle aura déterminé.

---

* *Voyez pages* 205 *et* 206.

La Cour d'appel de Douai demandoit,

Si, « lorsque le demandeur ne comparoît pas, les témoins du défendeur sont entendus » (1);

Si « le demandeur et le défendeur qui n'auroient pas amené leurs témoins au jour désigné pour l'enquête, peuvent les produire au jour du jugement » (2);

Si, « lorsque l'un ou l'autre demande un délai pour amener de nouveaux témoins, ou réassigner ceux des premiers qui n'auroient pas comparu, le juge pourra arbitrairement le refuser » (3).

La première de ces questions est résolue par l'article 248, qui exige impérativement la présence du demandeur, et veut que lorsqu'il ne comparoît pas en personne, on passe outre, sans même écouter les observations qui seroient proposées par son conseil.

Sur les autres questions, on doit se reporter aux lois de la procédure, comme dans tout ce qui n'est pas formellement réglé par les dispositions de ce chapitre.

NUMÉRO II.

Du Rapport.

ARTICLE 257.

Au jour fixé pour le jugement définitif, le rapport sera fait par le juge commis : les parties pourront ensuite faire, par elles-mêmes ou par l'organe de leurs conseils, telles observations qu'elles jugeront utiles à leur cause; après quoi le commissaire du Gouvernement donnera ses conclusions.

La Commission n'avoit pas accordé aux parties le droit de faire des observations après le rapport (4).

La Cour de cassation observa que « ce droit sembloit avoir besoin

_____

(1) Observations de la Cour d'appel de Douai, *page 7.* — (2) Ibid. — (3) Ibid., *pages 7 et 8.* — (4) Projet de Code civil, *liv. I.ᵉʳ, tit. VI, art. 19, page 46.*

d'être exprimé, pour être conservé dans une matière pour laquelle on trace une marche spéciale de procédure » (1).

Cette observation a été adoptée.

Elle n'étoit peut-être pas alors de la même importance qu'aujourd'hui. C'est précisément parce que le Code civil trace une marche particulière de procédure pour le divorce, qu'il indique les points sur lesquels il entend déroger au droit commun, et que par cela même il s'en réfère aux règles qu'il n'a pas modifiées : en conséquence, l'usage alors existant de laisser les parties faire des observations avec le rapport, se trouvoit maintenu par le silence même du Code.

Mais maintenant, cette disposition va devenir nécessaire, car elle forme exception au droit commun, attendu que l'article 111 du Code *De la Procédure civile* interdit la parole aux défenseurs après le rapport.

Cependant, comme les lois postérieures dérogent de plein droit aux lois antécédentes, le Code *De la Procédure civile* n'abroge-t-il pas la disposition dont il s'agit?

Il est impossible de le supposer : le Code *De la Procédure* donne des règles sur la procédure en général, mais il n'influe en rien sur la procédure particulière que le Code Napoléon a établie pour le divorce. Chacune de ces matières continue à être régie par les lois qui lui sont propres.

Numéro III.

Du Prononcé du Jugement et de ses Effets.

Article 258.

Le jugement définitif sera prononcé publiquement : lorsqu'il admettra le divorce, le demandeur sera autorisé à se retirer devant l'officier de l'état civil pour le faire prononcer.

Il est inutile de rappeler les formes que la Commission avoit

---

(1) Observations de la Cour de cassation, *page 85.*

proposées pour dérober au public la connoissance des motifs du divorce, ni les observations auxquelles son projet a donné lieu.

Les articles qu'elle présentoit étoient des conséquences du système que la procédure devoit demeurer secrète dans toutes ses parties. J'ai rendu compte ailleurs de ce système et des motifs qui l'ont fait rejeter *. C'est même à raison de ce rejet qu'on n'a pas admis dans l'article 258 la disposition qui défendoit d'exprimer dans le jugement la cause qui auroit fait accorder le divorce (1).

Mais il importe de s'arrêter sur les effets du jugement.

On remarquera que le jugement, en déclarant le demandeur fondé, n'opère pas le divorce, mais qu'il autorise seulement à l'opérer. C'est l'officier de l'état civil qui est le ministre du divorce, comme il est celui du mariage. Lui seul forme et dénoue le lien conjugal.

La Cour de cassation avoit en vue ce principe dans l'observation qu'elle fit sur l'article 4 du projet de la Commission. Cet article qui, au surplus, n'a pas été admis, portoit : *Le divorce doit être demandé, instruit et PRONONCÉ avec connoissance de cause, en justice* (2).

La Cour proposoit de rédiger ainsi : *Le divorce est demandé, instruit et AUTORISÉ avec connoissance de cause en justice. Il est PRONONCÉ par l'officier de l'état civil* (3).

La raison sur laquelle la Cour fondoit sa proposition, étoit qu'il faut déférer à l'officier de l'état civil la dissolution du mariage qui a eu lieu par l'organe de la même autorité (4).

L'article qui nous occupe pose, avec beaucoup de précision,

_____

(1) 1.re *Rédaction*, *chap. II*, *sect. I.re*, *art. 16*, Procès-verbal du 26 vendémiaire an 10, *tome I.er*, *p. 372* ; — Opinion de M. *Tronchet*, p. *373* ; — *Décision*, ibid. — (2) Projet de Code civil, *liv. I.er*, *tit. VI*, *art. 4*, *page 43*. — (3) Observations de la Cour de cassation, *page 82*. — (4) Ibid, pages 82 et 85.

* *Voyez pages 158 et suiv.*

les limites qui séparent l'office du juge de celui de l'officier de
l'état civil.

V.e SUBDIVISION.

Du Sursis au jugement. (Art. 259 et 260.)

L'ARTICLE 259 détermine comment le sursis peut être accordé.

L'article 260, comment il peut être levé.

NUMÉRO I.er

Comment le Sursis peut être accordé.

ARTICLE 259.

LORSQUE la demande en divorce aura été formée pour cause d'excès, de sévices ou
d'injures graves, encore qu'elle soit bien établie, les juges pourront ne pas admettre immédiatement le divorce. Dans ce cas, avant de faire droit, ils autoriseront la femme à quitter
la compagnie de son mari, sans être tenue de le recevoir, si elle ne le juge à propos ; et ils
condamneront le mari à lui payer une pension alimentaire proportionnée à ses facultés, si
la femme n'a pas elle-même des revenus suffisans pour fournir à ses besoins.

CET article contient trois dispositions :

Il fixe les cas où le juge peut surseoir au jugement ;

Il autorise la séparation intermédiaire des époux ;

Il oblige le mari, lorsque cette séparation a lieu, de donner des
alimens à la femme si elle en a besoin.

Dans quel Cas il peut être sursis au jugement.

C'EST encore l'espoir de la réconciliation entre les époux qui
a fait admettre l'usage du sursis au jugement.

Mais ce motif ne devoit avoir de force que lorsque la réconciliation seroit possible.

Elle ne peut l'être après un divorce autorisé pour cause d'adultère.

Vainement se flatteroit-on que le temps calmera l'époux qui a été assez sensible à l'outrage qu'il a reçu, pour ne pas craindre de flétrir l'époux coupable, l'époux dont le ressentiment a déjà résisté à l'action du temps et aux embarras d'une longue procédure. Vainement même se persuaderoit-on que l'époux coupable pût oublier le déshonneur imprimé sur son front, et rentrer, vis-à-vis de celui qui l'a flétri, dans les sentimens de l'intimité et de la confiance. Il l'avoit trahi et renoncé avant que d'en avoir reçu aucune injure; l'aimera-t-il après avoir été déshonoré par lui?

La bienséance, le respect humain suffiroient d'ailleurs pour empêcher une réunion entre des personnes que le public ne verroit jamais ensemble sans en faire le sujet de ses sarcasmes et de ses satires.

Enfin, l'adultère est un crime que la loi punit dans la femme; ainsi, dès qu'il est avéré, on ne peut plus surseoir au jugement qui le punit.

Mais il n'y a pas les mêmes motifs pour désespérer toujours d'un rapprochement lorsque le divorce a été autorisé pour excès, sévices et injures graves.

Si les excès ont été atroces, s'ils ont pris le caractère de l'attentat, sans doute que la reconciliation n'est pas présumable, et alors le Tribunal n'usera pas de la faculté qui lui est donnée de surseoir au jugement.

Mais si les mauvais traitemens n'ont pas été jusque-là, s'il y a eu plus d'emportement que d'inimitié, plus de brutalité que de haine, pourquoi ne rien espérer du temps, de la solitude où se trouvent les deux époux, de l'essai qu'ils font, pendant une année entière, de l'état où les mettra le divorce? Pourquoi fermer dès l'abord la porte au repentir d'un côté, au pardon de l'autre, au retour de l'affection et de l'intimité des deux côtés? Le juge lui-même, s'il est austère dans ses mœurs, a pu se tromper; il a pu prêter trop de gravité aux faits : le temps l'éclairera.

« Telle

« Telle a donc été la crainte d'une décision trop légèrement prononcée, que le Tribunal, dans le cas d'action pour excès, sévices ou injures, est autorisé à ne pas admettre immédiatement le divorce, quoique la demande soit bien établie, et qu'il peut soumettre les époux à une année d'épreuves, pour s'assurer encore plus de la persévérante volonté de l'époux demandeur, et se convaincre qu'il ne peut y avoir de sa part aucune espérance de retour » (1).

On avoit d'abord rendu la disposition absolue. L'article 32 du projet communiqué au Tribunat portoit : *Lorsque la demande en divorce aura été formée pour causes de sévices et d'injures graves, encore qu'elle soit bien établie, les juges n'admettront pas immédiatement le divorce ; mais avant faire droit, ils autoriseront la femme demanderesse à quitter, &c.* (2).

Le Tribunat observa que « cette disposition avoit été sagement conçue dans le sens du projet, qui accordoit à la femme seule l'action en divorce pour cette cause, et qui faisoit ensuite de l'attentat à la vie une cause séparée et directe du divorce.

» Mais dans le sens du Tribunat, qui pensoit que, d'un côté, l'action en divorce pour cause de sévices et d'injures graves devoit être réciproque entre les époux, et, d'un autre côté, qu'on ne devoit pas faire de l'attentat à la vie une cause déterminée du divorce, il étoit nécessaire de rendre la disposition purement facultative.

» Sous l'expression de *sévices*, il auroit pu se présenter des demandes en divorce qui auroient les causes les plus graves, telles que l'attentat à la vie de l'un ou de l'autre des époux envers l'autre.

» Sous les expressions d'*injures graves*, le mari pourroit demander le divorce dans un cas prévu au titre *De la Paternité et de la Filiation*,

---

(1) M. *Treilhard,* Exposé des motifs, Procès-verbal du 19 ventôse an 11, *tome II*, page 552. — (2) *Rédaction communiquée au Tribunat, art. 32*, Procès-verbal du 22 fructidor an 10, *tome II, page 17.*

qui est celui d'un enfant né avant le cent-quatre-vingtième jour du mariage, et que le mari désavoueroit. Il y a sans doute dans ce fait perfidie et injure grave.

» Or, dans ce cas, il répugneroit que le Tribunal fût dans la nécessité d'ordonner une épreuve qui seroit peu convenable, évidemment inutile, et de forcer un mari, déjà très-malheureux, au paiement d'une pension alimentaire pendant la durée de cette épreuve.

» La nécessité absolue de l'épreuve prescrite par le projet, pouvoit se concilier avec la restriction des causes entendues dans son sens, sous les expressions de *sévices ou d'injures graves* : mais elle présentoit trop d'inconvéniens, ces causes se rapportant, dans le sens du Tribunat, à un plus grand nombre de cas, dont quelques-uns sont portés au dernier degré de gravité.

» Il devenoit donc indispensable de convertir la nécessité voulue par le projet en une simple faculté.

» D'ailleurs, il n'y avoit aucun inconvénient à laisser cette faculté aux Tribunaux. Ils peseront les circonstances que la loi peut difficilement saisir : pour être impérative, elle commanderoit quelquefois des injustices » (1).

Ces observations ont été adoptées.

Le Tribunat observoit encore que c'est dans le même sens que l'action en divorce doit être réciproque entre les époux ; qu'il falloit dire seulement, *la femme* et non *la femme demanderesse*, parce que, d'après la réciprocité, elle peut être défenderesse comme demanderesse » (2).

Cet amendement a été également admis.

De la Séparation intermédiaire des Époux.

Lorsqu'on jette les yeux sur l'article 268, qui autorise la femme

---

(1) Observations du Tribunat. — (2) Ibid.

demanderesse ou défenderesse à quitter le domicile du mari pendant la poursuite, pour quelque cause que la demande en divorce ait été formée *, on peut s'étonner de trouver dans l'article 259 la disposition qui porte, que, dans le cas du sursis, *les juges autoriseront la femme à quitter la compagnie de son mari, sans être tenue de le recevoir si elle ne le juge à propos.* Au premier abord, on n'aperçoit pas la différence qui existe entre ces deux dispositions.

Mais il faut prendre garde que la femme peut n'avoir pas usé, pendant le cours des poursuites, de la faculté que lui accorde l'article 268, et que l'instruction étant finie au moment où le sursis est prononcé, on lui auroit peut-être contesté, si la loi s'en fût tenue à l'article 268, le droit d'user, pendant le délai du sursis, d'une faculté que cet article ne lui assuroit textuellement que pendant l'instruction même.

L'article 259 prévient cette difficulté.

Cependant pourquoi ne parle-t-il que de la femme? Importe-t-il donc moins de pourvoir à la sûreté du mari? S'il a formé contre son épouse une demande en divorce pour excès, sévices ou injures graves, faudra-t-il le laisser pendant le sursis, dans la position fâcheuse d'où il cherche à sortir, et le condamner à vivre avec une femme qu'il avoit prise pour compagne et qui est devenue son bourreau?

Ce n'est pas là l'intention de la loi.

La restriction apparente qu'on remarque dans l'article 259, vient de ce qu'on l'avoit d'abord ajusté à un système différent de celui qui a été adopté.

J'ai déjà dit que, dans le principe, on hésita à accorder le divorce au mari pour cause d'excès et de sévices ; on vouloit que cette action ne fût ouverte qu'à la femme **.

---

* *Voyez page 240.* — ** *Voyez pages 111 et suiv.*

J'ai dit aussi que cette distinction fut d'abord admise par le Conseil d'état, qui d'ailleurs accordoit le divorce au mari pour cause d'attentat, et que ce sont les observations du Tribunat qui ont fait changer l'opinion du Conseil *.

Or, voici ce qui est arrivé : l'article 259 avoit été rédigé dans le sens du premier système ; et quand on a adopté le second, on s'est contenté de rectifier l'article 231 qui le consacroit, et l'on a négligé de mettre l'article 259 en harmonie avec le système nouveau.

Il y a donc véritablement une omission dans l'article.

Au surplus, elle ne gêne pas le juge : le Code ne lui défend pas, si les circonstances l'exigent, de pourvoir à la sûreté et à la tranquillité du mari.

Ce seroit sans doute renverser l'ordre, que d'ordonner au chef de la société conjugale, et qu'ici nous supposons être l'époux malheureux, de céder sa place à une épouse criminelle ; mais on peut autoriser le mari à placer la femme dans une maison tierce. Cette marche lui est déjà indiquée pour le cas où c'est la femme qui demande à quitter l'habitation commune **.

De la Pension alimentaire accordée dans cette hypothèse à la Femme.

L'ARTICLE 259 permet à la femme qui n'a pas de moyens personnels d'existence, de répéter de son mari une pension alimentaire.

Je reviendrai sur cette disposition à l'article 268.

---

* *Voyez pages 114 et 115.* — ** *Voyez article 268, page 240.*

Numéro II.

Comment le Sursis est levé.

ARTICLE 260.

APRÈS une année d'épreuve, si les parties ne se sont pas réunies, l'époux demandeur pourra faire citer l'autre époux à comparoître au Tribunal, dans les délais de la loi, pour y entendre prononcer le jugement définitif, qui pour lors admettra le divorce.

UN sursis indéfini eût été un véritable rejet de la demande en divorce ; et cependant il s'agit ici de l'hypothèse où, suivant l'expression de l'article 259, *la demande est bien établie*, et où il ne faut qu'une épreuve.

La loi a donc fixé le délai du sursis à un an.

IIe Division.

Des Formalités pour parvenir au Jugement, lorsque la Demande en Divorce est formée pour condamnation du Défendeur à une peine infamante.

ARTICLE 261.

LORSQUE le divorce sera demandé par la raison qu'un des époux est condamné à une peine infamante, les seules formalités à observer consisteront à présenter au Tribunal civil une expédition en bonne forme du jugement de condamnation, avec un certificat du Tribunal criminel, portant que ce même jugement n'est plus susceptible d'être réformé par aucune voie légale.

§ L'ADULTÈRE, les excès, sévices et injures graves, sont des causes de divorce dont l'allégation et la preuve doivent donner lieu à une procédure publique ; mais cette procédure n'est pas nécessaire lorsque le divorce est demandé à cause de la condamnation de l'un des époux, parce qu'alors la preuve est faite 5 (1).

La condamnation, en effet, peut être prouvée par un acte authentique, c'est-à-dire, par la représentation du jugement.

Cette possibilité exige qu'on n'admette pas d'autre preuve. Si l'on n'écoute pas l'individu qui répète une somme légère, lorsqu'ayant pu s'assurer la preuve par titre, il n'offre que la preuve par témoins, à plus forte raison ne doit-on pas s'en rapporter à cette preuve incertaine lorsqu'il s'agit d'un divorce, et que la cause pour laquelle on le demande résulte d'un titre qui ne peut pas ne point exister.

L'article 261 consacre ce principe.

Mais le jugement lui-même peut n'être qu'un titre incertain et vacillant : s'il est susceptible d'être réformé, il n'y a pas encore de condamnation assurée.

L'article 261 porte donc la précaution plus loin ; il exige un certificat qui atteste que le jugement ne peut être réformé par aucune voie légale.

Le Tribunat vouloit qu'on exprimât textuellement la différence des effets que doit avoir, sous ce rapport, le jugement contradictoire et le jugement par contumace. Il proposoit en conséquence d'ajouter après ces mots *une peine infamante,* ceux-ci, *par un jugement contradictoire,* et de faire, pour le cas de la contumace, une disposition particulière, qu'il présentoit en ces termes : *Si le jugement est rendu par contumace, la demande en divorce ne pourra être formée qu'à l'expiration de cinq années, à compter du jour de l'exécution par effigie. Dans ce cas, le certificat du Tribunal criminel constatera cette époque, et la non-rétractation du jugement. Si même après le délai de cinq ans, le condamné se présentoit à la justice, ou étoit arrêté avant le divorce*

_____

(1) M. *Boulay,* Procès-verbal du 24 vendémiaire an 10, *tome I.er, page 345.*

prononcé, il y sera sursis jusqu'après le jugement contradictoire et définitif (1).

Il motivoit ainsi cette rédaction : « L'addition de cet article ne présente aucune superfluité. Ce qui est dit, qu'il sera rapporté un certificat du Tribunal criminel, portant que *ce même jugement n'est plus susceptible d'être réformé par aucune voie légale,* devient toujours nécessaire, quoiqu'il y soit question d'un jugement contradictoire, parce que ces expressions se rapportent au pourvoi en cassation, dont la faculté doit appartenir à celui qui est condamné même par un jugement contradictoire.

» Ensuite, le développement qui fait l'objet de l'article dont on propose l'addition, s'applique uniquement au cas du jugement par contumace, et les dispositions sont conçues dans les principes.

» Le jugement par contumace ne doit certainement pas donner ouverture à l'action en divorce. Elle est fondée, dans ce cas, sur le seul fait de l'infamie, et il n'y en a pas pendant le délai dans lequel la loi accorde la faculté de la rétractation du jugement : tel a été l'avis du Tribunat relativement à la mort civile ; et il y a parité de raisons.

» Il a aussi paru juste que, quand même l'époux condamné ne se représenteroit qu'après ce délai, il fût sursis au divorce jusqu'après le jugement contradictoire et définitif, si, depuis l'échéance du délai, le divorce n'avoit pas été prononcé » (2).

Cette doctrine ne pouvoit être contestée ; mais on a pensé qu'elle étoit mise suffisamment à couvert par la condition de justifier que *le jugement n'est susceptible d'être réformé par aucune voie légale.* Et en effet, ces expressions très-générales excluent le divorce, non-seulement dans le cas où il pourroit y avoir encore recours en cassation, mais généralement dans tous ceux où le jugement est

_____

(1) Observations du Tribunat. — (2) Ibid.

susceptible d'être réformé, et par conséquent dans l'hypothèse où, n'y ayant qu'une condamnation par contumace, le sort du condamné est encore incertain.

Cependant, la représentation du jugement autorisera-t-elle l'officier de l'état civil à prononcer aussitôt le divorce, ou sera-t-il nécessaire que cette autorisation lui soit accordée par le Tribunal?

Deux des projets présentés dans la séance du 24 vendémiaire an 10, contenoient une disposition qui permettoit à *l'officier de l'état civil de prononcer le divorce à la vue du jugement de condamnation* (1).

Mais on a pensé que, dans tous les cas indistinctement, le divorce devoit être admis par le Tribunal civil avant d'être prononcé par l'officier public.

V.ᵉ PARTIE.

DE L'APPEL. (Art. 261 et 263.)

"« On n'a pas dû refuser aux parties le recours au Tribunal supérieur » (2); 5 le recours en cassation leur est également ouvert 5 (3): l'action en divorce étant purement civile *, elle doit parcourir tous les degrés de juridiction par lesquels passent les affaires de la même nature.

« Le titre contient sur ces points quelques articles dont la seule lecture fait connoître les motifs » (4).

Ils tendent sur-tout à accélérer le jugement.

---

(1) *Rédaction de M. Berlier*, *article 5*, Procès-verbal du 24 vendémiaire an 10, *tome I.ᵉʳ*, *page 342*; — *Rédaction de M. Emmery*, *article 4*, ibid., *page 344*. — (2) M. *Treilhard*, Exposé des motifs, Procès-verbal du 19 ventôse an 11, *tome II*, p. 552. — (3) M. *Savoye-Rollin*, Tribun, *tome I.ᵉʳ*, *page 442*. — (4) M. *Treilhard*, Exposé des motifs, Procès-verbal du 19 ventôse an 11, *tome II, page 552*.

* *Voyez pages 181 et suiv.*

NUMÉRO I.er

NUMÉRO I.er

Comment l'Appel est jugé.

ARTICLE 262.

En cas d'appel du jugement d'admission ou du jugement définitif, rendu par le Tribunal de première instance en matière de divorce, la cause sera instruite et jugée par le Tribunal d'appel, comme affaire urgente. (1)

CET article donne la faculté d'appeler non-seulement du jugement définitif, mais encore du jugement qui, en prononçant sur les fins de non-recevoir, a admis ou rejeté la demande *.

NUMÉRO II.

Du Délai de l'appel, du Recours en cassation, et de l'Effet de ce pourvoi.

ARTICLE 263.

L'APPEL ne sera recevable qu'autant qu'il aura été interjeté dans les trois mois à compter du jour de la signification du jugement rendu contradictoirement ou par défaut. Le délai pour se pourvoir au Tribunal de cassation contre un jugement en dernier ressort, sera aussi de trois mois, à compter de la signification. Le pourvoi sera suspensif.

Le Conseil d'état n'avoit pas fixé le délai de l'appel; il ne s'étoit point expliqué sur le recours en cassation.

Le Tribunat observa « qu'il falloit prévoir l'inconvénient qui résulteroit de la jurisprudence à laquelle un défaut d'explication dans notre législation judiciaire, a donné lieu, et qui proroge jusqu'à trente ans la faculté d'interjeter appel d'un jugement par défaut; que de plus, le projet laissoit indécise la question de savoir si un jugement rendu en dernier ressort sur une demande en divorce, est, ou non, susceptible du pourvoi en cassation ». (1)

Relativement au silence de la loi sur le recours en cassation,

____

(1) Observations du Tribunat.

* *Voyez l'art.* 246, *page* 210.

le Tribunat dit « qu'il étoit convenable d'éviter à ce sujet une incertitude qui pourroit se former dans une matière sur laquelle on sort en plusieurs points des règles ordinaires; et le pourvoi en cassation a paru au Tribunat devoir être maintenu contre les jugemens rendus sur les demandes en divorce comme sur les autres. C'eût été introduire une faveur contraire à l'esprit du projet et aux principes » (1).

- En conséquence le Tribunat proposa d'ajouter l'article qui nous occupe (2).

« Le pourvoi est suspensif, parce qu'il s'agit d'une chose irréparable par sa nature. Il est plus convenable de suspendre dans ce cas la prononciation du divorce dont les traces pourroient devenir des motifs de mécontentement et d'aigreur entre les époux » (3).

VI.e PARTIE.

DE L'EXÉCUTION DU JUGEMENT. (Art. 164, 265 et 266.)

« Lorsque le jugement est confirmé, deux mois sont donnés pour se pourvoir devant l'officier civil, à l'effet de faire prononcer le divorce, terme fatal, après lequel on ne peut plus se prévaloir du jugement; car si dans le cours de l'instruction on n'a pas pu trop ralentir la marche de la procédure, lorsque toutes les épreuves sont faites, les démonstrations acquises, et le jugement prononcé, on ne peut trop accélérer l'instant qui doit terminer pour toujours une affaire de cette nature » (4).

Telle est la théorie et la substance des articles qui sont relatifs à l'exécution du jugement.

(1) Observations du Tribunat. — (2) Ibid. — (3) Ibid. — (4) M. *Treilhard*, Exposé des motifs, Procès-verbal du 19 ventôse an 11, *tome II, page 552*.

Il n'est besoin que de les classer sous des rubriques qui indiquent les trois objets auxquels ils se rapportent.

Nᴜᴍᴇ́ʀᴏ I.ᵉʳ

Dans quel temps l'Époux qui a obtenu le Divorce, doit se présenter pour le faire prononcer.

ARTICLE 264.

Eɴ vertu de tout jugement rendu en dernier ressort, ou passé en force de chose jugée, qui autorisera le divorce, l'époux qui l'aura obtenu, sera obligé de se présenter, dans le délai de deux mois, devant l'officier de l'état civil, l'autre partie dûment appelée, pour faire prononcer le divorce.

Nᴜᴍᴇ́ʀᴏ II.

De quelle Époque court le délai.

ARTICLE 265.

Cᴇs deux mois ne commenteront à courir, à l'égard des jugemens de première instance, qu'après l'expiration du délai d'appel ; à l'égard des jugemens rendus par défaut en cause d'appel, qu'après l'expiration du délai d'opposition ; et à l'égard des jugemens contradictoires en dernier ressort, qu'après l'expiration du délai du pourvoi en cassation.

Cᴇᴛ article a été ajouté, sur la demande du Tribunat, pour compléter l'article précédent (1).

Nᴜᴍᴇ́ʀᴏ III.

De la Déchéance.

ARTICLE 266.

L'ᴇ́ᴘᴏᴜx demandeur qui aura laissé passer le délai de deux mois ci-dessus déterminé, sans appeler l'autre époux devant l'officier de l'état civil, sera déchu du bénéfice du jugement qu'il avoit obtenu, et ne pourra reprendre son action en divorce, sinon pour cause nouvelle ; auquel cas il pourra néanmoins faire valoir les anciennes causes.

Cᴇᴛ article a été également proposé par le Tribunat, dans les mêmes vues que l'article 264 (2).

***

(1) Observations du Tribunat. — (2) Ibid.

SECTION II.e

DES MESURES PROVISOIRES AUXQUELLES PEUT DONNER LIEU LA DEMANDE EN DIVORCE POUR CAUSE DÉTERMINÉE.

Ces mesures sont relatives, les unes aux personnes, les autres aux biens.

I.re PARTIE.

DES MESURES RELATIVES AUX PERSONNES.

(Art. 267, 268 et 269.)

Les mesures relatives aux personnes concernent ou les enfans, ou la femme.

I.re DIVISION.

Des Mesures qui concernent les Enfans.

ARTICLE 267.

L'ADMINISTRATION provisoire des enfans restera au mari, demandeur ou défendeur en divorce, à moins qu'il n'en soit autrement ordonné par le Tribunal ; sur la demande soit de la mère, soit de la famille, ou du commissaire du Gouvernement, pour le plus grand avantage des enfans.

La Commission présentoit la disposition suivante ; *S'il y a des*

enfans communs dont chacun des deux époux réclame l'administration provisoire, elle est accordée au mari, soit qu'il soit demandeur ou défendeur (1).

Il résultoit de cet article,

1.º Que, quand les deux époux étoient d'accord sur celui d'entre
eux qui auroit l'administration provisoire des enfans, le juge n'avoit
rien à statuer;

2.º Que, quand ils se la disputoient, elle demeuroit au mari,
soit qu'il fût demandeur, soit qu'il fût défendeur;

3.º Que l'office du Tribunal dans cette contestation, se réduisoit
à assurer le droit du mari, et que dans aucun cas il ne pouvoit
lui refuser l'administration provisoire des enfans.

Beaucoup de Cours firent des observations sur cet article.

La Cour d'appel de Metz disoit : « Il est difficile de juger si
cette disposition est bien calculée sur l'intérêt des enfans, que la
loi doit avoir principalement en vue.

» Si, par exemple, le divorce est demandé par la femme pour
cause de l'adultère du mari qui tient sa concubine dans la maison
commune ; donner à ce mari l'administration provisoire des
enfans, c'est véritablement les remettre entre les mains de la
concubine. Il est inutile de développer les inconvéniens qui pourroient en résulter; ils sont trop majeurs pour ne pas être aisément
sentis.

» Certes, dans ce cas, le mari est bien plus coupable que le
père qui passe à de secondes noces : cependant l'article 10, au
titre IX du livre Ier du projet de Code civil, veut qu'avant de
passer à de secondes noces, la famille délibère s'il conservera ou
non la tutelle *, et l'on donneroit au premier, provisoirement,

(1) Projet de Code civil, *liv. Ier, tit. VI, art. 32, page 48.*
* Cette disposition a été limitée à la mère par l'article 395.

l'administration de ses enfans, lorsqu'il scandalise par une conduite coupable !

« La disposition relative à la tutelle, qui vient d'être citée, a principalement en vue l'intérêt pécuniaire des enfans; mais cet intérêt est-il donc plus précieux à la société que leurs mœurs, et sur-tout la première impression qu'ils reçoivent et qui laisse toujours des traces si profondes » (1) !

Les Cours d'appel de Bruxelles, Lyon, Metz, Montpellier, Paris, Rouen et Toulouse partageoient cette opinion (2).

La Cour d'appel de Metz, pour remédier à ces inconvéniens, pensoit que, « dans tous les cas, et sur-tout si le père est défendeur sur la demande en divorce, la famille doit délibérer avant de lui confier l'administration provisoire » (3).

Les Cours d'appel de Bruxelles, Lyon, Paris et Toulouse, demandoient qu'on s'en rapportât à la prudence du juge, qu'on laisseroit prononcer d'après les circonstances » (4).

La Section adopta cette dernière proposition. L'article qu'elle présenta étoit conçu en ces termes : *S'il y a des enfans communs dont chacun des deux époux réclame l'administration provisoire pendant l'instance en divorce, le juge en décidera d'après les circonstances et pour la plus grande utilité des enfans* » (5).

Au Conseil d'état, cette rédaction donna lieu à deux questions :

L'une naissoit de ces expressions, *le juge en décidera,*

---

(1) Observations de la Cour d'appel de Metz, *page 12*. — (2) Observations de la Cour d'appel de Bruxelles, *page 7*; — de la Cour d'appel de Lyon, *page 36*; — de la Cour d'appel de Metz, *page 12*; — de la Cour d'appel de Montpellier, *pages 14 et 15*; — de la Cour d'appel de Paris, *page 52*; — de la Cour d'appel de Rouen, *pages 10 et 11*; — de la Cour d'appel de Toulouse, *pages 8 et 9*. — (3) Observations de la Cour d'appel de Metz, *pages 12 et 13*. — (4) Observations de la Cour d'appel de Bruxelles, *page 7*; — de Lyon, *page 36*; — de Paris, *page 52*; — de Toulouse, *page 9*. — (5) 1.re Rédaction, *chap. II, sect. II, article 1.er*, Procès-verbal du 26 vendémiaire an 10, *tome I.er, page 375*.

On demanda « si par le mot *le juge*, la Section entendoit le Tribunal entier, ou seulement le président » (1).

Le rapporteur répondit « qu'elle entendoit désigner le Tribunal entier » (2).

Cependant, il fut observé que « la décision paroissoit devoir appartenir au président, parce que, pendant une longue instruction, il est quelquefois nécessaire de changer fréquemment les dispositions prises pour régler le sort des enfans » (3).

Pour tout concilier, on proposa « d'obliger le président à en référer au Tribunal » (4).

Cette proposition a été adoptée (5).

L'autre question portoit sur le fond du système.

On demanda « s'il convenoit de laisser le sort des enfans entièrement à l'arbitrage du juge, ou s'il ne seroit pas préférable d'établir à cet égard quelques règles. Il faudroit du moins donner aux Tribunaux une instruction qui les mît en état de décider suivant les circonstances. La position, en effet, n'est pas la même lorsque le divorce est demandé par le mari, que lorsqu'il est demandé par la femme; lorsque les enfans sont mâles, que lorsque ce sont des filles » (6).

Le rapporteur expliqua les motifs du projet; il dit que « la Section avoit fait d'abord les distinctions qu'on réclamoit, mais que comme c'est une doctrine reçue, que le juge doit avoir égard aux circonstances, et que l'intérêt des enfans est le principe décisif dans cette matière, la Section a cru les détails inutiles » (7).

Le système de la Section fut adopté (8).

Depuis, on a considéré que la seule demande en divorce ne

---

(1) Le *Consul Cambacérés*, Procès-verbal du 26 vendémiaire an 10, *tome Ier, page 376.* — (2) M. *Portalis*, ibid. — (3) M. *Emmery*, ibid. — (4) Le *Consul Cambacérés*, ibid. — (5) *Décision*, ibid. — (6) Le *Consul Cambacérés*, ibid., *pages 375 et 376.* — (7) M. *Portalis*, ibid, *page 376.* — (8) *Décision*, ibid.

suspend pas les effets du mariage; qu'elle laisse donc au mari tous ses droits, et par conséquent celui de gouverner les enfans : en conséquence, on a établi en règle générale, que l'administration provisoire continueroit de lui appartenir, soit qu'il fût demandeur, soit qu'il fût défendeur. Ce principe est parfaitement exprimé par le mot *restera* que l'article emploie.

Mais comme l'autorité du père sur les enfans n'existe que pour l'avantage de ces derniers, on a permis au juge de faire une exception à là règle générale, lorsque, par l'effet des circonstances, il reconnoîtroit qu'on ne peut l'appliquer sans la diriger contre son but, c'est-à-dire, sans blesser l'intérêt des enfans en faveur desquels elle est établie.

II.ᵉ DIVISION.

Des Mesures qui concernent la Femme. (Articles 268 et 269.)

LE Code veut,

1.º Que la femme puisse se retirer, pendant le cours de la procédure, dans une maison tierce, et que le mari, en ce cas, pourvoie à ses besoins;

2.º Qu'elle encoure une peine si elle quitte sa retraite.

I.ʳᵉ SUBDIVISION.

De la Faculté donnée à la Femme de se retirer de l'habitation commune, et des Alimens que le Mari peut lui devoir.

ARTICLE 268.

LA femme demanderesse ou défenderesse en divorce, pourra quitter le domicile du mari pendant la poursuite, et demander une pension alimentaire proportionnée aux facultés du mari. Le Tribunal indiquera la maison dans laquelle la femme sera tenue de résider, et fixera, s'il y a lieu, la provision alimentaire que le mari sera obligé de lui payer.

LES

Les deux dispositions que renferme cet article doivent être examinées séparément.

Numéro Ier

De la Faculté donnée à la Femme de quitter l'habitation commune.

La faculté de quitter la maison commune pendant la poursuite, n'est accordée qu'à la femme.

Elle appartient à la femme défenderesse comme à la femme demanderesse.

La femme peut en user avant d'y avoir été autorisée en justice.

Le Tribunal indique la maison où elle doit se retirer.

La Faculté de quitter l'habitation commune n'est accordée qu'à la Femme.

Cette restriction a été proposée par la Commission (1).

Les motifs qui l'ont fait établir, et l'étendue qu'il convient de lui donner, seront développés dans un moment.

L'article 268 ne donne au surplus qu'une simple faculté à la femme.

La Cour d'appel de Paris pensoit qu'on devoit se régler sur la supposition que la femme en useroit toujours. « On ne conçoit pas, disoit-elle, comment la femme demandant le divorce, pourroit continuer de résider avec son mari ; et il semble que, sur la présentation de la requête de la femme, le président devroit toujours lui indiquer la maison où elle seroit tenue de se retirer » (2).

Mais, pourquoi ne pas prévoir qu'une demande formée dans un moment d'humeur peut être aussitôt suivie du repentir ; que la présence d'un époux qui reconnoît ses torts, et que par un reste

---

(1) *Voyez* Projet de Code civil, *liv. Ier, tit. VI, art. 33, page 49.* — (2) Observations de la Cour d'appel de Paris, *page 52.*

d'attachement on peut encore hésiter à quitter, prépare souvent une réconciliation parfaite?

Cette Faculté appartient à la femme défenderesse, comme à la femme demanderesse.

La Commission ne parloit que de la femme demanderesse. Elle disoit : *Si la femme qui demande le divorce a quitté ou déclaré vouloir quitter le domicile du mari, &c.* (1).

La Section présenta la même rédaction (2).

Au Conseil d'état, on observa « que l'article étoit incomplet, en ce qu'il ne pourvoyoit pas au cas où la demande en divorce est formée par le mari » (3).

Le rapporteur répondit 5 que l'intention de la Section étoit de rendre l'article commun aux deux cas 5 (4).

Mais comme l'article présentoit une idée entièrement contraire, il fut renvoyé à une nouvelle rédaction; et, dans le second projet, on eut soin d'exprimer qu'il concernoit également la femme demanderesse et la femme défenderesse (5).

Dans l'une et l'autre hypothèse, la femme peut être exposée à de mauvais traitemens, dont il est prudent de la garantir.

Une seule considération auroit pu faire balancer, lorsque la femme est coupable d'adultère; je veux parler de la crainte que, loin des yeux de son mari, elle ne continuât ses désordres.

Mais on est suffisamment rassuré par la disposition qui, l'obligeant de se retirer dans une maison indiquée par le juge, et, la forçant d'y résider, la laisse sous la surveillance de son mari.

---

(1) Projet de Code civil, *liv. I.er, tit. VI, art. 33, page 49.* — (2) *1.re Rédaction, chap. II, sect. V, art. 2,* Procès-verbal du 26 vendémiaire an 10, *tome I.er, page 376.* — (3) Le *Consul Cambacérés*, ibid. — (4) M. *Portalis*, ibid. — (5) *2.e Rédaction, art. 38,* Procès-verbal du 6 nivôse an 10.

La Femme peut se retirer de l'habitation commune, sans y être autorisée par la justice.

La rédaction de la Commission lui laissoit très-clairement l'alternative. *Si la femme*, portoit l'article 33 du Projet, *a* QUITTÉ *ou déclaré vouloir quitter*, *&c.*

Le texte de l'article 268 ne la lui ôte pas ; il ne l'oblige pas à prendre une autorisation préalable.

En effet, le mari demandeur ou défendeur pourroit se porter à des violences et à des excès, et il ne doit pas être défendu à la femme de les prévenir ou de s'y soustraire par une prompte fuite.

Mais la loi lui ordonne de s'adresser au juge, pour qu'il indique le lieu de sa retraite.

Le Mari peut-il aussi se séparer de la Femme, pendant le cours de l'instruction ?

Ici vient une question dont j'ai déjà parlé, quoique très-sommairement, à l'occasion de l'article 259.

C'est ici le lieu de l'approfondir.

Elle consiste à savoir si le mari peut aussi se séparer d'habitation d'avec la femme.

Puisqu'il a été reconnu que les excès et les sévices, dans lesquels il faut aussi comprendre l'attentat, peuvent devenir pour lui de justes causes de divorce, il est évident que sa sûreté et son repos exigent quelquefois qu'il éloigne de lui une épouse capable de les compromettre.

Mais il existe entre le mari et la femme une différence qui a dû en apporter aussi dans la loi.

Le mari, tant que le mariage dure et que le divorce n'est pas prononcé, est le chef et l'administrateur de la société conjugale. Il ne doit donc pas lui être permis d'abandonner l'habitation commune, qui est le siége de cette société.

H h 2

Ainsi, la séparation provisoire n'est possible, quand le mari la provoque, que par le placement de la femme dans une maison tierce.

Mais ce droit qui n'appartient pas au mari, même dans un mariage paisible, quel Législateur seroit assez imprudent pour le confier à un époux, ou irrité par les causes qui lui font demander le divorce, ou qui, à raison des causes qui le font demander contre lui, est suspect d'avoir méconnu ses devoirs ?.

Voilà pourquoi l'on n'a pas pu permettre au mari comme on a permis à la femme, d'opérer de son propre mouvement une séparation entre lui et son épouse.

Cependant en résultera-t-il que le Code le condamne à demeurer en danger de la vie auprès d'une épouse ennemie ?

On ne peut accuser le Code d'une semblable cruauté. On n'y trouve rien qui défende au juge d'avoir égard à la position du mari, et de l'autoriser, si les circonstances l'exigent, à éloigner de lui son épouse *. C'est ici un de ces cas que l'article 4 abandonne à la conscience et à la sagesse du magistrat. Il est le ministre de la loi quand la loi a parlé; il est l'arbitre des différends quand elle se tait; lorsqu'elle ne lui présente pas de règles pour décider, il doit recourir à l'équité naturelle **.

Le Tribunal indique une maison où la Femme doit se retirer.

5 L'OBJET de la disposition qui oblige la femme à se retirer dans une maison déterminée, est de ménager la décence et de faciliter la surveillance du mari 5 (1).

Le Tribunal indique cette maison.

Il eût été également dangereux d'en laisser le choix libre, soit à la femme, soit au mari.

---

(1) M. *Portalis*, Procès verbal du 26 vendémiaire an 10, tome I.er, page 376.
* *Voyez* l'article 259, page 223. — ** *Voyez* tome I.er, page 155.

Le laissoit-on à la femme, on avoit à craindre qu'elle ne se réfugiât chez les complices ou les fauteurs de ses désordres;

Le laissoit-on au mari, on avoit à redouter la vengeance et la tyrannie d'un époux offensé ou coupable.

L'autorité du juge étoit donc nécessaire.

Il écoutera les propositions et les objections des deux parties; il les pesera avec impartialité; il s'éloignera, par sa décision, du double danger que la loi, en s'abandonnant à lui, a voulu également éviter.

NUMÉRO II.

Des Alimens qui peuvent être dus par le Mari à la Femme lorsqu'elle quitte l'habitation commune.

J'EXAMINERAI,

Sur quels principes cette disposition est fondée;

Dans quels cas la femme peut la réclamer;

Pourquoi la loi ne l'applique qu'à la femme;

Sur quels biens la pension alimentaire est prise;

Si le jugement qui l'accorde est irréformable.

Sur quels principes la disposition est fondée.

LE mariage subsiste jusqu'au divorce : c'est ce qu'il ne faut pas perdre de vue; les obligations qu'il impose subsistent donc aussi : le devoir de fournir des alimens à l'époux dans le besoin en est une *. Il y a lieu de la faire valoir lorsque la femme vivant hors de l'habitation matrimoniale, n'est plus alimentée sur les dépenses communes.

La disposition qui nous occupe est fondée sur ces principes.

Dans quels cas la Femme peut la réclamer.

LA seconde rédaction présentée par la Section portait : *La femme*

---

* *Voyez tome II, pages 337 et 338.*

pourra, si elle n'a pas de revenus suffisans pour fournir à ses besoins, exiger une pension alimentaire proportionnée aux facultés du mari (1).

On observa que ჳ ces mots *si la femme n'a pas de revenus suffisans,* pouvoient conduire à une erreur, en ce qu'ils paroissoient supposer que la femme seroit remise en possession de ses biens avant la dissolution du mariage par le divorce, quoique la communauté dût subsister jusque-là ჳ (2).

En conséquence, ils furent retranchés (3).

Néanmoins la condition qu'ils exprimoient, subsiste; la pension n'est due qu'à la femme dans l'indigence. Pour la maintenir, on proposoit de rédiger ainsi : *La femme pourra demander, S'IL Y A LIEU, une pension alimentaire proportionnée aux facultés de son mari* (4).

Le Conseil d'état pensa que « le mot *alimentaire* exprimoit suffisamment le cas où la pension est due; que l'expression *s'il y a lieu* l'affoibliroit : il sembleroit permettre de refuser des alimens à la femme qui manque du nécessaire » (5).

Mais si la pension n'est due qu'à la femme dans l'indigence, elle est due aussi à toute femme qui se trouve dans cette triste position.

A la vérité, dans la discussion, on a dit « qu'il étoit nécessaire de distinguer deux hypothèses : s'il y a communauté, une pension doit être payée à la femme, parce que la communauté subsiste jusqu'au divorce; ce n'est que dans le cas où il n'y a pas de communauté, qu'il convient d'examiner si la femme a un revenu suffisant » (6).

Mais on concluroit à tort de cette réflexion, qu'il n'est jamais dû d'alimens à la femme non commune. Son auteur convenoit, au contraire, « qu'il falloit, dans tous les cas, pourvoir à l'entretien de

(1) 2.ᵉ *Rédaction, art. 38,* Procès-verbal du 6 nivôse an 10; — Procès-verbal du 22 fructidor an 10, *tome II, page 18.* — (2) M. *Regnier,* ibid., *page 19.* — (3) *Décision,* ibid. — (4) M. *Regnier,* ibid. — (5) M. *Portalis,* ibid., *pages 19 et 20.* — (6) M. *Tronchet,* ibid., *page 19.*

là femme » (1). Il n'avoit donc parlé de cette distinction de femme commune et non commune, que pour faire sentir que quoique « le mari continue d'être le maître de la communauté » (2) jusqu'au divorce, et par conséquent de disposer des biens qui la composent et des revenus des propres de la femme qui y tombent, il doit néanmoins en détacher au profit de la femme, laquelle alors n'a pas de revenus personnels, la portion dont elle a besoin pour subsister : mais il ne s'ensuit pas que la femme non commune n'ait pas droit à des alimens; « la disposition s'étend à tous les cas où la femme manque du nécessaire » (3).

Au surplus, l'esprit de la loi est 5 de laisser sur ce point de la latitude aux Tribunaux, et c'est dans cette vue que le mot *exigé*, qui étoit employé dans la rédaction, a été remplacé par le mot *demandé* 5 (4).

Pourquoi la disposition n'est appliquée qu'à la Femme.

Les Cours d'appel de Toulouse et d'Aix demandoient que la disposition fût étendue au mari. « L'obligation de fournir des alimens, disoit la Cour d'appel de Toulouse, doit être réciproque, lorsque le mari n'a pas des revenus suffisans, et que ceux de la femme non commune excèdent ce qui lui est nécessaire pour subvenir à ses propres besoins » (5). « Il ne paroît pas, ajoutoit la Cour d'appel d'Aix, qu'on puisse établir de différence à cet égard entre les deux époux » (6).

Mais cette précaution n'étoit pas nécessaire.

Le mari, tant que le mariage subsiste, ne peut jamais être

---

(1) M. *Tronchet*, Procès-verbal du 22 fructidor an 10, *t. II*, *p. 19.* — (2) M. *Regnier*, ibid. — (3) M. *Portalis*, Procès-verbal du 26 vendémiaire an 10, *t. Ier*, *p. 377.* — (4) Le *Consul Cambacérés*, Procès-verbal du 22 fructidor an 10, *tome II*, *page 19;* — *Décision*, ibid. — (5) Observations de la Cour d'appel de Toulouse, *page 9.* — (6) Observations de la Cour d'appel d'Aix, *page 7.*

dans le besoin, si la fortune de la femme est suffisante pour le secourir.

Pour le concevoir, il faut considérer le mari dans toutes les positions où il peut se trouver quant à la disposition des revenus de la femme.

Lorsqu'il y a communauté, le mari dispose des revenus et des fruits dans lesquels entrent les produits des propres de la femme *. Ce droit est conservé au mari pendant le cours de la procédure en divorce. L'article 271 ne lui interdit que la disposition frauduleuse du fonds **.

Lorsqu'il n'y a pas de communauté, le mari perçoit les revenus et les intérêts des biens dotaux ***.

Lorsque tous les biens de la femme sont paraphernaux, elle est obligée de contribuer d'une portion de ses revenus aux charges du mariage ****.

Il est donc difficile d'imaginer une hypothèse où la femme ayant des revenus, le mari n'en ait pas à sa disposition une portion suffisante pour fournir à sa subsistance.

Dès-lors le Législateur, qui ne se règle que sur ce qui arrive le plus communément, et qui ne prévoit pas les cas hors de vraisemblance, n'avoit aucune précaution spéciale à prendre en faveur du mari.

Il devoit au contraire pourvoir aux alimens de la femme sans fortune, attendu que dans aucune circonstance elle ne touche même la portion la plus légère, soit des revenus de la communauté, soit de ceux du mari.

Cependant, si sa prévoyance avoit été trompée, s'il étoit possible

---

* *Voyez les articles 1421 et 1401.* — ** *Voyez pages 260 et suiv.* — *** *Voyez l'article 1549.* — **** *Voyez l'article 1575.*

que

que le mari fût jamais dans l'indigence auprès d'une épouse opulente, le remède seroit encore, dans ce principe général, que le mariage conserve tous ses effets jusqu'au moment où il est dissous par le divorce ; car le mari pourroit réclamer les alimens que lui assure l'article 212 *.

Sur quels Biens la Pension alimentaire est payée.

Au Conseil d'état, on a demandé « si la pension alimentaire sera prise sur la communauté, ou sur les biens personnels du mari » (1).

Il fut répondu que « l'esprit de l'article étant d'assurer des alimens à la femme, la pension sera prise indistinctement sur les revenus de la communauté, ou sur les revenus du mari, en un mot, sur tous les biens qui pourront la fournir » (2).

Le texte est conforme à cette doctrine, puisqu'il dit : *La femme pourra demander une pension alimentaire proportionnée aux FACULTÉS DU MARI.* Il est évident, d'après cette rédaction, qu'au besoin les biens du mari doivent supporter la pension.

Le Jugement qui accorde la Pension alimentaire est sujet à l'appel.

L'article 268 ne s'explique pas sur ce point.

D'un autre côté, on pourroit vouloir argumenter de l'article 262, pour prétendre que l'appel n'est pas recevable. Cet article, en effet, ne parle de l'appel que pour le jugement qui, statuant sur les fins de non-recevoir, rejette ou admet l'examen au fond de la demande en divorce, et du jugement définitif.

Mais la discussion fixe les doutes.

---

(1) M. *Regnaud* (de Saint-Jean d'Angely), Procès-verbal du 26 vendémiaire an 10, tome Ier, page 377. — (2) M. *Tronchet*, ibid.

* *Voyez tome II, pages 335 et suivantes.*

En effet, au Conseil d'état, il a été demandé « si le jugement qui accorde la pension seroit sujet à l'appel » (1).

Le rapporteur a répondu « que la Section a entendu réserver cette faculté au mari » (2).

Le silence de la loi ne préjuge rien ici ; car indépendamment de ce que son esprit a été révélé dans la discussion, il suffit qu'elle n'ait pas exclu l'appel pour qu'il ne puisse être refusé. Je rappellerai de nouveau le principe général que le Code civil se réfère aux lois communes de la procédure sur tous les points pour lesquels il n'y a pas dérogé : or ces lois veulent que, hors les cas qu'elles spécifient, on puisse appeler de tout jugement rendu par un Tribunal de première instance.

S'il falloit fortifier ces principes par des considérations, j'ajouterois qu'il seroit dangereux pour toutes les parties, que les premiers juges eussent le droit de prononcer définitivement sur la fixation de la pension : ils pourroient priver le mari de la plus grande partie de ses revenus, en le condamnant à payer une pension exorbitante; ils pourroient aussi réduire la femme à une situation pénible, en lui accordant des alimens au-dessous tout-à-la-fois et de ses besoins et de la fortune du mari.

NUMÉRO III.

Des Peines qu'encourt la Femme qui ne réside pas dans la Maison qui lui a été indiquée.

ARTICLE 269.

LA femme sera tenue de justifier de sa résidence dans la maison indiquée, toutes les fois qu'elle en sera requise : à défaut de cette justification, le mari pourra refuser la provision alimentaire, et, si la femme est demanderesse en divorce, la faire déclarer non recevable à continuer ses poursuites.

IL importoit d'assurer par une sanction pénale l'exécution de la

---

(1) Le *Consul Cambacérés*, Procès-verbal du 26 vendémiaire an 10, *tome I.er, p. 377.* — (2) M. *Portalis*, ibid.

disposition qui oblige la femme, lorsqu'elle quitte le domicile de son mari, à se retirer dans une maison que le Tribunal indique.

La Commission proposa deux peines (1), qui ont été adoptées.

La première est pour la femme demanderesse : faute de résider, elle est déchue de son action. Cette peine est bien choisie : quand la femme brave la bienséance, on est fondé à présumer que tous les motifs qu'elle allègue pour obtenir le divorce, cachent d'autres motifs condamnables.

' La seconde peine est pour la femme défenderesse : dans le même cas, elle est déchue de la pension alimentaire que son mari lui payoit. Des torts nouveaux justifient l'imputation des premiers torts s'ils ne sont qu'apparens, les aggravent s'ils sont réels, et en tout cas annoncent une persévérance dans le mal, et un oubli si profond des devoirs, qu'on doit permettre au mari de se dispenser des siens.

Au reste, c'est à la femme à prouver sa résidence, et même toutes les fois qu'elle en est requise. Le mari n'est pas tenu de justifier qu'elle l'a quittée; cependant il peut contredire les preuves de son épouse, et en démontrer la fausseté.

Il n'y avoit pas de règles à donner sur tout cela. Si on eût déterminé les formes dans lesquelles la résidence seroit justifiée, on n'eût fait que faciliter les fraudes et préparer la violation légale de la loi. La sagesse vouloit que sur des points qui dépendent essentiellement des circonstances, on s'en rapportât à l'équité et à la sagacité du juge.

_____

(1) Projet de Code civil, *liv. Ier, tit. VI, art. 23 et 24, page 49.*

II.ᵉ PARTIE.

DES MESURES RELATIVES AUX BIENS.
(Articles 270 et 271.)

L'ARTICLE 270 prévient les distractions en autorisant l'apposition des scellés.

L'article 271 prévient la fraude en annullant les contrats qui en sont infectés.

I.ʳᵉ DIVISION.

De l'Apposition des Scellés sur les Effets de la Communauté.

ARTICLE 270.

LA femme commune en biens, demanderesse ou défenderesse en divorce, pourra, en tout état de cause, à partir de la date de l'ordonnance dont il est fait mention en l'article 238, requérir, pour la conservation de ses droits, l'apposition des scellés sur les effets mobiliers de la communauté. Ces scellés ne seront levés qu'en faisant inventaire avec prisée, et à la charge par le mari de représenter les choses inventoriées, ou de répondre de leur valeur comme gardien judiciaire.

CET article décide,
Comment les scellés peuvent être apposés;
Comment ils peuvent être levés.

I.ʳᵉ SUBDIVISION.

Comment les Scellés peuvent être apposés.

NOUS avons à examiner,

A la requête de qui les scellés peuvent être apposés;

Dans quel temps et dans quels cas;

Sur quels effets.

A la requête de qui les Scellés peuvent être apposés.

LA femme seule peut provoquer l'apposition des scellés. Cette faculté est inutile au mari, qui dispose de tout. C'est au contraire contre lui qu'il est besoin de précaution.

Mais il n'en est besoin que quand il dispose; et voilà pourquoi l'article ne parle que de la femme commune en biens. Les effets de la femme non commune ne sont pas à la disposition du mari; ceux qui font partie de la communauté y sont au contraire. Il n'y avoit de mesures à prendre que pour la conservation de ces derniers; quant aux autres, la femme est libre de pourvoir par elle-même à leur sûreté, puisqu'elle en dispose.

C'est par ces motifs qu'on n'a pas admis la proposition des Commissaires-rédacteurs, qui étendoient l'effet de l'article même à la femme non commune.

Au reste, l'article 270 ne met pas de différence entre la femme demanderesse et la femme défenderesse, et c'est avec beaucoup de raison; car alors même que la demande est formée contre la femme, il ne faut pas qu'elle devienne pour le mari un moyen de spoliation. Il n'est pas encore prouvé que la femme soit coupable des torts qu'on lui reproche; et, le fût-elle, ce n'est pas par la perte de sa propriété que la loi l'en punit.

NUMÉRO II.

Dans quel temps et dans quels cas l'Apposition des Scellés a lieu.

L'APPOSITION des scellés peut être requise aussitôt que l'instance

en divorce est engagée, c'est-à-dire au moment où les représentations du juge n'ayant pas pu faire renoncer l'époux demandeur à
son projet, l'ordonnance qui appelle l'autre époux est délivrée
conformément à l'article 238.

Cependant il y a ici deux questions :

La première, de savoir si l'apposition des scellés doit être ordonnée par le juge d'après un examen préalable ;

La seconde, si le mari peut s'y opposer.

1.ʳᵉ Qᴜᴇsᴛɪᴏɴ. *Est-il besoin d'une autorisation du Tribunal accordée
après un examen!*

Lᴀ Commission n'exigeoit pas d'autorisation préalable ; elle
permettoit à la femme de requérir directement l'apposition des
scellés. L'article qu'elle présentoit étoit ainsi conçu : *La femme,
commune ou non commune, peut, pour la conservation de ses droits,
requérir l'apposition des scellés sur les meubles et effets dont le mari est
en possession. L'apposition des scellés peut avoir lieu même dans le cas
où le Tribunal suspend l'admission de la demande* (1).

La Cour d'appel de Paris vouloit non-seulement une autorisation
du Tribunal, mais encore une autorisation accordée après examen.
Elle disoit : « Si la femme pouvoit requérir l'apposition des scellés,
il faudroit du moins qu'elle ne pût être ordonnée qu'en grande
connoissance de cause, et lorsqu'il seroit bien sensible que la dot
et les reprises sont en danger. Combien de citoyens dont la fortune seroit détruite par cette mesure indiscrètement exercée !
C'est sur-tout dans l'état commerçant qu'elle pourroit opérer
des révolutions aussi funestes à la femme elle-même qu'au

_____

(1) Projet de Code civil, *livre I,ᵉʳ, titre VI, article 3ʒ, page 49.*

mari » (1). La Cour demandoit en conséquence que la loi exprimât textuellement que « l'apposition ne pourra être ordonnée que sur de violentes présomptions que la dot et les reprises de la femme sont en péril » (2).

La Cour d'appel de Rouen vouloit au contraire « que, sur la demande de la femme, le scellé fût, dans tous les cas, apposé provisoirement, et que jamais il ne pût être levé sans inventaire, qu'après le jugement définitif » (3).

La Section reproduisit l'article de la Commission, avec une addition dont il sera bientôt parlé, mais qui n'a aucun rapport à la question (4). Son intention étoit de ne faire intervenir le juge que lorsqu'il y auroit opposition de la part du mari (5). Elle rejetoit donc l'autorisation et l'examen préalable.

L'article 270 ne les exige pas non plus.

Les scellés sont apposés sur la seule réquisition de la femme.

La nécessité de recourir préalablement au juge eût entraîné assez de temps pour permettre au mari de soustraire l'argent comptant, le porte-feuille, en un mot les effets les plus précieux. L'apposition des scellés ne produit son effet, en pareil cas, que lorsqu'elle est soudaine et que celui dont on se défie n'a pas été prévenu.

2.ᵉ Question. *L'Opposition du Mari peut-elle empêcher les Scellés !*

La Commission avoit textuellement décidé l'affirmative par l'article suivant : *Lorsque le mari s'oppose aux scellés, ou lorsqu'il en demande la main-levée, le juge de paix statue, sauf l'appel. Sa décision*

---

(1) Observations de la Cour d'appel de Paris, *page 53.* — (2) Ibid. — (3) Observations de la Cour d'appel de Rouen, *page 11.* — (4) *Voyez* 1ʳᵉ *Rédaction, chap. II, sect. II, article 4,* Procès-verbal du 26 vendémiaire an 10, *tome I.ᵉʳ, page 377.* — (5) *Voyez* l'explication donnée par M. *Tronchet,* ibid.

est purement provisoire. L'appel est porté au Tribunal civil , qui y statue dans le mois (1).

La Cour d'appel de Rouen observa que « les contestations sur cet objet sont trop importantes pour n'être point portées devant les Tribunaux d'arrondissement et d'appel, suivant la marche ordinaire » (2).

La Section adoptant cette observation, présenta la disposition suivante : *Le Tribunal saisi de la demande en divorce, connoîtra de la demande en apposition de scellés* (3).

Elle admettoit au surplus l'opposition du mari, par un article conçu en ces termes : *Quand le mari contestera l'apposition des scellés, ou lorsqu'il en demandera la main-levée, le Tribunal statuera, sauf l'appel. L'appel, dans ce cas, n'aura point d'effet suspensif. Le Tribunal d'appel statuera dans le mois* (4).

Au Conseil d'état, on demanda, d'abord « dans quel cas il y auroit lieu à recevoir l'opposition du mari » (5).

Il fut répondu « que ce seroit toutes les fois que les scellés nuiroient à ses affaires, et que c'étoit pour donner en ce cas une sûreté à la femme, que la Section proposoit de faire dresser un inventaire où d'obliger le mari à fournir caution » (6).

Ensuite, on observa que « l'article, par l'effet de sa rédaction, sembloit autoriser le mari à contester les droits de la femme, pour échapper au scellé » (7).

Il fut convenu « que l'expression *contestera l'apposition*, étoit vicieuse, et qu'il étoit préférable de dire, *le mari s'opposera à l'apposition des scellés* » (8).

---

(1) Projet de Code civil, *livre I.er, titre VI, art. 36, page 49.* — (2) Observations de la Cour d'appel de Rouen, *page 11.*—(3) *1.re Rédaction, chap. II, sect. II., art. 4,* Procès-verbal du 26 vendémiaire an 10, *tome I.er, p. 377.*—(4) Ibid., *art. 5, pages 378 et 379.* — (5) Le Consul *Cambacérés* , ibid. , *page 378.* — (6) M. *Tronchet* , ibid. — (7) Le Consul *Cambacérés*, ibid. — (8) M. *Tronchet*, ibid.

Enfin

Enfin on aborda la question au fond; on soutint que « l'apposition des scellés devoit avoir lieu nonobstant l'opposition du mari, afin que toute distraction devînt impossible pendant le référé qui seroit introduit; sans cela, le mari ne permettra jamais l'apposition des scellés, et pendant le délai qu'il se procurera, il enlevera les meilleurs effets; il dénaturera tout ce qui sera susceptible d'être changé de forme et caché. Alors les femmes ne trouveront qu'une communauté spoliée, et seront quelquefois réduites à la misère, tandis que leurs époux, du côté desquels pourront être les torts, vivront dans l'opulence » (1).

On opposa à ces raisons, qu'il existoit des moyens pour prévenir les spoliations « dans le cas de l'apposition des scellés comme dans le cas de la saisie des meubles; un huissier restera dans la maison, ou le juge de paix établira un gardien jusqu'après le référé, qui devra avoir lieu à l'instant » (2).

A la vérité, il est possible que « ces précautions ne suffisent pas pour empêcher la soustraction d'un porte-feuille qui pourroit renfermer des sommes considérables » (3); mais vainement tenteroit-on de prévenir cette fraude; « un mari prévoit ordinairement qu'il va être exposé à l'apposition des scellés; et s'il est de mauvaise foi, ses précautions sont prises avant le moment où le juge de paix se présente » (4).

L'article de la Section fut alors adopté.

Mais un examen plus mûr a décidé depuis le Conseil d'état à changer de système.

Il a considéré que l'apposition des scellés ne sauroit jamais préjudicier aux affaires du mari, puisqu'il peut à l'instant même en

(1) M. *Regnaud* (de Saint-Jean-d'Angely), Procès-verbal du 26 vendémiaire an 10, tome I.ᵉʳ, *page 378.* — (2) M. *Tronchet*, ibid. — (3) M. *Regnaud* (de Saint-Jean-d'Angely), ibid. — (4) M. *Emmery*, ibid.

3. Kk

obtenir la levée, pourvu qu'il fasse inventaire; qu'il n'y avoit donc plus aucun motif pour suspendre un acte conservatoire, qui n'a de succès que par une extrême célérité.

En conséquence, l'article adopté a été retranché.

Il résulte de cette suppression et des raisons qui la motivent, que l'opposition du mari n'est pas recevable.

Numéro III.

Sur quels Effets les Scellés peuvent être apposés.

La Commission et la Section permettoient d'apposer les scellés sur tous les meubles et effets dont le mari est en possession (1).

Cette disposition étoit une conséquence nécessaire du système qui autorisoit même la femme non commune à provoquer l'apposition.

Mais en écartant ce système, il a fallu en écarter aussi les conséquences ; en n'accordant plus l'apposition qu'à la femme commune en biens, il a fallu ne la faire porter que sur les effets de la communauté. C'est ce que décide l'article 270.

Mais comment vérifier la distinction qu'alors il sera indispensable de faire ?

Je pense que la présomption doit être que tous les meubles, deniers et autres effets mobiliers appartiennent à la communauté, à moins de justification du contraire par le mari, et qu'à ce titre ils doivent être mis sous les scellés. Il ne peut pas y avoir d'inconvénient, puisqu'il ne dépend que du mari de faire lever les scellés presque aussitôt.

---

(1) *Voyez* Projet de Code civil, *liv. I.er , tit. VI , art. 35, page 49 ; — 1.re Rédaction, chap. II, sect. II, art. 4,* Procès-verbal du 26 vendémiaire an 10, *tome I.er , page 377.*

II.ᵉ Subdivision.

Comment les Scellés sont levés.

La Commission exigeoit deux conditions pour la levée des scellés :

La première, qu'il fût procédé à un inventaire ;

La seconde, que *le mari présentât une sûreté suffisante dans ses meubles personnels, ou qu'il offrît une caution suffisante des droits apparens de la femme* (1).

La Cour de cassation aggravoit cette seconde condition. Elle demandoit que la sûreté des droits de la femme reposât non sur les *meubles* du mari, mais sur des biens *immeubles* (2).

Les Cours d'appel d'Amiens et de Toulouse généralisoient la condition, en proposant de substituer le mot *biens* au mot *meubles* (3).

La Section retranchant l'alternative, obligeoit, dans tous les cas, le mari à donner caution, non plus des droits apparens de la femme, mais de représenter les choses inventoriées (4).

Le Tribunat observa que « la nécessité de donner caution de la part du mari étoit trop dure : car on doit présumer que presque toujours le mari, dans une pareille position, et vu l'incertitude des droits que la femme pourroit répéter à une époque indéterminée, seroit dans l'impossibilité de fournir cette caution. Le tempérament qui consiste à laisser les objets inventoriés au pouvoir du mari, en le rendant gardien judiciaire, ce qui emporte la contrainte par corps, ce tempérament, dit le Tribunat, paroît plus sage, il veille également aux intérêts des deux époux » (5).

---

(1) Projet de Code civil, *liv. I.ʳ, tit. VI, art. 37, page 49.* — (2) Observations de la Cour de cassation, *page 97.* — (3) Observations de la Cour d'appel d'Amiens, *page 6 ;* — de Toulouse, *page 9.* — (4) *Réduction communiquée au Tribunat, art. 40,* Procès-verbal du 22 fructidor an 10, *tome II, pages 18 et 19.* — (5) Observations du Tribunat.

Le Tribunat ajouta « qu'il est dans la nature des choses que l'inventaire soit fait avec prisée ; ce qui devenoit incertain d'après le projet » (1).

Ces deux observations ont été adoptées.

II.e DIVISION.

De la nullité des Contrats faits en fraude de la communauté, depuis la demande en Divorce.

ARTICLE 271.

TOUTE obligation contractée par le mari à la charge de la communauté, toute aliénation par lui faite des immeubles qui en dépendent, postérieurement à la date de l'ordonnance dont il est fait mention en l'article 238, sera déclarée nulle, s'il est prouvé d'ailleurs qu'elle ait été faite ou contractée en fraude des droits de la femme.

ON n'a pas cru devoir ôter au mari la disposition des biens meubles de la communauté, ni des revenus qui y tombent.

La conservation de ces biens a paru suffisamment garantie par l'article précédent. Il y avoit de l'inconvénient à aller plus loin, et le Tribunat observoit avec raison que « les mesures prises pour la sûreté de la femme ne devoient pas tellement grever le mari, qu'il lui fût impossible de continuer la gestion de ses affaires ou de son commerce ; car il pourrait en résulter un dérangement total qui conduiroit quelquefois à des banqueroutes » (2).

Quant aux revenus, j'ai déjà observé * qu'ils ne peuvent être ôtés au mari tant que la communauté subsiste.

Mais il y avoit à craindre que le mari ne dénaturât l'état de la

(1) Observations du Tribunat. — (2) Ibid.
* Voyez page 248.

communauté par des dettes simulées et par des aliénations frauduleuses.

Telles étoient les fraudes qu'il s'agissoit d'empêcher.

Pour y parvenir, on a d'abord proposé d'annuller indistinctement toutes les obligations et toutes les aliénations faites par le mari.

Ce système étoit celui de la Commission (1).

Il fut attaqué par les Cours, sous le rapport de la nullité absolue qu'il prononçòit contre les tiers.

Les unes la laissoient subsister, mais proposoient divers moyens pour pourvoir à la sûreté des acquéreurs et des créanciers.

La Cour d'appel de Bourges vouloit que du moins ils fussent avertis ; elle disoit : « La demande en divorce n'étant pas affichée, les tiers qui auroient traité avec le mari comme maître de la communauté, seroient victimes d'une erreur qu'ils n'auroient pu empêcher. Le mari étant, dans ce cas, assimilé à l'interdit, on propose la publication et l'affiche de la demande en divorce, comme dans le cas de l'interdiction » (2).

La Cour d'appel d'Orléans demandoit qu'on réservât à l'acquéreur et au créancier un recours en garantie contre le mari ; elle observoit que « la nullité de l'aliénation faite par le mari de l'immeuble de la communauté depuis la demande en divorce , n'a lieu, sans doute, qu'à l'égard et au profit de la femme si elle la demande, *sauf l'action en garantie et dommages-intérêts de l'acquéreur.* N'est-il pas bon d'ajouter cette réserve, afin qu'on ne prétende pas que cette nullité est absolue » (3)?

D'autres Cours s'élevoient contre la nullité.

La Cour d'appel de Paris ne voyoit « aucun moyen de rendre la demande en divorce tellement publique, que les acquéreurs des biens

(1) *Voyez* Projet de Code civil, *liv. I.ᵉʳ, tit. VI, art. 38, page 49.* — (2) Observations de la Cour d'appel de Bourges, *page 6.* — (3) Observations de la Cour d'appel d'Orléans, *page 12.*

immeubles fussent constitués dans une mauvaise foi, sans laquelle on ne peut pas déclarer nulle l'acquisition qu'ils ont faite » (1).

La Cour de cassation observoit que « ce n'étoit qu'à l'égard de la femme que la capacité du mari, sur ce qui compose la communauté, pouvoit être regardée comme paralysée par la seule demande en divorce. Jusqu'à la prononciation du divorce, les actes du mari ne sauroient être nuls au préjudice des tiers; ce qui cependant paroîtroit résulter de la disposition absolue de l'article du projet » (2).

Cette Cour proposoit en conséquence la rédaction suivante : *A compter de la demande en divorce, l'état de la communauté ne peut être changé relativement à la femme, ni par les engagemens que le mari peut contracter, ni par l'aliénation des conquêts : le mari en doit la garantie à sa femme* (3).

La Section adopta et présenta cette rédaction (4).

Au Conseil d'état, on observa que « cet article gêneroit beaucoup le mari dans l'administration de ses affaires » (5).

Le rapporteur répondit « que cependant, sans la précaution établie par cet article, on doit craindre beaucoup de fraudes; qu'au surplus il suffiroit peut-être de dire que les actes frauduleux seront déclarés nuls » (6).

L'article ne fut adopté que sauf rédaction (7).

Dans un second projet, la Section abandonnant l'avis de la Cour de cassation, reproduisit l'article des Commissaires-rédacteurs, et il fut inséré dans la rédaction communiquée au Tribunat (8).

Le Tribunat, persuadé qu'en faisant un inventaire avec prisée,

---

(1) Observations de la Cour d'appel de Paris, *p. 53*. — (2) Observations de la Cour de cassation, *p. 97*. — (3) Ibid. — (4) *1.ʳᵉ Rédaction, chap. II, sect. II, art 7;* Procès-verbal du 26 vendémiaire an 10, *tome I.ᵉʳ, page 379*. — (5) M. *Regnier*, ibid. — (6) M. *Portalis*, ibid. — (7) *Décision*, ibid. — (8) *2.ᵉ Rédaction, art. 41;* Procès-verbal du 6 nivôse an 10; — *Rédaction communiquée au Tribunat, art. 41;* Procès-verbal du 22 fructidor an 10, *tome II, page 19.*

et en constituant le mari gardien judiciaire, on pourvoyoit suffisamment à la conservation des meubles, ne s'occupa plus que des
immeubles et des créances dont ils pourroient être affectés.

Il observa « qu'il deviendroit souvent nuisible à la communauté
que le mari ne pût ni les hypothéquer, ni les vendre. Si les circonstances l'exigeoient, pourquoi ne pas le permettre ; mais, ou
avec le consentement de la femme, ou, en cas de difficulté de
sa part, sous l'autorisation de la justice, qui alors doit devenir
médiatrice » (1)?

« Cette mesure lui paroissoit pourvoir suffisamment aux intérêts
de la femme.

» Mais le Tribunat a porté son attention sur les suites de la
nullité des obligations et des aliénations qui seroient faites sans le
consentement de la femme ou sans l'autorisation de la justice.
Comme la Cour d'appel de Bourges, il a considéré cette nullité sous
le rapport de l'intérêt des tiers, qui, n'étant avertis par aucun signe
de la position du mari, pourroient devenir victimes innocentes
de leur bonne foi, en contractant avec lui.

» Pour remédier à cet inconvénient, le Tribunat a cru que la
nullité ne devoit avoir lieu respectivement aux tiers, qu'autant que
la femme auroit fait au bureau des hypothèques une inscription
indéterminée pour ses droits. Ainsi, continuoit le Tribunat, les tiers
étant avertis, ne contracteront avec le mari qu'autant qu'il y aura le
consentement de la femme ou l'autorisation de la justice. Ce moyen
donne au mari la facilité de se tirer de l'embarras dans lequel
pourroient le mettre les précautions prises par la femme; et il le
met dans l'impossibilité de tromper des tiers » (2).

En récapitulant les diverses propositions, on conçoit qu'une
seule étoit admissible.

---

(1) Observations du Tribunat. — (2) Ibid ; — Observations de la Cour d'appel
de Bourges , *page 6.*

Rendre la nullité absolue, c'étoit, comme l'observoient les Cours d'appel, une injustice envers les tiers de bonne foi.

Espérer les avertir en faisant afficher la demande en divorce, c'étoit se faire illusion.

Se flatter de les mettre à couvert en leur ménageant un recours contre le mari, c'étoit s'abuser encore : un mari qui contracte ou qui aliène dans l'intention de spolier la communauté, doit être supposé assez adroit pour assurer contre tous le fruit de ses larcins.

Se contenter, en écartant la nullité, de rendre le mari garant envers la femme, c'étoit, par la raison qui vient d'être exposée, ne donner aucune sûreté à cette dernière : certes le mari prendroit ses précautions pour que cette garantie ne trouvât pas de prise.

Quant au système que proposoit le Tribunat, il avoit deux vices essentiels.

D'abord il étoit incomplet, en ce qu'il n'empêchoit pas le mari de charger la communauté de dettes mobilières.

Ensuite il ne sauvoit pas toujours la femme. Si elle est imprévoyante, si elle ne sait pas diriger ses affaires, si elle ne connoît pas les affaires de sa communauté, si enfin elle ne fait pas assez de diligence, la faculté de prendre hypothèque ne lui servira de rien.

On a donc rejeté également ces divers systèmes pour en admettre un qui satisfait à tout, c'est celui qui avoit été présenté au Conseil d'état, et qui ne frappe que la fraude *.

Les intérêts des tiers de bonne foi sont ménagés, puisque la nullité n'est pas absolue et ne porte que sur les actes frauduleux.

Les intérêts de la femme le sont également : elle n'a à craindre que les actes faits en fraude de ses droits.

Enfin, les intérêts du mari et de la communauté ne peuvent

---

* *Voyez page 262.*

ĉtie

être blessés, car la gestion des affaires n'est ni interrompue ni gênée quand il y a bonne foi et droiture.

SECTION III.

DES FINS DE NON-RECEVOIR CONTRE L'ACTION EN DIVORCE POUR CAUSE DÉTERMINÉE.

Des trois articles qui composent cette section,

Le premier (l'article 272) établit le principe, que la réconciliation des époux éteint l'action en divorce;

Le second (l'article 273) pose les limites de ce principe;

Le troisième (l'article 274) règle la manière de prouver la réconciliation.

I.ʳᵉ PARTIE.

DE LA FIN DE NON-RECEVOIR QUE LA RÉCONCILIATION DES ÉPOUX ÉLÈVE CONTRE L'ACTION EN DIVORCE POUR CAUSE DÉTERMINÉE.

ARTICLE 272.

L'ACTION en divorce sera éteinte par la réconciliation des époux, survenue soit depuis les faits qui auroient pu autoriser cette action, soit depuis la demande en divorce.

Le Code n'admet d'autre fin de non-recevoir contre l'action en divorce que la réconciliation des époux.

La Cour d'appel d'Agen demandoit que ʃ les mauvais procédés, et sur-tout l'adultère du mari opérassent aussi cet effet ʃ (1).

(1) Observations de la Cour d'appel d'Agen, *page 7.*

3.   LI

J'examinerai pourquoi cette fin de non-recevoir n'a pas été admise.

J'établirai que la réconciliation des époux étoit la seule exception que le Législateur dût adopter.

I.re Division.

Pourquoi la proposition d'éteindre l'Action en Divorce, lorsque le Demandeur auroit lui-même donné occasion de l'exercer; n'a pas été admise.

Voici les motifs sur lesquels la Cour d'appel d'Agen fondoit sa proposition.

« Il conviendroit, disoit-elle, d'admettre pour fin de non-recevoir l'exception naturelle résultant de l'action, lorsqu'elle seroit prouvée. Mais au moins cette fin de non-recevoir devroit-elle être reçue dans les demandes en divorce, fondées sur cause d'adultère, lorsque cette fin de non-recevoir seroit prise de l'adultère de l'époux demandeur. Elle se trouve expressément établie dans la loi 39, ff. *solut. mat.* Il faut voir cette belle loi du sage *Papinien.* Les mêmes motifs qui la dictèrent, doivent nous en faire adopter les dispositions. Comme chez les Romains, le mariage, chez nous, est un contrat qui impose aux époux une fidélité réciproque, des mœurs exactes, une conduite également irréprochable. Or, il est de la nature de pareils contrats de rejeter les plaintes de celui des époux coupable de la même infraction au contrat »(1).

On voit que ce système avoit été suggéré par les sentimens les plus louables, par le respect pour la morale et par l'amour de la justice.

_____

(1) Observations de la Cour d'appel d'Agen, *page 7.*

Mais il s'agit d'en discuter les motifs.

C'étoit,

D'un côté, l'autorité des lois romaines;

Et de l'autre, l'opinion que la violation réciproque du devoir réciproque de fidélité, devoit faire également taire les deux parties.

I.ʳᵉ Sᴜʙᴅɪᴠɪsɪᴏɴ.

La Proposition ne pouvoit être justifiée par l'autorité des Lois romaines.

Oɴ s'étoit mépris sur le sens de la loi 39, ff. *solut. mat.*, lors-qu'on avoit supposé qu'elle écartoit la demande en divorce de l'époux qui, par sa conduite, avoit donné lieu à la femme de former aussi une semblable demande.

Il faut se rappeler que, chez les Romains, le divorce étoit toujours suivi d'une peine pécuniaire contre le défendeur qui avoit succombé.

Cette peine portoit sur la dot.

Lorsque le divorce étoit prononcé contre le mari, le mari devoit rendre la dot à l'instant, et ne profitoit ni des termes, ni des fruits qu'il auroit eus sans cette condamnation. *Uʟᴘ. Fragm. tit. 6, §. 13.*

Lorsque le divorce étoit prononcé contre la femme, le mari re-tenoit à son profit une portion plus ou moins considérable de la dot, suivant que la cause étoit plus ou moins grave. *Uʟᴘ. Fragm. tit. 6, §. 13.*

Dans cet état de choses, la loi 39, ff. *solut. matrim.*, n'avoit d'autre but que de faire cesser ces peines pécuniaires, quand de part et d'autre les mœurs étoient déréglées : elle ne tendoit nulle-ment à déterminer les cas où le divorce auroit ou n'auroit pas lieu.

C'est par ces raisons qu'elle se trouve placée, non dans le titre *De divortiis et repudiis*, mais dans le titre qui porte pour rubrique *Soluto matrimonio dos quemadmodum petatur*, c'est-à-dire, parmi les dispositions destinées à régler les effets de la dissolution du mariage, par rapport à la restitution de la dot.

Elle décide que quand les deux époux s'accusent de déréglemens, il seroit injuste de laisser l'un d'eux se prévaloir d'une infraction dont ils sont l'un et l'autre coupables; que la faute étant réciproque, la peine doit être compensée : *Viro atque uxori mores invicem accusantibus, causam repudii dedisse utrumque pronuntiatum est. Id ita accipi debet, ut eâ lege quam ambo contempserunt, neuter vindicetur. Paria enim delicta, mutuâ pensatione dissolvuntur.* L. 39, ff. solut. matrim.

Au reste, cette disposition n'est pas même particulière au cas où le mari s'est souillé par un adultère; elle est pour tous ceux où il a offensé les mœurs : telle seroit l'hypothèse où il auroit lui-même prostitué sa femme. *Cum mulier viri lenocinio adulterata fuerit, nihil ex dote retinetur. Cur enim improbet maritus mores quos ipse aut ante corrupit, aut posteà probavit! Si tamen ex mente legis sumet quis, ut nec accusare possit qui lenocinium uxori præbuerit; audiendus est.* L. 47, eod. tit.

La législation romaine ne préjugeoit donc pas la question.

Mais ce n'est là qu'un point de fait : quel qu'eût été le sentiment des Romains, c'étoient les idées naturelles de justice qu'il convenoit de consulter avant tout.

Ici se présentoit dès-lors la question de savoir si la violation réciproque du devoir réciproque de fidélité devoit réduire les deux époux au silence.

II.ᵉ Subdivision.

La réciprocité des torts ne devoit pas éteindre l'Action.

N'oublions pas que ce n'est pas sous le rapport de la morale que le Code attribue à l'adultère l'effet d'opérer le divorce *.

---

* *Voyez page 105.*

Il donne l'action en divorce au mari pour qu'il puisse empêcher la femme de déshonorer davantage son nom, d'introduire dans la famille des enfans étrangers *.

Il veut enfin que les époux puissent se délier lorsque la vie commune leur est devenue insupportable; que lorsque le lien moral du mariage, c'est-à-dire l'union des cœurs ne subsiste plus, les époux ne soient pas forcés de demeurer dans le lien extérieur et civil, qui n'est plus qu'un chaîne accablante.

Or, la réciprocité du crime n'affoiblit pas ces motifs.

Ce seroit donc manquer le but, que d'ôter à l'un des époux le droit de se plaindre, parce que lui-même a donné lieu à des plaintes.

Et ce système conduiroit aux conséquences les plus funestes; chacun des époux pourroit prolonger indéfiniment ses désordres, sans que personne pût y mettre un terme, pas même l'époux qui reviendroit à la vertu. La femme continueroit d'introduire impunément dans la famille des enfans étrangers, au scandale de la société et au préjudice des enfans légitimes; elle deviendroit à jamais inaccessible à la peine que lui réserve l'article 298, et qu'il charge le ministère public de lui faire infliger, lorsque le divorce est prononcé.

La réciprocité de l'adultère ne pouvoit donc devenir une fin de non-recevoir.

II.ᵉ Division.

La Réconciliation des Époux, pourvu qu'elle précède le jugement, étoit la seule fin de non-recevoir que la loi dût admettre.

Il faut justifier ce principe;

---

* *Voyez page 106.*

Voir s'il s'applique également à toutes les causes déterminées de divorce ;

Expliquer dans quel temps il peut être invoqué.

I.ʳᵉ Sᴜʙᴅɪᴠɪsɪᴏɴ.

Comment la Réconciliation des Époux peut seule détruire la cause du Divorce.

Dᴇ ce qui vient d'être dit sur l'objet du divorce, on doit conclure que tant que la cause qui a produit l'action, subsiste, l'action doit subsister aussi. On ne peut, sous aucun prétexte, laisser malgré eux les époux dans la situation pénible où ils se trouvent placés.

Mais aussi, dès que cette situation cesse, il n'y a plus de divorce.

Or, elle ne peut cesser que par la réconciliation, par le pardon que l'époux coupable parvient à mériter, et que lui accorde l'époux offensé.

II.ᵉ Sᴜʙᴅɪᴠɪsɪᴏɴ.

Le rapprochement des Époux fait-il tomber la demande en Divorce, fondée sur la condamnation de l'un d'eux à une peine infamante !

Lᴀ réconciliation suppose une offense.

On conçoit donc que le rapprochement entre les époux doit faire tomber l'action en divorce, toutes les fois qu'elle est fondée sur l'adultère, les excès, les sévices, une injure grave.

Mais il n'en sauroit être de même, lorsque la demande a pour cause la condamnation de l'un des époux à une peine infamante. Le condamné n'a offensé que la société. S'il est permis à l'époux innocent de faire prononcer le divorce, ce n'est pas comme offensé, c'est à cause de la répugnance qu'éprouve naturellement un cœur honnête d'associer son sort à celui d'un être dégradé *. Dès-lors il n'y a pas lieu à réconciliation ; dès-lors aussi la fin de non-recevoir établie par l'article 272 ne peut s'appliquer à ce cas.

Tel est aussi le système du Code, et l'article 261 ne permet pas d'en douter.

En effet, si l'on eût voulu laisser au condamné la faculté d'opposer une fin de non-recevoir, on n'auroit pu se dispenser d'ordonner qu'il seroit averti de la demande, et mis en état de la contester.

Cependant l'article 261 exclut l'instruction contradictoire ; il n'oblige le demandeur qu'à produire le jugement pour obtenir l'effet de sa demande ; il décide que *les SEULES formalités à observer* consisteront dans cette production.

III.e SUBDIVISION.

Dans quel temps la Réconciliation doit intervenir pour opérer une fin de non-recevoir.

III.e PARTIE.

A quelque époque que la réconciliation survienne, pourvu que ce soit avant la dissolution du mariage, elle efface nécessairement les torts antérieurs. Avec quel empressement le Législateur a dû recueillir ce principe, qui, au surplus, émane de la nature des choses ! « La réconciliation des époux est toujours si desirable ! C'est sans contredit le premier vœu de la société » (1).

_____

(1) M. Treilhard, Exposé des motifs, Procès-verbal du 19 ventôse an II, tome II, page 553.
Voyez page 121.

II.e PARTIE.

LIMITES DE LA FIN DE NON-RECEVOIR QUI RÉSULTE DE LA RÉCONCILIATION DES ÉPOUX.

ARTICLE 273.

DANS l'un et l'autre cas, le demandeur sera déclaré non recevable dans son action ; il pourra néanmoins en intenter une nouvelle pour cause survenue depuis la réconciliation, et alors faire usage des anciennes causes pour appuyer sa nouvelle demande.

« PAR la réconciliation, toute action pour le passé doit être éteinte ; mais, si de nouveaux torts pouvoient occasionner de nouvelles plaintes, ces griefs effaceroient tout l'effet de la réconciliation, comme elle auroit elle-même effacé les premiers griefs ; et l'époux maltraité, d'autant plus intéressant qu'il auroit montré plus d'indulgence, rentreroit alors dans tous ses droits » (1).

III.e PARTIE.

COMMENT LA RÉCONCILIATION EST PROUVÉE.

ARTICLE 274.

SI le demandeur en divorce nie qu'il y ait eu réconciliation, le défendeur en fera preuve, soit par écrit, soit par témoins, dans la forme prescrite en la première section du présent chapitre.

LA Commission vouloit que la réconciliation, lorsqu'elle seroit déniée, pût être justifiée non-seulement par des preuves positives,

---

(1) M. *Treilhard*, Exposé des motifs, Procès-verbal du 19 ventôse an 11, *tome II*, page 553.

mais

mais encore *par une présomption de droit résultant de la grossesse de la femme survenue depuis la demande en divorce ou depuis le fait sur lequel cette demande est fondée* (1).

Cependant elle ajoutoit que *cette présomption seroit détruite par la preuve de l'adultère ou de la continuation de celui qui auroit donné lieu à la demande* (2).

Les Cours attaquèrent ce système.

La Cour de cassation observa que « ce fait de grossesse de la femme, qu'on proposoit comme une présomption de droit d'une réconciliation, seroit le plus souvent un nouveau crime de la femme, un nouveau titre de divorce » (3).

Les Cours d'appel de Besançon, Bourges, Douay, Lyon et Paris, firent la même observation (4).

Celle de Besançon ajouta que « la facilité donnée au mari d'opposer à la fin de non-recevoir l'adultère de la femme, n'étoit pas capable de rassurer, parce que la preuve de ce crime est trop difficile » (5).

Elle pensoit « que la circonstance de la grossesse, sans aucune autre preuve de réconciliation, devoit paroître insuffisante, et que les juges devoient avoir une grande latitude de pouvoir pour l'admettre ou la rejeter » (6).

Ces réflexions ont fait écarter la présomption de droit. La réconciliation doit être prouvée, soit par écrit, soit par témoins, c'est-à-dire, de la même manière que les causes de la demande en divorce.

---

(1) *Voyez* Projet de Code civil, *livre I.ᵉʳ, titre VI, articles 41 et 42, page 50.* — (2) Ibid., *article 48, page 51.* — (3) Observations de la Cour de cassation, *page 99.* — (4) Observations de la Cour d'appel de Besançon, *page 4*; — de la Cour d'appel de Bourges, *page 7*; — de la Cour d'appel de Douay, *page 8*; — de la Cour d'appel de Lyon, *page 37*; — de la Cour d'appel de Paris, *page 54.* — (5) Observations de la Cour d'appel de Besançon, *page 4.* — (6) Ibid.

3.　　　　　　　　　　　M m

CHAPITRE III.

DU DIVORCE PAR CONSENTEMENT MUTUEL.

Les articles qui composent ce chapitre, sont relatifs,

1.º Aux conditions sous lesquelles le divorce par consentement mutuel peut être admis;

2.º Aux mesures préliminaires qui doivent être prises;

3.º A la procédure en première instance;

4.º A la procédure sur appel;

5.º A l'exécution du jugement et à la déchéance :

Ils seront en conséquence classés sous cinq parties.

I.ʳᵉ PARTIE.

DES CONDITIONS SOUS LESQUELLES LE DIVORCE PAR CONSENTEMENT MUTUEL PEUT ÊTRE ADMIS.

(Articles 275, 276, 277 et 278.)

Aux causes d'exclusion qu'admet le Code, on avoit d'abord ajouté une condition : on vouloit que le divorce par consentement mutuel fût interdit lorsqu'il y auroit des enfans du mariage.

Je dois rendre compte des motifs qui ont fait rejeter cette condition.

Je parlerai ensuite des conditions qui ont été admises.

I.ʳᵉ Division.

Pourquoi la Condition de la non-existence d'enfans a été rejetée.

L'existence d'enfans n'a jamais paru devoir faire obstacle au divorce pour causes déterminées. Le doute ne s'est élevé que par rapport au divorce par consentement mutuel.

On s'est partagé sur cette condition, et même les opinions ont varié.

On n'en parla d'abord que pour l'écarter (1).

Des réfléxions postérieures la firent proposer (2).

La Section la présenta dans une de ses rédactions (3);

Elle fut combattue (4);

Le Conseil d'état la rejeta (5);

Le Tribunat la réclama.

Ses observations furent examinées et le Conseil persista dans son opinion (6).

Tel est le résumé historique de cette discussion.

Mais il faut exposer les raisons sur lesquelles les deux avis étoient fondés.

I.ʳᵉ Subdivision.

Raisons pour l'Affirmative.

On a dit : « La proposition d'interdire le divorce par consente-

---

(1) Le *Consul Cambacérés,* Procès-verbal du 14 vendémiaire an 10, *tome I.ᵉʳ, page 316.* — (2) Le *Consul Cambacérés,* Procès-verbal du 16 vendémiaire, *p. 328 ;* — M. *Portalis,* ibid, *page 329 ;* — Le *Ministre de la Justice,* ibid.; — M. *Maleville,* ibid, *page 331.* — (3) *Rédaction présentée* par M. *Emmery,* art. 1.ᵉʳ, Procès-verbal du 4 brumaire an 10. — (4) M. *Réal,* ibid.; — Le *Premier Consul,* ibid.; — M. *Regnault* (de Saint-Jean d'Angely), ibid.; — M. *Boulay,* ibid.; — M. *Rœderer,* ibid. — (5) *Décision,* ibid. — (6) *Décision,* Procès-verbal du 20 brumaire an 11, *tome II, page 156.*

ment mutuel, lorsqu'il y a des enfans du mariage, peut étonner au premier aspect, attendu que dans cette matière toute l'attention se porte sur les époux : mais le Législateur ne doit-il pas aussi s'occuper des enfans » (1) ?

Leurs droits et leur intérêt le lui commandent.

Leurs droits : « Ils sont des tiers intéressés au contrat » (2); « il leur appartient au moins autant qu'aux époux » (3) : dès-lors « il ne paroît pas possible, quand il y a des enfans, d'admettre le consentement mutuel des époux comme preuve suffisante d'une incompatibilité capable de dissoudre le contrat » (4). « Les choses ne sont plus entières comme au moment où le consentement qui a formé le mariage a été donné » (5). « S'il est vrai de dire qu'une convention peut être annullée par la volonté de ceux qui l'ont formée, il est également vrai qu'elle doit subsister si, en la détruisant, on préjudicie à des tiers » (6).

Leur intérêt : « Combien sont à plaindre ceux qui, devant le jour à des époux divorcés, se sont vus presqu'en naissant déposés dans des familles qui leur sont à demi étrangères » (7) ? « Qui peut douter que des enfans en minorité n'aient à souffrir d'une résolution qui les rend orphelins, et qui, pour ainsi dire, ne leur laisse plus de maison, de famille » (8) ?

II.ᵉ Subdivision.

Raisons qui ont décidé pour la Négative.

On n'a pas contesté les droits des enfans ; mais d'abord, on

(1) Le *Consul Cambacérés*, Procès-verbal du 16 vendémiaire an 10, *tome I.ᵉʳ*, p. *328.* — (2) Ibid. — (3) Observations du Tribunat. — (4) Ibid. — (5) Le *Ministre de la justice*, Procès-verbal du 16 vendémiaire an 10, *tome I.ᵉʳ*, page *329.* — (6) Le *Consul Cambacérés*, Procès-verbal du 14 vendémiaire, *page 315.* — (7) Le *Consul Cambacérés*, Procès-verbal du 16 vendémiaire, *p. 328.* — (8) Le *Consul Cambacérés*, Procès-verbal du 14 vendémiaire, *page 315.*

a observé que « l'existence des enfans est ici une circonstance absolument indifférente» (1). «La violation du contrat est la même, soit qu'il y ait, soit qu'il n'y ait pas d'enfans » (2). « Le droit au divorce est donc acquis dans l'un et l'autre cas, puisque : la position respective des époux est absolument semblable » (3).

Qu'on fasse valoir ce droit en formant la demande pour causes déterminées ou en employant le consentement mutuel, peu importe, « car le consentement n'influe que comme preuve » (4) ; et « les formes qu'on a introduites, les conditions qu'on a prescrites, sont telles, que leur observation rigoureuse ne permettra pas même le plus léger doute sur l'existence d'une cause péremptoire du divorce » (5).

Mais il y a plus : l'intérêt, soit moral, soit pécuniaire des enfans, exige que le divorce par consentement mutuel soit autorisé.

Et d'abord, leur intérêt moral. « Quel intérêt plus pressant peuvent-ils avoir que celui de sauver d'un éclat fâcheux le nom qu'ils doivent porter dans le monde, pour ne pas y entrer sous de fâcheux auspices » (6)? « Il est utile, pour leur honneur, de ne pas obliger l'époux à qui le divorce est devenu nécessaire, à les flétrir par une action publique contre l'autre époux » (7). « S'il importe de jeter un voile officieux sur de graves écarts qui ne permettent plus à des époux de vivre ensemble, n'est-ce pas sur-tout quand il y a des enfans ? N'est-ce pas alors qu'une rupture scandaleuse est plus funeste » (8)?

« Il est de leur intérêt encore de ne pas voir des étrangers venir

---

(1) M. *Boulay*, Procès-verbal du 4 brumaire an 10. — (2) Ibid. — (3) M. *Treilhard*, Exposé des motifs, Procès-verbal du 19 ventôse an 11, *tome II, page 551.* — (4) Le *Premier Consul*, Procès-verbal du 4 brumaire an 10. — (5) M. *Treilhard*, Exposé des motifs, Procès-verbal du 19 ventôse an 11, *tome II, page 551.* — (6) Ibid. — (7) M. *Réal*, Procès-verbal du 4 brumaire an 10. — (8) M. *Berlier*, Procès-verbal du 20 brumaire an 11, *tome II, page 155.*

prendre place dans la famille, à n'être pas scandalisés par la division qui règne dans la maison paternelle, ou par les désordres de leur mère » (1); et il faut se souvenir que sans le divorce par consentement mutuel, beaucoup d'époux malheureux n'oseroient demander la dissolution du mariage *.

« Rien donc, dans l'ordre moral, ne justifie la distinction proposée » (2).

« Dans l'intérêt *pécuniaire* des enfans, elle est plus fausse encore. En effet, le *consentement mutuel* suppose nécessairement le desir ou le besoin réciproque de divorcer; or, qu'arriveroit-il, si ce moyen étoit ôté à des époux ayant des enfans » (3)! « Il leur resteroit d'autres voies, notamment celle des sévices et mauvais traitemens : ils l'emploieroient d'accord; ils se distribueroient les rôles; l'un attaqueroit, l'autre ne se défendroit point ou se défendroit foiblement, et le divorce seroit le résultat nécessaire de cette collusion, le plus souvent invisible » (4). Le divorce par consentement mutuel, au contraire, pourvoit à l'intérêt des enfans, puisque, dès ce moment, leurs père et mère sont tenus de leur assurer *la moitié de leurs biens* (5).

Si l'on se reporte maintenant à l'intérêt de la société, on est convaincu que « la circonstance des enfans fournit encore un nouveau préservatif contre l'abus possible du consentement mutuel, par cela même que les époux se trouvent dépouillés de la moitié de leurs propriétés, qui de droit est acquise aux enfans » (6). « Voilà le vrai frein en cette matière, la vraie garantie contre

(1) M. *Boulay*, Procès-verbal du 4 brumaire an 10. — (2) M. *Berlier*, Procès-verbal du 20 brumaire an 11, *tome II, page 155.* — (3) Ibid.— (4) Ibid. — (5) Ibid, *page 156.* — (6) M. *Treilhard*, Exposé des motifs, Procès-verbal du 19 ventôse, *tome II, page 551.*

* *Voyez pages 133 et 136.*

l'abus; le Législateur, qui ne crée point les passions des hommes, ne peut empêcher que des époux ne soient malheureux ensemble, et ne doit pas leur interdire, en ce cas, le divorce par consentement mutuel; mais il leur impose des sacrifices tels que l'emploi de ce moyen porte avec lui la preuve de sa nécessité » (1).

Ainsi, et sous ce rapport, « la proposition inverse eût peut-être été plus spécieuse, en ce que n'y ayant rien à assurer à des enfans qui n'existent point, la disposition qu'on examine perd sa principale garantie à l'égard des époux sans enfans, et peut, à leur égard, se prêter un peu trop à de simples caprices » (2). « Cependant, comme dans ce dernier cas, les conséquences sont moins graves, le divorce par *consentement mutuel* peut être maintenu à l'égard d'époux sans enfans » (3).

Enfin, le principe fondamental du divorce repousse aussi cette distinction : « Priver de l'usage du divorce les époux qui ont des enfans, c'est le retirer aux neuf dixièmes des époux, puisque le nombre des mariages stériles est heureusement très-petit » (4).

II.ᵉ Division.

Des Conditions qui ont été admises. (Articles 275, 276, 277 et 278.)

Le Code ne permet le divorce par consentement mutuel, qu'autant

Que les époux sont majeurs,

Que le mariage est contracté depuis plus de deux ans,

Qu'il a subsisté moins de vingt années,

Que la femme n'a pas atteint l'âge de quarante-cinq ans,

---

(1) M. *Berlier*, Procès-verbal du 20 brumaire an 11, *tome II, page 156.* — (2) Ibid. — (3) Ibid. — (4) M. *Réal*, Procès-verbal du 4 brumaire an 10.

Que les époux ont obtenu le consentement de leurs ascendans respectifs.

I.re CONDITION.

La Majorité des Époux.

ARTICLE 275.

LE consentement mutuel des époux ne sera point admis, si le mari a moins de vingt-cinq ans, ou si la femme est mineure de vingt-un ans.

IL est facile d'apercevoir le motif de cet article. « Le mari a-t-il moins de vingt-cinq ans, la femme moins de vingt-un ans, leur mésintelligence est imputée à la légèreté de leur âge : ils ne sont pas même entendus » (1).

La rédaction communiquée au Tribunat portoit : *Le consentement d'époux mineurs n'est point admis* (2).

Le Tribunat demanda « qu'il fût exprimé formellement que le divorce par consentement mutuel ne seroit pas permis au mari avant l'âge de vingt-cinq ans, à la femme avant l'âge de vingt-un ans.

» Cette explication lui paroissoit nécessaire pour faire cesser l'équivoque qui résulteroit de ce qu'il y a deux majorités, l'une qui est celle de droit, fixée à vingt-un ans; l'autre qui est relative à la faculté du mariage, qui est de vingt-cinq ans pour les mâles et de vingt-un ans pour les filles. Il a paru convenable de choisir, pour le cas dont il s'agit, la majorité matrimoniale. Il faut la même maturité de raison pour dissoudre un mariage, que pour le contracter » (3).

Cette observation a été adoptée.

---

(1) M. *Gillet*, Tribun, *tome I.er, page 495.* — (2) *Rédaction communiquée au Tribunat, article 46;* Procès-verbal du 22 fructidor an 10, *tome II, page 22.* — (3) Observations du Tribunat.

II.e CONDITION.

Que le Mariage ait duré un certain temps.

ARTICLE 276.

Le consentement mutuel ne sera admis qu'après deux ans de mariage.

Le divorce par consentement mutuel est fondé sur l'existence d'une incompatibilité réciproque. Mais pour croire qu'elle existe, « il faut avoir laissé aux époux le temps de se connoître et de s'éprouver » (1).

III.e et IV.e CONDITIONS.

Que le Mariage ne subsiste pas depuis très-long-temps, et que la femme n'ait pas accompli sa quarante-cinquième année,

ARTICLE 277.

Il ne pourra plus l'être après vingt ans de mariage, ni lorsque la femme aura quarante-cinq ans.

« L'INCOMPATIBILITÉ mutuelle d'humeur étant la cause réelle de ces sortes de divorces, il ne seroit pas naturel de l'admettre après que les époux ont vécu pendant vingt ans en bonne intelligence » (2). « On doit repousser le consentement mutuel, lorsqu'une longue et paisible cohabitation atteste la compatibilité des caractères » (3). « La loi dit alors aux époux : Ne dédaignez pas dans la saison de

---

· (1) M. *Treilhard*, Exposé des motifs, Procès-verbal du 19 ventôse an 11, *tome II, page 549.* — (2) M. *Emmery*, Procès-verbal du 14 nivôse an 10. — (3) M. *Treilhard,* Exposé des motifs, Procès-verbal du 19 ventôse an 11, *tome II, page 549.*

l'automne, ce qui fit le charme de votre printemps. Où trouveriez-vous ailleurs une même constance et de communs souvenirs! Ne rejetez pas le joug auquel vous êtes accoutumés : il ne vous est pas insupportable, puisque vous y fûtes soumis si long-temps » (1).

V.ᵉ CONDITION.

Le Consentement des Ascendans.

ARTICLE 278.

DANS aucun cas, le consentement mutuel des époux ne suffira, s'il n'est autorisé par leurs pères et mères, ou par leurs autres ascendans vivans, suivant les règles prescrites par l'article 150, au titre *Du Mariage.*

J'AI expliqué l'objet de cette condition en traitant du système général du divorce par consentement mutuel *.

J'ajouterai seulement qu'on avoit demandé que 5 cette condition fût restreinte aux époux mineurs 6 (2).

Cette proposition n'a pas été adoptée et ne devoit pas l'être : on eût dénaturé l'institution; car l'intervention des ascendans est, comme on l'a dit **, une des plus fortes garanties que le consentement mutuel n'est employé que comme signe qu'il existe des causes réelles de divorce et non comme cause lui-même. Ce motif ne permettoit pas d'exemption : il n'y avoit plus à distinguer entre mineurs et majeurs; les uns et les autres peuvent abuser du divorce; il faut donc la même garantie contre tous : « les époux majeurs doivent toujours être considérés comme mineurs, parce que les passions ne leur permettent pas d'user de leur maturité d'esprit » (3).

La rédaction communiquée au Tribunat portoit: *Dans aucun cas*

(1) M. *Gillet*, Tribun, tome I.ᵉʳ, page 496. — (2) M. *Emmery*, Procès-verbal du 14 vendémiaire an 10, tome I.ᵉʳ, page 315. — (3) Le *Premier Consul*, ibid.
* *Voyez page 161.* — ** *Voyez* ibid.

le consentement mutuel des 'époux ne *suffira*, s'il n'est autorisé par leurs pères et mères, ou par leurs autres ascendans vivans , si les pères et mères sont morts (1).

Le Tribunat proposa d'ajouter que le consentement des ascendans seroit déterminé *suivant les règles prescrites* au titré *Du Mariage.*

« L'objet de cette addition, dit-il, est de lever toute incertitude sur l'ordre dans lequel les parens doivent être appelés, et il paroît convenable que cet ordre soit, dans ce cas, le même que dans celui du mariage » (2).

Cet amendement a été adopté, et en conséquence l'article 278 se réfère à l'article 150 *.

II.ᵉ PARTIE.

DES MESURES PRÉLIMINAIRES QUI DOIVENT ÊTRE PRISES. (Articles 279 et 280.)

C<small>ES</small> mesures concernent les biens et les personnes.

Ire D<small>IVISION</small>.

Mesures relatives aux Biens.

ARTICLE 279.

L<small>ES</small> époux déterminés à opérer le divorce par consentement mutuel , seront tenus de faire préalablement inventaire et estimation de tous leurs biens meubles et immeubles, et de régler leurs droits respectifs, sur lesquels il leur sera néanmoins libre de transiger.

(1) *Rédaction communiquée au Tribunat, article 49 ;* Procès-verbal du 22 fructidor an 10, *tome II, page 22.* — (2) Observations du Tribunat.

* *Voyez tome II, page 71.*

Cet article contient trois dispositions :

Il ordonne aux époux de faire un inventaire et une estimation de leurs biens ;

Il veut qu'ils règlent leurs droits respectifs ;

Il leur permet de transiger sur ces droits.

I.re SUBDIVISION.

De l'Inventaire et de l'Estimation des Biens.

L'INVENTAIRE et l'estimation des biens sont indispensables pour parvenir au réglement des droits.

C'est par cette raison qu'ils sont forcés, le réglement préalable des droits ayant été jugé nécessaire dans le cas du divorce par consentement mutuel.

II.e SUBDIVISION.

Du Réglement des Droits.

« Il étoit très-important d'ordonner le réglement des droits, pour empêcher que la femme ne fût obligée de plaider après le divorce, à l'effet d'obtenir la liquidation de ses reprises, et ne demeurât cependant dans l'indigence pendant le cours du procès »(1).

On a voulu que les parties se réglassent elles-mêmes, parce qu'il a paru « difficile de les envoyer devant les Tribunaux, lorsque, pour les éviter, elles recourent au consentement mutuel » (2).

Il n'en est pas ici comme dans l'autre mode de divorce. Lorsque la dissolution du mariage est demandée pour une cause déterminée, c'est la justice qui prononce. Lorsqu'elle est l'effet du consentement

---

(1) M. *Tronchet*, Procès-verbal du 14 nivôse an 10. — (2) M. *Emmery*, ibid.

mutuel, la justice n'intervient que pour vérifier , éprouver et sanctionner la volonté des époux *.

On a donc pensé que s'ils étoient obligés de s'accorder sur le sort du mariage, on devoit à plus forte raison les obliger de se mettre d'accord sur les effets que le divorce auroit par rapport aux biens.

On objectera que le débat d'intérêt peut empêcher le consente-ment mutuel d'intervenir.

Mais il n'est pas dans l'esprit de la loi d'encourager le divorce: « L'obligation dont il s'agit ici a été au contraire imposée aux époux pour rendre le divorce plus difficile » (1).

Au surplus , la faculté qu'ils ont de transiger peut aplanir beaucoup de difficultés.

III.e SUBDIVISION.

De la Faculté de transiger.

ON a objecté contre cette faculté « que la femme ne peut transiger tant qu'elle est en la puissance de son mari, et que cependant elle y demeure jusqu'à ce que le divorce soit pro-noncé » (2).

Cette objection a été repoussée par deux réponses faites dans deux systèmes différens.

D'un côté, on a dit « que la femme est sans doute sous la puis-sance maritale tant que le mariage subsiste encore ; mais qu'en général elle se fait autoriser par le juge toutes les fois que les cir-constances la forcent de traiter avec son mari » (3).

---

(1) M. *Emmery*, Procès-verbal du 14 nivôse an 10. — (2) M. *Defermon*, ibid. — (3) M. *Tronchet*, ibid.

* *Voyez pages 302 et suiv.*

. D'un autre côté, on a soutenu « que, dans le cas de l'article, l'autorisation de la loi supplée celle du mari » (1); « qu'elle équivaut aussi à l'autorisation que pourroient accorder les Tribunaux » (2).

Cependant la rédaction proposée, qui est conforme au texte de l'article 278, « n'obligeant pas la femme à prendre l'autorisation du juge » (3), et se bornant ainsi à celle de la loi, la question étoit de savoir si l'on maintiendroit ce système, ou si l'on renverroit la femme à la justice.

« Ici il faut se rappeler que la nécessité où est la femme de se faire autoriser par son mari, a pour principe l'obéissance qu'elle lui doit, et non la foiblesse du sexe *.

Sous ce premier rapport, on ne pouvoit pas balancer. L'autorisation de la loi devoit suffire à la femme, que dans ce cas particulier il étoit indispensable d'affranchir des règles ordinaires.

Cependant on ne pouvoit s'empêcher d'envisager la question sous un autre rapport, sous celui de la lésion à laquelle la femme pouvoit se trouver exposée, et alors il importoit d'examiner si, pour l'en garantir, il ne convenoit pas de ne lui permettre de transiger que sous l'autorité du juge.

Mais d'abord, le Législateur devoit-il se mettre en peine du tort que la transaction pourroit causer à la femme ?

« Lorsque les parties préfèrent le divorce par consentement mutuel, c'est qu'elles sont d'accord sur les conséquences qu'il entraînera : les sacrifices sont du nombre de ces conséquences » (4).

« Quelquefois même la lésion que la femme éprouve est juste, parce qu'elle est le prix du silence qu'on a gardé sur les causes scandaleuses du divorce » (5).

___

(1) M. *Boulay*, Procès-verbal du 14 nivôse an 10. — (2) Ibid. — (3) M. *Defermon*, ibid. — (4) M. *Emmery*, ibid. — (5) M. *Tronchet*, ibid.

* *Voyez tome II, page 345.*

Cependant le Conseil d'état a pensé qu'on ne devoit céder à ces raisons, lorsqu'on ne trouvoit pas de moyen d'empêcher que la femme ne fût lésée.

L'autorisation du juge pouvoit-elle opérer cet effet ? (1) «

On a dit pour l'affirmative, que « le juge n'autoriseroit qu'en connoissance de cause ; il veilleroit aux intérêts de la femme, et refuseroit son autorisation s'il craignoit qu'elle n'y fût préjudiciable. Il convient donc d'ajouter à l'article que la femme se fera autoriser par le Tribunal » (1). « Sans cette précaution, le mari auroit trop d'ascendant » (2). Enfin, « il ne faut pas perdre de vue que le mari, pour s'emparer des biens de la femme à la faveur d'un divorce, emploieroit la violence à l'effet de lui arracher son consentement ; elle acheteroit la tranquillité par une transaction » (3).

Une réflexion bien simple a écarté ces raisons : « l'autorisation du juge n'eût été que de pure forme, puisque l'acte n'auroit pas été soumis à son approbation ; d'ailleurs, l'article se borne à rendre la transaction facultative, au lieu qu'elle deviendroit forcée si elle étoit ordonnée par la loi » (4).

Alors, pour donner de l'effet à l'intervention du juge, il a été proposé « d'ordonner qu'elle ne seroit accordée qu'après l'inventaire et l'estimation des biens, et qu'elle porteroit sur le projet de partage » (5).

Mais ce moyen lui-même n'étoit pas sans difficulté : il falloit renvoyer devant les Tribunaux des parties qui ne recouroient au consentement mutuel que pour empêcher la justice d'intervenir dans leurs démêlés (6).

---

(1) M. *Tronchet*, Procès-verbal du 14 nivôse an 10. — (2) M. *Regnaud* (de Saint-Jean-d'Angely), ibid. — (3) M. *Defermon*, ibid. — (4) M. *Berlier*, ibid. — (5) M. *Regnaud* (de Saint-Jean-d'Angely), ibid. — (6) M. *Emmery*, ibid.

« Pour tout concilier, on a proposé de soumettre la transaction aux parens au lieu de la soumettre aux Tribunaux ; les parens auroient jugé si la femme se trouve lésée, s'il est juste qu'elle le soit » (1).

Cette disposition a été d'abord adoptée (2).

Depuis on l'a retranchée de la loi.

En effet, la femme a une ressource beaucoup plus simple dans le droit qui lui appartient, de réclamer contre l'acte qu'on lui auroit extorqué.

On avoit pensé d'abord « qu'il devroit lui être permis d'exercer ce droit après le divorce prononcé » (3).

Mais c'eût été s'écarter de l'esprit de l'article 279, qui prend toutes les mesures possibles pour qu'après l'admission du divorce, il n'y ait plus rien à juger entre les époux.

On a donc considéré que « ces réclamations tardives devoient être interdites à la femme » (4); qu'on ne devoit admettre ses réclamations qu'avant le divorce. « Il y a des épreuves ; il y a une séparation provisoire : or, il est impossible qu'à une des époques de cette longue procédure, la femme n'ait pas trouvé l'occasion de réclamer contre la lésion qu'elle a soufferte, et contre les violences qu'on a employées pour l'y faire consentir » (5).

Ces réflexions qui avoient été exposées dans la discussion, et dont alors on n'avoit pas assez senti la force, ont dans la suite fait supprimer la disposition qui soumettoit la transaction à la famille.

---

(1) M. *Tronchet*, Procès-verbal du 14 nivôse an 10. — (2) *Décision*, ibid. — (3) M. *Defermon*, ibid. — (4) M. *Emmery*, ibid. — (5) Ibid.

II.e Division.

IIᵉ DIVISION.

Des Mesures relatives aux Personnes.

ARTICLE 280.

ILs seront pareillement tenus de constater par écrit leur convention sur les trois points qui suivent :

1.º A qui les enfans nés de leur union seront confiés, soit pendant le temps des épreuves, soit après le divorce prononcé ;

2.º Dans quelle maison la femme devra se retirer, et résider pendant le temps des épreuves ;

3.º Quelle somme le mari devra payer à sa femme pendant le même temps, si elle n'a pas des revenus suffisans pour fournir à ses besoins.

LES mesures que cet article prescrit se rapportent, les unes aux enfans, les autres à la femme.

La loi fidèle au système que, dans le divorce par consentement mutuel, tout doit être réglé de gré à gré entre les époux, les laisse s'accorder sur l'éducation des enfans, sur la maison où la femme se retirera, sur les alimens qui lui seront fournis ; elle ne donne aucune règle comme dans le divorce pour causes déterminées * ; elle ne soumet rien à la décision du juge. Loin de là, le juge ne peut écouter les parties si toutes les mesures préliminaires n'ont été définitivement arrêtées par elles **.

---

* *Voyez Section II, I.ʳᵉ partie, page 236.* — ** *Voyez l'article 283, page 292.*

III.ᵉ PARTIE.

DE LA PROCÉDURE EN PREMIÈRE INSTANCE.

(Articles 281, 282, 283, 284, 285, 286, 287, 288, 289 et 290.)

« Les formes de l'instruction augmentent encore les garanties contre les surprises » (1).

Pour mieux faire sentir la sagesse du système, il est utile d'en présenter l'ensemble avant de le discuter dans ses détails.

« C'est en personne que les époux doivent faire leur déclaration devant le juge; ils écouteront ses observations; ils seront instruits par lui de toutes les suites de leurs démarches; ils sont tenus de produire les autorisations authentiques de leurs père, mère ou autres ascendans vivans; ils doivent renouveler leur déclaration en personne trois fois, de trois mois en trois mois : il faudra représenter à chaque fois la preuve positive que les ascendans persistent dans leur autorisation, afin que les magistrats ne puissent avoir aucun doute sur la persévérance dans cette volonté.

» Enfin, après l'expiration de l'année destinée à remplir toutes ces formalités, on se représentera devant le Tribunal, et sur la vérification la plus scrupuleuse de tous les actes, le divorce pourra être admis.

» Il étoit impossible de s'assurer de plus de manières, et par des preuves plus efficaces, de la nécessité du divorce, quand il interviendra par le consentement mutuel » (2).

Je passe au plan de cette troisième partie.

(1) M. *Treilhard,* Exposé des motifs, Procès-verbal de 19 ventôse an 11, *tome II, page 550.* — (2) Ibid.

Le Code réduit toute la procédure en première instance à deux choses :

La déclaration que font les parties et qu'elles sont obligées de renouveler ;

Le jugement qui admet ou qui refuse le divorce.

I.ʳᵉ DIVISION.

De la Déclaration des Parties. (Articles 281, 282, 283, 284 et 285.)

LES articles compris sous cette division concernent,

1.° La manière dont cette déclaration est présentée ;

2.° Le renouvellement de cette déclaration.

I.ʳᵉ SUBDIVISION.

Présentation de la Déclaration. (Articles 281, 282, 283 et 284.)

LE mode de présenter la déclaration, les exhortations que la loi oblige le juge de faire, les pièces qui doivent être déposées, le procès-verbal qui est dressé, tels sont les points que règlent les articles classés sous cette subdivision.

NUMÉRO I.ᵉʳ

Du Mode de présenter la Déclaration.

ARTICLE 281.

LES époux se présenteront ensemble, et en personne, devant le président du Tribunal civil de leur arrondissement, ou devant le juge qui en fera les fonctions, et lui feront la déclaration de leur volonté, en présence de deux notaires amenés par eux.

J'AI dit ailleurs que la nécessité de comparoître en personne ne

O o 2

souffre pas d'exception même lorsque le divorce est demandé pour causes déterminées * ; encore moins peut-on en admettre lorsque tout dépend d'un consentement mutuel dont il faut s'assurer.

Numéro II.

Des Exhortations du Juge.

ARTICLE 282.

Le juge fera aux deux époux réunis, et à chacun d'eux en particulier, en présence des deux notaires, telles représentations et exhortations qu'il croira convenables ; il leur donnera lecture du chapitre IV du présent titre, qui règle *les effets du divorce*, et leur développera toutes les conséquences de leur démarche.

On reconnoît ici l'esprit qui a dicté les articles 236, 237, 238, 239 et 240.

Numéro III.

Des Pièces qui doivent être déposées avec la Déclaration.

ARTICLE 283.

Si les époux persistent dans leur résolution, il leur sera donné acte, par le juge, de ce qu'ils demandent le divorce et y consentent mutuellement ; et ils seront tenus de produire et déposer à l'instant, entre les mains des notaires, outre les actes mentionnés aux articles 279 et 280,

1.° Les actes de leur naissance et celui de leur mariage ;

2.° Les actes de naissance et de décès de tous les enfans nés de leur union ;

3.° La déclaration authentique de leurs père et mère, ou autres ascendans vivans, portant que, pour les causes à eux connues, ils autorisent tel *ou* telle, leur fils *ou* fille, petit-fils *ou* petite-fille, marié *ou* mariée à tel *ou* telle, à demander le divorce et à y consentir. Les pères, mères, aïeuls et aïeules des époux seront présumés vivans jusqu'à la représentation des actes constatant leur décès.

On ne répétera pas ce qu'on a dit sur l'article 278, touchant l'ordre dans lequel le consentement des ascendans doit intervenir, ni sur le cas où celui qui est appelé à le donner se trouve, soit

---

* Voyez l'article 236, pages 197 et suivantes.

à raison de son éloignement, soit à raison de l'état de son esprit, hors d'état de l'accorder. *

Le Conseil d'état avoit étendu jusqu'au bisaïeul et à la bisaïeule la disposition qui répute les ascendans vivans, tant que l'acte de leur décès n'est pas produit (1).

Le Tribunat observa « qu'il y auroit trop de rigueur à exiger la preuve du décès des bisaïeuls et bisaïeules, qui très-rarement existent lors du mariage de leurs arrières-petits-enfans ; que d'ailleurs ceux-ci pourroient ignorer les dépôts, souvent éloignés, où seroient ces actes de décès. La présomption d'existence doit être bornée aux pères, mères, aïeuls et aïeules » (2).

Ces observations ont été adoptées.

Le point essentiel étoit de délivrer les parties d'une formalité trop incommode, et à laquelle il étoit presque impossible de satisfaire.

Quant à ce qui est de savoir si les expressions très - générales *ou autres ascendans vivans*, forcent les époux de demander le consentement de leur bisaïeul ou de leur bisaïeule lorsqu'ils vivent, elle se présentera si rarement, qu'il est presque inutile de s'en occuper.

Cependant si elle s'élevoit, il semble qu'elle devroit être résolue négativement, parce que la disposition finale de l'article 283 qui n'exige que la justification du décès de l'aïeul et de l'aïeule, explique et limite cette expression générale, *ou autres ascendans vivans*.

Mais la dernière partie de l'article fait naître une question plus sérieuse.

Il s'agit d'examiner si les actes de décès des ascendans peuvent

---

(1) *Rédaction communiquée au Tribunat, art. 54,* Procès-verbal du 22 fructidor an 10, *tome II, page 23.* — (2) Observations du Tribunat.

* *Voyez page 283.*

être suppléés pour le divorce par consentement mutuel, comme pour le mariage.

Écartons d'abord le cas où l'impossibilité de les représenter vient ou de ce qu'il n'y a pas eu de registres de l'état civil, ou de ce que ceux qui existoient ont été perdus. L'article 46, dans sa généralité, embrasse cette hypothèse et y pourvoit *.

Le point de la difficulté est de savoir si pour le divorce par consentement mutuel, on peut se prévaloir de l'avis du Conseil d'état du 27 messidor an 13, sur la manière de suppléer, relativement au mariage, les actes de décès des ascendans **.

Je ne le pense pas.

L'avis ne concerne que les mariages; ce ne seroit donc que par analogie qu'on pourroit l'étendre au divorce.

Or, il n'y a d'analogie qu'entre la nécessité de produire des actes de décès; cette nécessité est la même dans les deux cas. Mais il n'y a pas d'analogie entre les effets de cette production. Ici, elle a lieu pour former le mariage; là, c'est pour le dissoudre; c'est-à-dire, qu'ici elle opère un effet favorable, car le mariage l'est aux yeux du Législateur; que là, elle opère un effet défavorable, car quoique le Législateur autorise le divorce, il seroit dans son vœu qu'on ne fût jamais réduit à en faire usage.

La question est décidée par ce principe : que les lois dont l'effet est favorable sont seules susceptibles d'une interprétation étendue, que les autres doivent être prises *stricto sensu*.

---

* *Voyez tome I.er, pages 379 et suivantes.* — ** *Voyez tome II, pages 73 et suivantes.*

Numéro IV.

Du Procès-verbal qui est dressé.

ARTICLE 284.

LES notaires dresseront procès-verbal détaillé de tout ce qui aura été dit et fait en exécution des articles précédens; la minute en restera au plus âgé des deux notaires, ainsi que les pièces produites, qui demeureront annexées au procès-verbal, dans lequel il sera fait mention de l'avertissement qui sera donné à la femme de se retirer, dans les vingt-quatre heures, dans la maison convenue entre elle et son mari, et d'y résider jusqu'au divorce prononcé.

CE n'est point le juge qui dresse le procès-verbal ni qui le conserve, ce sont des notaires nommés par les parties.

On reconnoît toujours là cet esprit de la loi, qui veut que dans le divorce par consentement mutuel, tout soit volontaire, et que rien ne se fasse par l'autorité de la justice.

II.ᵉ SUBDIVISION.

Du Renouvellement de la Déclaration.

ARTICLE 285.

LA déclaration ainsi faite sera renouvelée dans la première quinzaine de chacun des quatrième, septième et dixième mois qui suivront, en observant les mêmes formalités. Les parties seront obligées à rapporter chaque fois la preuve, par acte public, que leurs pères, mères, ou autres ascendans vivans, persistent dans leur première détermination; mais elles ne seront tenues à répéter la production d'aucun autre acte.

RIEN n'étoit plus simple ou plutôt rien n'étoit plus scandaleux que le mode de divorce par consentement mutuel que la loi du 20 septembre 1792 avoit introduit.

Elle se contentoit d'une simple déclaration une fois faite, que les époux présentoient à une assemblée de parens et d'amis. Un mois après, s'ils persistoient dans leur résolution, ils se retiroient devant l'officier public et faisoient prononcer le divorce.

Voilà à quoi se réduisoient les épreuves.

Dès le principe de la discussion, on a reconnu l'insuffisance de ces formes ; on est convenu ʒ qu'il falloit soumettre les époux à des délais de résipiscence ʒ (1).

L'article 285 fixe en conséquence le temps d'épreuve à une année.

Mais il ne s'arrête pas là. Ce temps est utilement employé. Les époux sont obligés de comparoître de nouveau de trois en trois mois pour répéter leur déclaration. De tels rapprochemens sont peut-être le moyen le plus certain de s'assurer de la constance de leur résolution.

Il y a plus, les époux doivent encore justifier de la persévérance de leurs ascendans dans le consentement que ceux-ci ont donné. « Cette formalité a pour objet de donner aux parens le moyen de revenir sur un consentement ou surpris ou trop facilement accordé » (2).

La Section obligeoit *à rapporter chaque fois une nouvelle autorisation* des ascendans (3), ʒ c'est-à-dire à prendre quatre fois le consentement ʒ (4).

Mais on a pensé qu'il suffisoit « de les assujettir à rapporter la preuve que le premier consentement n'a pas été révoqué » (5).

Cependant, comme cette facilité eût pu devenir un moyen d'éluder l'effet de la disposition si l'on eût permis toute espèce de preuves,

(1) M. *Berlier,* Procès-verbal du 16 vendémiaire an 10, *tome I.er*, *page 320 ;* — M. *Emmery,* ibid., *page 333.* — (2) M. *Emmery,* Procès-verbal du 22 fructidor an 10, *tome II, page 25.* — (3) *Rédaction communiquée au Tribunat, art. 56,* ibid., *page 23.* — (4) M. *Jollivet,* ibid., *page 25.* — (5) Le *Consul Cambacérès,* ibid.

on a eu soin de n'admettre que la preuve non suspecte qui résulte d'un *acte public.*

IIe DIVISION.

De l'Admission du Divorce. (Articles 286, 187, 288, 289 et 290.)

QUAND la résolution des deux époux a résisté à toutes les épreuves qu'on vient de voir, et qu'elle s'est soutenue pendant le laps d'une année, elle est aux yeux de la loi un signe non équivoque qu'il existe des causes légitimes de divorce.

Les époux manifestent leur persévérance par un dernier acte appelé *réquisition.*

Aussitôt l'autorité de la justice convertit leur volonté en décision judiciaire.

Ces deux formalités sont les seules que le Code exige pour admettre définitivement le divorce.

Ire SUBDIVISION.

De la Réquisition définitive des Demandeurs. (Articles 286 et 287.)

L'ARTICLE 286 détermine la forme de la réquisition;
L'article 287, la manière dont elle est admise.

NUMÉRO 1.er

De la forme de la Réquisition.

ARTICLE 286.

DANS la quinzaine du jour où sera révolue l'année, à compter de la première déclaration, les époux, assistés chacun de deux amis, personnes notables dans l'arrondissement, âgés de cinquante ans au moins, se présenteront ensemble et en personne devant le président du Tribunal, ou le juge qui en fera les fonctions; ils lui remettront les expéditions, en bonne forme, des quatre procès-verbaux contenant leur consentement mutuel, et de tous les actes qui y auront été annexés, et requerront du magistrat, chacun séparément, en présence néanmoins l'un de l'autre et des quatre notables, l'admission du divorce.

CET article ordonne une dernière comparution des époux et en règle les circonstances.

Il exige l'assistance de personnes notables ;

Il veut que les demandeurs remettent les pièces qui constatent qu'ils ont rempli les conditions et subi les épreuves prescrites par la loi ;

Il les oblige enfin de requérir une dernière fois le divorce.

Comparution des Époux.

LA comparution doit avoir lieu dans la quinzaine de l'année révolue depuis la première déclaration. Il ne faut pas qu'une incertitude éternelle plane sur le sort du mariage ; si les époux hésitent, s'ils diffèrent à ce moment décisif, la loi ne croit plus que l'incompatibilité mutuelle attestée par leurs déclarations antérieures, soit invariable, et que les causes qui l'ont produite ne puissent rien perdre de leur activité ; elle ne permet plus de les écouter qu'après les avoir soumis à des épreuves nouvelles.

Les époux doivent comparoître en personne. C'est sur-tout après qu'une année a refroidi la chaleur des premières impressions, c'est sur-tout à l'instant où les époux vont se quitter pour jamais, qu'il est prudent de les mettre en présence ; peut-être que la perspective d'une séparation éternelle réveillera en eux les anciens sentimens d'affection, s'ils sont plutôt assoupis qu'éteints, et qu'ils ne pourront se résoudre à rompre sans retour des habitudes qui, dans des temps plus heureux, ont fait le charme de leur vie.

La comparution est volontaire, parce que tout doit l'être dans ce mode de divorce : si l'un des époux se retire, le consentement n'est plus mutuel.

Assistance de Personnes notables.

CETTE précaution est la suite de la disposition qui fait intervenir les ascendans. En réclamant cette condition, on avoit ajouté « qu'à défaut d'ascendans on pourroit appeler des hommes graves par leur réputation et par leur âge, qui porteroient la responsabilité morale du divorce, et arrêteroient les écarts de l'opinion si elle interprétoit mal les causes qui l'ont fait prononcer » (1).

La proposition n'a pas été admise exactement dans ces termes : les personnes notables ne suppléent pas les ascendans, elles ne donnent pas de consentement et ne forment pas un jury ; mais elles sont appelées comme conseils, comme témoins, comme médiateurs, et sous tous ces rapports leur présence est très-utile. Ces notables choisis parmi les amis des époux, ont leur confiance et sont instruits des motifs qui les font agir ; leurs sages conseils peuvent aider le juge à faire abandonner aux parties leur résolution, ou du moins à l'ajourner s'ils croient que la mésintelligence ne soit pas sans remède. Dans tous les cas leur intervention rassure l'opinion publique et la société.

Remise des Pièces.

JUSQUE-LÀ les pièces n'ont été que produites : elles sont demeurées avec les procès-verbaux de consentement entre les mains des notaires, afin que si les parties se décidoient à ne pas donner de suite à leur demande, il ne restât dans les archives de la justice aucune trace de leurs funestes divisions.

---

(1) Le *Premier Consul*, Procès-verbal du 14 vendémiaire an 10, *tome I.ᵉʳ, page 316.*

Maintenant que l'autorité de la justice va devenir nécessaire, ces pièces doivent lui être remises ; car ce n'est que d'après la preuve que toutes les conditions, toutes les formalités prescrites ont été remplies, qu'elle peut donner au consentement mutuel l'effet de dissoudre le mariage *.

Réquisition.

LE consentement est exprimé ici de la même manière que pour former le mariage, c'est-à-dire, par chacun des époux séparément, quoiqu'en présence l'un de l'autre.

On s'est servi du mot *réquisition*, parce qu'il n'y a pas une simple demande que la justice puisse admettre ou rejeter, suivant qu'elle lui paroît bien ou mal fondée ; le ministère de la justice est forcé, comme nous le verrons dans la subdivision suivante.

NUMÉRO II.

Comment la Réquisition définitive est admise.

ARTICLE 287.

APRÈS que le juge et les assistans auront fait leurs observations aux époux, s'ils persévèrent, il leur sera donné acte de leur réquisition, et de la remise par eux faite des pièces à l'appui : le greffier du Tribunal dressera procès-verbal, qui sera signé, tant par les parties (à moins qu'elles ne déclarent ne savoir ou ne pouvoir signer, auquel cas il en sera fait mention), que par les quatre assistans, le juge et le greffier.

AVANT d'admettre la réquisition, le juge, secondé par les amis des époux, fait encore un dernier effort pour les rapprocher. C'est la cinquième fois qu'il essaie de les concilier.

Si cette dernière tentative est infructueuse, il ne reste plus qu'à prononcer le divorce.

---

* *Voyez les articles 289 et 290, pages 301 et 302.*

Ce n'est qu'à ce moment que commence l'autorité de la justice. Jusqu'alors elle n'avoit été que le confident du projet des époux, le témoin de leurs déclarations; elle n'avoit exercé qu'un ministère de conciliation. Aussi est-ce la première fois que nous voyons paroître ses agens : les notaires disparoissent; c'est le greffier du Tribunal qui dresse le procès-verbal de la réquisition.

II.ᵉ Subdivision.

Du Jugement qui prononce le Divorce. (Articles 288, 289 et 290.)

L'ARTICLE 288 concerne le référé au Tribunal, et la communication au ministère public.

L'article 289 détermine l'office du ministère public;

L'article 290, l'office du Tribunal.

Numéro I.ᵉʳ

Du Référé au Tribunal, et de la Communication au Ministère public.

ARTICLE 288.

LE juge mettra de suite, au bas de ce procès-verbal, son ordonnance portant que, dans les trois jours, il sera par lui référé du tout au Tribunal en la chambre du conseil, sur les conclusions par écrit du commissaire du Gouvernement, auquel les pièces seront, à cet effet, communiquées par le greffier.

Numéro II.

De l'Office du Ministère public.

ARTICLE 289.

SI le commissaire du Gouvernement trouve dans les pièces la preuve que les deux époux étoient âgés, le mari de vingt-cinq ans, la femme de vingt-un ans, lorsqu'ils ont fait leur première déclaration ; qu'à cette époque ils étoient mariés depuis deux ans ; que le mariage ne remontoit pas à plus de vingt ; que la femme avoit moins de quarante-cinq ans, que le consentement mutuel a été exprimé quatre fois dans le cours de l'année, après les préalables ci-dessus prescrits, et avec toutes les formalités requises par le présent chapitre, notamment avec l'autorisation des pères et mères des époux, ou avec celle de leurs autres ascendans vivans, en cas de prédécès des pères et mères, il donnera ses conclusions en ces termes : *La loi permet;* dans le cas contraire, ses conclusions seront en ces termes : *La loi empêche.*

LES observations dont cet article peut être susceptible, se confondent avec celles qu'appelle l'article suivant.

NUMÉRO III.

De l'Office du Tribunal, et du Jugement.

ARTICLE 290.

LE Tribunal, sur le référé, ne pourra faire d'autres vérifications que celles indiquées par l'article précédent. S'il en résulte que, dans l'opinion du Tribunal, les parties ont satisfait aux conditions et rempli les formalités déterminées par la loi, il admettra le divorce, et renverra les parties devant l'officier de l'état civil pour le faire prononcer : dans le cas contraire, le Tribunal déclarera qu'il n'y a pas lieu à admettre le divorce, et déduira les motifs de la décision.

ON observera que l'article précédent ne charge le ministère public que de vérifier l'existence des conditions et l'accomplissement des formalités exigées par les articles précédens.

L'article que nous discutons défend textuellement au Tribunal de porter son examen plus loin.

Au Conseil d'état, on a réclamé contre ces dispositions.

On demandoit que « les familles n'intervinssent que pour donner leur avis. Cet avis même eût appris aux Tribunaux si elles consentent au divorce. Au surplus, le secret le plus profond auroit enveloppé toute la procédure » (1).

_____

(1) M. *Bigot-Préameneu,* Procès-verbal du 16 vendémiaire an 10, *tome I.ᵉʳ, page 330.*

« On veut, disoit-on, que les Tribunaux ne puissent examiner après la famille, et soient tenus de prononcer aveuglément : cependant le mariage tient tellement à l'ordre public, qu'il ne peut être rompu sans que la société ait quelque garantie qu'il y a véritablement des causes graves de divorce. Cela est si vrai, qu'autrefois l'intervention du ministère public étoit nécessaire, même pour la séparation de corps, et qu'on n'admettoit pas de séparation volontaire. Il faudroit donc que du moins le ministère public fût introduit au milieu de la famille; qu'il pesât avec elle les motifs vrais de la demande en divorce » (1).

« Quel est, ajoutoit-on, le véritable juge dans cette matière? Celui qui, seul, peut bien stipuler dans l'intérêt public, et par conséquent dans celui des familles, des époux et des enfans; car l'intérêt public embrasse tous ces intérêts particuliers : c'est le ministère public, c'est le juge public; c'est à lui qu'il appartient d'examiner les causes alléguées par les époux, d'en peser l'importance et d'en vérifier la sincérité » (2).

Mais il faut prendre garde que ces objections venoient sur-tout de la supposition qu'il s'agissoit d'assembler un conseil de famille et de le constituer l'arbitre entre les époux. Juges pour juges, on préféroit avec raison les magistrats de la loi à ces tribunaux domestiques, dont l'institution n'avoit pas été justifiée par l'expérience.

J'ai dit ailleurs qu'on se trompoit * : il n'étoit pas question de faire intervenir toute la famille ni de l'ériger en tribunal. Les ascendans seuls interviennent; ceux de chaque côté décident séparément, et même ils ne décident pas; ils consentent.

D'ailleurs on n'auroit pu renvoyer à la décision de la justice sans

---

(1) Le *Ministre de la justice,* Procès-verbal du 16 vendémiaire an 10, *tome I.ᵉʳ,* pages 329 et 330. — (2) M. Boulay, *ibid., page 338.*

* *Voyez pages 172 et suivantes.*

renverser dans sa base le système du divorce par consentement mutuel; car si les Tribunaux examinoient, « on revenoit au système des causes déterminées, au système des procédures judiciaires, et le consentement mutuel n'opéroit plus les effets qu'on vouloit obtenir » (1).

IVe PARTIE.

DE L'APPEL. (Articles 291, 291 et 293.)

LES articles compris sous cette quatrième partie concernent,
1.° Les formes de l'appel,
2.° Le jugement qui intervient.

Ire DIVISION.

Des formes de l'Appel. (Articles 291 et 291.)

L'ARTICLE 291 règle la manière dont l'appel peut être interjeté; L'article 292, la manière dont l'acte d'appel est signifié.

Ire SUBDIVISION.

Comment l'Appel peut être interjeté.

ARTICLE 291.

L'APPEL du jugement qui auroit déclaré ne pas y avoir lieu à admettre le divorce, ne sera recevable qu'autant qu'il sera interjeté par les deux parties, et néanmoins par actes séparés, dans les dix jours au plutôt, et au plus tard dans les vingt jours de la date du jugement de première instance.

(1) Le *Ministre de la justice*, Procès-verbal du 16 vendémiaire an 10, *tome Ier*, page 330.

DANS

Dans le divorce par consentement mutuel, les deux époux sont également demandeurs : il ne peut donc y avoir d'appel lorsque le jugement admet le divorce, car chacun a obtenu l'effet de ses conclusions.

A l'égard du jugement qui refuse le divorce, l'appel n'en est recevable que quand il est interjeté par les deux époux, parce que le divorce ne peut avoir lieu que par le consentement de l'un et de l'autre.

Le délai dans lequel l'appel doit être interjeté, court du jour du jugement et non du jour de la signification.

On s'est écarté ici du droit commun; en voici le motif.

Dans les affaires ordinaires, il y a une partie qui triomphe, une autre qui succombe. Celle qui gagne son procès, peut cependant abandonner son avantage, et elle l'abandonne quand elle ne poursuit pas l'exécution du jugement. La signification est le premier acte de la poursuite; car il faut, avant tout, que l'autre partie soit légalement avertie de sa défaite et de l'intention où est son adversaire de profiter de la décision du juge.

Dans le divorce par consentement mutuel, les deux parties sont également demandeurs : toutes deux perdent également leur procès, quand le divorce est rejeté; alors il n'y a plus personne qui ait intérêt à poursuivre l'exécution du jugement; les contendans n'ont intérêt qu'à le faire anéantir, si toutefois ils persistent l'un et l'autre dans leur dessein. La signification n'a donc plus d'objet, puisque l'exécution ne sera pas poursuivie.

L'appel ne peut être interjeté avant les dix jours.

Cette disposition est conforme à la règle générale établie par la loi du 24 août 1790, pour toute espèce de contestation, et confirmée par l'article 449 du Code *De la Procédure civile*, disposition qui a pour objet d'empêcher que la chaleur du premier mouvement n'entraîne la partie qui succombe à interjeter trop légèrement appel.

3. Qq

Mais dans quel cas une sage lenteur est-elle plus nécessaire que dans celui où elle peut, en dégoûtant des époux, rétablir l'harmonie entre eux, et contribuer à maintenir un mariage qui étoit près de se dissoudre ?

L'appel n'est plus reçu après les vingt jours.

Le Législateur présume, avec raison, que si réellement la vie commune est insupportable aux deux époux, ils se hâteront de le dissoudre ; que si leur empressement n'est pas aussi vif, c'est que la nécessité de continuer à vivre ensemble ne leur paroît pas un malheur très-grave.

On doit donc considérer cette disposition comme une dernière épreuve.

II.e SUBDIVISION.

De la Signification des Actes d'appel.

ARTICLE 292.

Les actes d'appel seront réciproquement signifiés tant à l'autre époux qu'au commissaire du Gouvernement près du Tribunal de première instance.

Le jugement n'a pas besoin d'être signifié ; mais il est nécessaire que les actes réciproques d'appel le soient : chaque partie n'en peut être autrement avertie.

La partie publique, sur-tout, doit être prévenue, afin qu'elle puisse vérifier si toutes les conditions, toutes les formalités exigées pour donner à la société l'assurance que le divorce est indispensable, existent ou ont été fidèlement remplies.

II.e DIVISION.

Du Jugement sur l'Appel.

ARTICLE 293.

DANS les dix jours, à compter de la signification qui lui aura été faite du second acte d'appel, le commissaire du Gouvernement près le Tribunal de première instance, fera

passer au commissaire du Gouvernement près du Tribunal d'appel, l'expédition du jugement et les pièces sur lesquelles il est intervenu. Le commissaire près du Tribunal d'appel
donnera ses conclusions par écrit, dans les dix jours qui suivront la réception des pièces;
le président, ou le juge qui le suppléera, fera son rapport au Tribunal d'appel, en la
chambre du conseil, et il sera statué définitivement dans les dix jours qui suivront la remise
des conclusions du commissaire.

Je n'ai pas d'observations à faire sur la précipitation que la loi
commande aux juges : j'en ai expliqué les motifs.

Mais je dois rendre raison de la différence qui se rencontre
entre l'article 293 et l'article 262. Ce dernier se contente d'ordonner que l'appel du jugement relatif à une demande en divorce
pour causes déterminées, sera jugé comme affaire urgente : celui-ci
fixe précisément le délai dans lequel le juge sera obligé de prononcer
sur l'appel du jugement qui rejette un divorce par consentement
mutuel.

On demandera pourquoi cette distinction.

C'est que dans le premier cas, le juge instruit, vérifie les causes,
les apprécie, prononce sur le mérite de la demande. Comme on
ne peut prévoir le temps qu'il lui faudra pour s'éclairer, on ne
peut pas non plus lui prescrire un délai : il ne reste donc qu'à lui
ordonner de se hâter.

Dans le divorce par consentement mutuel, il n'y a que des
conditions et des formalités à vérifier. Il étoit donc au pouvoir du
Législateur de limiter la durée de l'examen.

Cependant on devoit donner un délai suffisant, et c'est aussi ce
que fait l'article qui nous occupe : le temps moralement nécessaire,
pour chaque acte est calculé avec beaucoup d'exactitude.

Le Conseil d'état avoit trop circonscrit celui dans lequel le
procureur-général près la Cour d'appel prendroit ses conclusions:
la rédaction communiquée au Tribunat ne lui accordoit que dix
jours depuis l'expiration du terme dans lequel les pièces avoient

dû lui être envoyées par le procureur-impérial près le Tribunal de première instance (1).

Le Tribunat observa que, dans cet article, « on supposoit que le procureur-général près la Cour d'appel recevroit toujours les pièces de la part du procureur impérial près le Tribunal de première instance », dans les dix jours, à compter du second acte d'appel signifié à ce dernier; mais qu'il étoit possible et qu'on pouvoit aisément présumer que cela n'arriveroit pas toujours ; en sorte que la loi qui auroit prescrit impérieusement un délai de trente jours, seroit souvent sans effet » (2).

Par suite de ces réflexions, le Tribunat proposa de n'obliger le procureur - général à donner ses conclusions que *dans les dix jours qui suivroient la réception des pièces* (3).

Cet amendement a été adopté.

Les délais ne courent que du jour de la signification du second acte d'appel, parce qu'aux termes de l'article 291, l'appel n'est recevable que quand il est interjeté par les deux époux, et que, comme ils sont tenus de le former chacun séparément, il peut arriver que les deux actes ne soient pas signifiés le même jour.

Au surplus l'article ne prononce pas la nullité du jugement qui intervient après les délais qu'il établit. Son unique objet est de donner aux juges une règle dont la violation les rend répréhensibles et que les parties peuvent leur rappeler; mais on n'a pas entendu faire retomber sur les demandeurs les effets d'une négligence qui, sous aucun rapport, n'est de leur fait, puisque par la marche de la procédure ils ne peuvent jamais se trouver en demeure.

---

(1) *Rédaction communiquée au Tribunat*, art. 64, Procès-verbal du 22 fructidor an 10, tome II, page 25. — (2) Observations du Tribunat. — (3) Ibid.

V.ᶜ PARTIE.

DE L'EXÉCUTION DU JUGEMENT ET DE LA DÉCHÉANCE.

ARTICLE 294.

> En vertu du jugement qui admettra le divorce, et dans les vingt jours de sa date, les parties se présenteront ensemble et en personne devant l'officier de l'état civil, pour faire prononcer le divorce. Ce délai passé, le jugement demeurera comme non avenu.

Les motifs de cet article sont les mêmes que ceux de l'article 264 *. Mais le délai qu'il donne est plus court que celui qu'accorde ce dernier article. Cette différence s'explique par la dernière des réflexions qu'on a faites sur l'article 291 **.

Le Conseil d'état n'avoit donné que dix jours aux époux pour faire prononcer le divorce par l'officier de l'état civil (1); sur la demande du Tribunat, ce terme a été étendu à vingt (2).

CHAPITRE IV.

DES EFFETS DU DIVORCE.

Les effets du divorce ont été réglés,
Par rapport aux époux,
Par rapport aux enfans.

---

(1) *Rédaction communiquée au Tribunat, art. 65,* Procès-verbal du 22 fructidor an. 10, *tome II, page 25.* — (2) Observations du Tribunat.

* *Voyez page 234.* — ** *Voyez pages 305 et 306.*

I.re PARTIE.

DES EFFETS DU DIVORCE PAR RAPPORT AUX ÉPOUX. (Art. 295, 296, 297, 298, 299, 300 et 301.)

Les effets du divorce par rapport aux époux, concernent ou leurs personnes ou leurs biens.

I.re DIVISION.

Des Effets du Divorce, quant à la personne des Époux. (Art. 295, 296, 297 et 298.)

Ces effets sont au nombre de quatre, qui seront la matière des quatre subdivisions suivantes.

I.re SUBDIVISION.

Incapacité imprimée aux Époux divorcés, de quelque manière que ce soit, de contracter ensemble un nouveau Mariage.

ARTICLE 295.

Les époux qui divorceront pour quelque cause que ce soit, ne pourront plus se réunir.

La Commission avoit d'abord admis cette incapacité : depuis, elle l'avoit retranchée de son projet (1),
La Section la rétablit (2).

---

(1) M. Tronchet, Procès-verbal du 16 nivôse an 10. — (2) 2.e Rédaction, art. 66, ibid,

Au Conseil d'état, les avis furent d'abord partagés.

L'avis de la Section prévalut, et la prohibition fut admise.

Le Tribunat proposa**s** de ne la rendre absolue que pour les époux qui auroient divorcé par consentement mutuel, et de ne l'étendre à ceux dont le divorce auroit été prononcé pour causes déterminées; que dans deux cas, lorsqu'ils n'auroient pas d'enfans, lorsque depuis le divorce aucun d'eux n'auroit contracté un mariage intermédiaire **s** (1).

On a donc eu à examiner,

Si la prohibition devoit être admise;

Si elle devoit être absolue.

NUMÉRO Ier

La Prohibition devoit-elle être admise!

J'EXPOSERAI successivement les raisons qui ont été alléguées pour la faire exclure, et les motifs qui l'ont fait admettre.

Raisons alléguées pour la faire exclure.

ON l'a attaquée comme dangereuse et comme inutile.

I. Pour prouver qu'elle étoit dangereuse, on a employé les considérations suivantes :

On a dit,

1.º Qu'elle blesseroit les intérêts du mariage. « Le mariage est le plus saint des contrats; la loi n'en autorise qu'à regret la dissolution; on ne peut donc trop desirer qu'il se rétablisse. C'est l'intérêt de la société, des enfans, des familles » (2). « Si le divorce est nécessaire, il n'en est pas moins un scandale; on doit donc desirer

(1) Observations du Tribunat. — (2) Le *Ministre de la justice,* Procès-verbal du 16 nivôse an 10.

que le mariage, destiné à durer toujours, reprenne sa perpétuité »(1). Dès-lors « il ne peut être dans le vœu de la loi d'empêcher les époux qui se réconcilient, de se réunir » (2). ꝗ Cette considération avoit paru si puissante à la Commission, qu'elle lui avoit fait abandonner le projet d'interdire un nouveau mariage entre les époux divorcés ꝗ (3). « Elle avoit réfléchi que la réunion des époux est toujours desirable , et que la faveur qu'elle mérite doit l'emporter sur toute autre considération » (4).

2.° La prohibition gêneroit les consciences : ꝗ le Législateur ne peut vouloir empêcher la réunion d'époux qui y sont portés par des principes de religion ꝗ (5).

3.° Le Législateur se contrediroit : « la loi place les individus divorcés dans la situation où ils seroient s'ils n'avoient jamais été mariés; comment pourroit-elle, sans se contredire, leur imprimer une incapacité » (6)? « Comment, lorsque le divorce rend les époux libres de contracter mariage avec toutes sortes de personnes, ne pas leur laisser cette liberté entre eux, c'est-à-dire, entre les personnes qui doivent naturellement se préférer » (7)?

Au contraire, en donnant aux époux la faculté de contracter ensemble un nouveau mariage, on ne s'écarte pas des principes de la matière. « Des causes graves, il est vrai, ont fait prononcer la dissolution du mariage; mais est-il donc impossible que le temps fasse cesser ces causes, et alors quel motif reste pour maintenir le divorce » (8)? « Si le mariage, quoiqu'il soit de sa nature un contrat perpétuel, peut être dissous, le divorce, quoiqu'également perpétuel, peut donc aussi être détruit. Il ne faut pas accorder au divorce plus de priviléges qu'au mariage » (9).

---

(1) Le *Ministre de la justice,* Procès-verbal du 16 nivôse an 10. — (2) Ibid. — (3) M. *Maleville,* ibid. — (4) Ibid. — (5) Le *Ministre de la justice,* ibid. — (6) M. *Bérenger,* ibid. — (7) Le *Ministre de la justice,* ibid. — (8) M. *Bérenger,* ibid. — (9) Ibid.

II. On a ajouté que la prohibition étoit sans objet, parce qu'elle ne servoit l'intérêt de personne.

' « Aucun motif ne peut déterminer le Législateur à élever une barrière entre des époux réconciliés et leurs enfans. Ce seroit même compromettre l'état des enfans qui pourroient naître de ces personnes après leur divorce » (1).

Que, « si l'on considère l'incapacité de se remarier comme un châtiment, on fait porter la peine des torts des époux bien moins sur eux-mêmes que sur leurs enfans et sur la société. En effet, l'intérêt de la société, l'intérêt des enfans est que le mariage subsiste, et par conséquent qu'il soit rétabli quand il a été dissous » (2).

A l'égard des créanciers, leur intérêt est à couvert ; « ils peuvent intervenir et s'opposer au divorce lorsqu'ils ont la preuve qu'il est demandé en fraude de leurs droits. D'ailleurs, comment le divorce pourroit-il compromettre les droits antérieurs et acquis ? Dans tous les cas, les créanciers peuvent faire annuller les actes frauduleux » (3).

Motifs qui ont fait admettre la Prohibition.

« On ne voit pas, a-t-on dit, comment la loi qui autoriseroit les époux divorcés à se réunir, respecteroit le vœu de la perpétuité du mariage ; car le premier mariage est toujours rompu sans retour par le divorce : celui qui se forme ensuite est un mariage absolument nouveau » (4). « C'est une pétition de principes que d'argumenter d'un mariage dissous en faveur de ce mariage même » (5).

Mais repoussera-t-on des époux qui, cédant aux principes de la religion, desirent se réunir ?

---

(1) M. *Berenger*, Procès-verbal du 16 nivôse an 10. — (2) Le *Ministre de la justice*, ibid. — (3) Ibid. — (4) M. *Tronchet*, ibid. — (5) M. *Emmery*, ibid.

« La loi civile ne se règle pas sur ces considérations, qui regardent plus l'homme que le citoyen » (1).

L'objection tirée de ce que le divorce ne doit pas avoir plus de priviléges que le mariage, est sans fondement. « L'un et l'autre est un état absolu; l'un et l'autre repose sur le vœu de la perpétuité » (2). Le Législateur, il est vrai, doit prévoir que l'union des époux pourra être troublée, mais « il doit ne permettre le divorce que pour des causes très-graves. Quand de telles causes existent, il est dans la nature des choses que les époux soient déliés à jamais » (3). « Lorsque le spectacle affligeant du divorce a été donné, il faut que ce soit par l'effet d'une nécessité réelle; une telle nécessité est invariable » (4). « La loi fait donc tout ce qui lui est possible quand, pour s'assurer de la nécessité du divorce, elle établit des épreuves, et ménage aux époux le temps et les occasions de réfléchir sur les suites de leur projet » (5).

C'est s'abuser que de croire que le temps effacera les causes qui ont fait prononcer le divorce. « Il n'existe pas de cause déterminée à l'égard de laquelle la récidive ne soit possible : l'attentat, les sévices, l'adultère peuvent se répéter : or, les mauvaises habitudes, quand elles ont jeté de profondes racines dans le cœur, ne changent que très-difficilement. On voit peu de caractères violens revenir à des mœurs douces; on voit peu de gens déréglés revenir à des mœurs pures. A l'égard de la légèreté qui a pu amener le consentement mutuel, elle est incorrigible » (6).

Au surplus, la faculté de se remarier, si elle étoit accordée aux époux, seroit une source d'abus qu'aucune considération ne peut balancer.

Elle rendroit le divorce plus commun. « Les époux seront plus réservés à le demander lorsqu'ils sauront qu'il est sans retour : le

_____

(1) M. *Portalis*, Procès-verbal du 16 nivôse an 10. — (2) Ibid. — (3) M. *Tronchet*, ibid. — (4) M. *Portalis*, ibid. — (5) M. *Regnier*, ibid. — (6) Ibid.

juge les avertit de cette conséquence de leur démarche » (1). « Certainement au contraire on se portera plus facilement au divorce quand on pourra le faire cesser à son gré » (2).

Elle blesseroit le respect dû au mariage : « c'est par ce sentiment que la prohibition doit être établie ; autrement on se joueroit et du mariage et du divorce ; l'un et l'autre est un état absolu ; l'un et l'autre est fondé sur le vœu de la perpétuité. Il est dans l'essence du mariage qu'on ne se joue pas du divorce ; ce qui arriveroit infailliblement si l'on pouvoit passer alternativement du mariage au divorce, du divorce au mariage » (3). ⸰ Cette opinion est celle de Montesquieu ⸰ (4). « Il importe que les époux soient d'avance pénétrés de toute la gravité de l'action qu'ils vont intenter ; qu'ils n'ignorent pas que le lien sera rompu sans retour ; et qu'ils ne puissent pas regarder l'usage du divorce comme une simple occasion de se soumettre à des épreuves passagères, pour reprendre ensuite la vie commune quand ils se croiroient suffisamment corrigés » (5). « A Dieu ne plaise qu'on puisse se familiariser avec l'idée que le divorce n'est pas prononcé pour toujours ! L'espoir d'une réunion qui pourroit présenter d'abord à des esprits inattentifs l'apparence de quelques avantages, entraîneroit de fait et à la longue de funestes conséquences, parce qu'elle corromproit nécessairement l'opinion qu'on doit se former d'une action de cette nature » (6).

D'un autre côté, « les Tribunaux ne sauroient porter une attention trop sévère dans l'instruction et l'examen de ces sortes d'affaires ; et la perspective d'une réunion possible entre les époux ne pourroit qu'affoiblir dans l'ame du magistrat ce sentiment profond de peine secrète qu'il doit éprouver quand on lui parle de divorce. En un mot,

_____

(1) M. *Emmery*, Procès-verbal du 16 nivôse an 10. — (2) Ibid. — (3) M. *Portalis*, ibid. — (4) M. *Tronchet*, ibid. — (5) M. *Treilhard*, Exposé des motifs, Procès-verbal du 19 ventôse an 11, *tome II, page 555.* — (6) Ibid., *page 556.*

le divorce seroit un mal, s'il étoit prononcé quand il n'est pas démontré que la vie commune est insupportable; et lorsqu'il est bien reconnu qu'elle l'est, le second mariage seroit lui-même un mal affreux » (1).

Enfin, cette faculté de se remarier seroit une occasion de fraude, sur-tout dans le divorce par consentement mutuel. « On abuseroit de ce moyen pour opérer un divorce fictif, dont l'objet réel seroit de changer les conventions matrimoniales » (2) « au préjudice des enfans et des familles » (3); « on séduiroit les ascendans; on leur présenteroit le projet de divorcer comme une simple transaction; peut-être même iroit-on jusqu'à rédiger d'avance un nouveau contrat de mariage » (4).

Mais on fait une objection; on dit: « A qui donc préjudiciera le changement de conventions matrimoniales?

» Sera-ce aux époux? Ils sont maîtres de leur fortune. Sera-ce aux enfans? Cela ne se peut: ils sont également appelés à la succession de leur père et de leur mère. Sera-ce aux collatéraux? Qu'importe l'intérêt des collatéraux » (5).

Toutes ces considérations ne peuvent pas déterminer le Législateur à laisser le divorce dévier des principes de son institution. Il ne doit pas souffrir « qu'on spécule sur cette action, et que des époux adroits ou avides, peu satisfaits des gains assurés par leur contrat de mariage, puissent envisager le divorce comme un moyen de former dans la suite de nouvelles conventions pour obtenir de plus grands avantages » (6).

---

(1) M. *Treilhard,* Exposé des motifs, Procès-verbal du 19 ventôse an 11, *tome II, page 556.*—(2) Le *Consul Cambacérés,* Procès-verbal du 14 vendémiaire an 10, *tome I.er,* p. 313; — M. *Emmery,* Procès-verbal du 16 nivôse an 10. — (3) M. *Regnaud* (de Saint-Jean-d'Angely), ibid. — (4) Ibid. — (5) Le *Ministre de la justice,* ibid.— (6) M. *Treilhard,* Exposé des motifs, Procès-verbal du 19 ventôse an 11, *tome II, pages 555 et 556.*

Numéro II.

La Prohibition devoit-elle être absolue !

Le Tribunat ne repoussoit pas la prohibition ; il auroit seulement desiré qu'elle ne fût pas absolue.

« La disposition lui paroissoit très-sage pour le divorce par consentement mutuel ; mais il pensoit qu'à l'égard du divorce pour cause déterminée, la faculté accordée aux époux divorcés de se remarier est morale, au moins lorsqu'il y a des enfans : elle rend les repentirs utiles ; elle ouvre des moyens de réparer des torts, et de réunir une famille dont on ne voit qu'avec peine les membres dispersés. Dans ce cas, le retour à l'ancien état de choses est favorable » (1).

Au Conseil d'état, on remonta au principe de ces propositions, et l'on observa ʒ qu'elles avoient pour base l'intérêt des enfans ʒ (2), ʒ que le Tribunat considéroit comme une cause capable de faire resserrer ou étendre l'usage du divorce, cause que déjà, par cette raison, il avoit cru devoir empêcher le divorce par consentement mutuel dans le cas où il existeroit des enfans ʒ (3).

Or, le Conseil d'état venant de décider que cette considération ne devoit pas être un obstacle au consentement mutuel (4), pensa qu'elle ne devoit pas plus faire déroger au principe général de la prohibition (5). En conséquence, il arrêta *que les époux ne pourroient contracter ensemble un nouveau mariage, quelle que fût la cause de leur divorce* (6).

---

(1) Observations du Tribunat. — (2) M. *Thibaudeau*, Procès-verbal du 20 brumaire an 11, *tome II, page 156.*—(3) Le *Consul Cambacérés*, ibid. — (4) *Décision*, ibid. —, (5) Le *Consul Cambacérés*, ibid. — (6) *Décision*, ibid, *page 157.*

II.e Subdivision.

De l'Incapacité temporaire imprimée à la femme, à la suite du Divorce pour causes déterminées.

ARTICLE 296.

DANS le cas de divorce prononcé pour cause déterminée, la femme divorcée ne pourra se remarier que dix mois après le divorce prononcé.

« LE bon ordre exige qu'une femme divorcée ne puisse pas, en contractant un nouveau mariage immédiatement après la dissolution du premier, laisser des doutes sur l'état des enfans dont elle pourroit être mère. Elle ne se mariera que dix mois après le divorce prononcé » (1).

Cette disposition est conforme à celle qu'on trouve dans l'article 228, à l'égard des seconds mariages *.

III.e Subdivision.

De l'Incapacité temporaire imprimée aux deux Époux, à la suite du Divorce par consentement mutuel.

ARTICLE 297.

DANS le cas de divorce par consentement mutuel, aucun des deux époux ne pourra contracter un nouveau mariage que trois ans après la prononciation du divorce.

¶ EN ne permettant aux époux qui divorcent par consentement mutuel de contracter un nouveau mariage qu'après trois ans, on

---

(1) M. *Treilhard*, Exposé des motifs, Procès-verbal du 19 ventôse an 11, *tome II*, *page 555*; — M. *Savoye-Rollin*, Tribun. *Tome I.er*, *page 444*.

* *Voyez tome II, page 377*.

écarte la perspective d'une union avec l'objet de quelque passion nouvelle (1), perspective qui pouvoit les porter à rompre les liens dans lesquels ils se trouvoient engagés.

IV.e SUBDIVISION.

De l'Incapacité relative imprimée à l'Époux coupable d'adultère, et de la punition de ce délit.

ARTICLE 298.

DANS le cas de divorce admis en justice pour cause d'adultère, l'époux coupable ne pourra jamais se marier avec son complice. La femme adultère sera condamnée par le même jugement, et sur la réquisition du ministère public, à la reclusion dans une maison de correction, pour un temps déterminé, qui ne pourra être moindre de trois mois, ni excéder deux années.

CET article contient deux dispositions qu'il importe de distinguer.

NUMÉRO I.er

Défense faite à l'Époux coupable d'adultère d'épouser son complice.

CETTE défense n'avoit pas été proposée par la Commission.

Au Conseil d'état, on dit : « Comme le divorce, tel qu'il est pratiqué, excepté dans les pays protestans, donne à la femme adultère la faculté d'épouser le complice de son crime, peut-être seroit-il nécessaire de la déclarer incapable de contracter un nouveau mariage » (2).

La proposition fut adoptée, et le Conseil d'état décida que *la femme contre laquelle le divorce aura été prononcé pour cause d'adultère, sera incapable de contracter un nouveau mariage* (3).

Cependant, pour empêcher la femme de persévérer dans son

(1) M. *Treilhard,* Exposé des motifs, Proces-verbal du 19 ventôse an 11, *tome II, page 550.* — (2) M. *Tronchet,* Procès-verbal du 4 brumaire an 10. — (3) *Décision,* ibid.

crime, il n'étoit pas nécessaire de la déclarer incapable de tout mariage quelconque. On demanda donc que « l'incapacité de la femme ne fût pas absolue, qu'elle fût limitée à son complice » (1).

Le Conseil d'état persista dans son opinion, et décida que *l'incapacité de la femme seroit absolue* (2).

Au surplus, il refusa d'étendre cette incapacité absolue au mari, mais il lui appliqua l'incapacité relative qu'on avoit proposée pour la femme, et arrêta *que le mari contre lequel le divorce auroit été prononcé pour cause d'adultère, ne seroit pas incapable de contracter un nouveau mariage, si ce n'est avec sa concubine* (3).

Dans la séance du 6 nivôse an 10, la Section proposa une rédaction conforme à la première de ces décisions. Elle portoit : *La femme adultère ne pourra jamais se remarier* (4). Le même article régloit la peine qui lui seroit infligée. Cette peine n'étoit que correctionnelle, et dès-lors temporaire *.

On en prit occasion d'observer « qu'il seroit contradictoire d'établir une peine temporaire destinée à corriger le coupable, et de lui défendre cependant indéfiniment de se remarier » (5); « condamner à un célibat éternel celle qui a violé les lois de la pudeur et du mariage, ce seroit la condamner à persévérer dans ses déréglemens » (6).

« On ferme la porte au repentir, même lorsque la faute doit être imputée à une foiblesse momentanée et non à une dépravation habituelle ; et cependant on a vu plus d'une fois des individus dont la jeunesse avoit été très-licencieuse, revenir, dans un âge plus avancé, à des mœurs très-régulières » (7).

---

(1) M. *Portalis*, Procès-verbal du 4 brumaire an 10. — (2) *Décision*, ibid. — (3) Ibid. — (4) 2.e *Rédaction*, art. 68, Procès-verbal du 6 nivôse an 10. — (5) M. *Bérenger*, Procès-verbal du 16 nivôse an 10. — (6) Ibid. — (7) Le *Consul Cambacérés*, ibid.

* *Voyez page 324.*

II

Il y a plus, « cette incapacité absolue de la femme retomberoit sur l'individu qui l'auroit épousée. Il est possible en effet qu'elle se soit éloignée du pays qui avoit été témoin de ses désordres; qu'elle se soit transportée dans des contrées où elle n'étoit pas connue, et que, revenue de ses anciens égaremens, elle ait, par des qualités estimables, conquis l'affection d'un de ses nouveaux concitoyens. Rompra-t-on impitoyablément le mariage qu'il aura contracté avec elle » (1)?

D'ailleurs, « si la profanation du mariage mérite un châtiment aussi sévère, pourquoi ne la punir que dans la femme! Le mari adultère doit-il donc demeurer impuni » (2)?

Il a été répondu à ces réflexions « que la femme adultère, en violant le mariage, s'en est rendue indigne; que si l'on considère une union nouvelle comme un moyen nécessaire pour arrêter le cours de ses déréglemens, la conséquence sera que non-seulement il faut lui permettre de se marier, mais qu'il faut même l'y contraindre » (3).

« A l'égard de la différence qu'on met entre l'adultère de la femme et celui du mari, elle est fondée sur une distinction qui déjà a été adoptée. L'intention de la Section est d'attacher les mêmes effets à tout adultère qui opère le divorce. Mais celui de la femme l'opère dans tous les cas; celui du mari, seulement quand il tient sa concubine dans la maison commune » (4). On n'a pas oublié le motif de cette distinction ; « elle vient de ce que le crime de la femme a des suites plus graves, quelles que soient les circonstances qui l'accompagnent; et qu'au contraire on n'a cru devoir donner à l'adultère du mari l'effet de dissoudre le mariage, que lorsqu'il tient sa concubine dans la maison commune. L'injuste préférence qu'il

(1) Le *Ministre de la justice,* Procès-verbal du 16 nivôse an 10. — (2) M. *Bérenger,* ibid. — (3) M. *Boulay,* ibid. — (4) Ibid.

lui donne sous les yeux de son épouse, est un outrage que la loi ne doit pas forcer celle-ci de dévorer en silence » (1).

La question fut alors ajournée (2).

Dans la séance du 22 fructidor an 10, on observa de nouveau que « la disposition qui condamne la femme adultère à ne plus se remarier, peut avoir une influence dangereuse sur les mœurs, en fournissant une excuse au libertinage de cette femme » (3).

Le Conseil d'état réduisit l'incapacité illimitée qu'on avoit imprimée à la femme, ʃ à une incapacité relative qui l'empêchât seulement d'épouser son complice, et étendit cette incapacité au mari ʃ (4).

. Numéro II.

De la Peine infligée à la Femme contre laquelle le Divorce a été prononcé pour cause d'adultère.

La Commission n'en avoit proposé aucune.

Voici comment la disposition qui nous occupe a été amenée:

Nous avons vu qu'en discutant les avantages et les inconvéniens de la séparation de corps, on observa « qu'elle n'offroit aucun moyen de réprimer et de punir la femme adultère qui continue à vivre dans le désordre et à déshonorer son mari » (5); qu'en conséquence on proposa de rétablir l'ancienne législation, dans laquelle « la femme convaincue d'adultère étoit authentiquée, c'est-à-dire, déclarée déchue de ses avantages matrimoniaux, rasée et enfermée dans un couvent, d'où elle ne sortoit qu'autant que son mari consentoit à la reprendre dans un délai fixé * » (6).

(1) M. Emmery, Procès-verbal du 16 nivôse an 10. — (2) Décision, ibid. — (3) M. Tronchet, Procès-verbal du 22 fructidor an 10, t. II, p. 27. — (4) M. Bigot-Préameneu, ibid; — Décision, ibid. — (5) Le Premier Consul, Procès-verbal du 26 vendémiaire an 10, t. I.er, p. 362. — (6) M. Regnaud (de Saint-Jean-d'Angely), ibid.
* Voyez pages 50 et 53.

Cette proposition a donné lieu à plusieurs questions.

La première étoit de savoir s'il falloit punir l'adultère.

Il a été observé « que si le crime d'adultère est allégué et prouvé dans une demande de séparation, il sera impossible à la partie publique de ne pas poursuivre la femme coupable » (1); « qu'il ne faut pas déroger à l'usage universel en laissant ce crime impuni; autrement la législation seroit immorale, puisqu'elle autoriseroit une séparation qui permettroit à la femme adultère d'aller vivre avec son séducteur » (2).

Cependant devoit-on ne s'arrêter qu'au cas de la séparation?

On a dit que « si l'on punissoit l'adultère, lorsqu'il donne lieu à la séparation, on ne pouvoit se dispenser de le punir également quand il donne lieu au divorce; il est impossible, a-t-on dit, de laisser, dans un cas plus que dans l'autre, un libre cours à la corruption » (3).

Ces deux questions résolues affirmativement, on eut à décider si la peine seroit infligée à la femme seule ou aussi au mari.

La Section proposoit de ne punir que la femme (4).

Cette disposition fut attaquée.

« Elle seroit injuste, dit-on. A la vérité, l'adultère de la femme a des suites plus graves que celui du mari; mais la loi qui ne voit que le crime, doit le punir également dans les deux époux » (5).

On répondit que « la peine doit être mesurée sur le tort que le délit cause à la société » (6).

La réclamation fut rejetée (7) *.

---

(1) Le *Premier Consul,* Procès-verbal du 26 vendémiaire an 10, *tome Ier, page 365.* — (2) Ibid., *page 364.* — (3) M. *Portalis,* ibid , *page 362.* — (4) 2.e *Rédaction , art. 68,* Procès-verbal du 6 nivôse an 10. — (5) M. *Réal,* Procès-verbal du 16 nivôse an 10. — (6) M. *Boulay,* ibid. — (7) *Décision ,* ibid.

* *Voyez pages 101 et suiv.*

Il s'agissoit ensuite de déterminer la peine.

La Section proposa de condamner la femme *à la reclusion dans une maison de correction pendant un temps déterminé qui ne pourroit être moindre de trois mois ni excéder deux années* (1).

On trouva ce châtiment trop doux. On dit « que laisser au Tribunal la liberté de ne condamner la femme qu'à une reclusion de trois mois, c'étoit affoiblir dans l'opinion la gravité du crime ; que l'adultère étant toujours également criminel, il étoit juste de le punir dans tous les cas avec la même sévérité » (2) ; que dès-lors, « on ne devoit assigner qu'un même terme à la reclusion ; que la mauvaise éducation, que les circonstances, ne peuvent jamais atténuer la faute ; que même l'adultère du mari n'excuse pas la femme » (3) ; qu'au surplus, « il y auroit une si grande distance entre le *minimum* et le *maximum,* qu'il est difficile de se faire une idée de la graduation que le juge pourroit suivre » (4).

Il fut répondu « que l'adultère donne lieu non à une peine criminelle, mais à une peine correctionnelle ; qu'il est de la nature de ces peines d'avoir un *minimum* et un *maximum* » (5) ; « qu'au surplus, l'impression pénible que la condamnation fera à la femme, est déjà un châtiment très-rigoureux » (6) ; « qu'il est juste de distinguer entre l'adultère qui n'est qu'une foiblesse momentanée et celui qui a pour principe le déréglement habituel des mœurs, et de mettre le juge en état de graduer la peine sur cette différence » (7).

L'article de la Section fut adopté (8).

On a demandé 5 si la disposition pénale étoit à sa place dans

---

(1) 2.ᵉ *Rédaction, art. 68 ;* Procès-verbal du 6 nivôse an 10. — (2) M. *Maleville,* Procès-verbal du 16 nivôse an 10. — (3) M. *Boulay,* ibid. — (4) Le *Consul Cambacérès,* ibid. — (5) M. *Berlier,* ibid. — (6) M. *Emmery,* ibid. — (7) M. *Regnaud* (de Saint-Jean-d'Argely), ibid. — (8) *Décision,* ibid.

le Code civil, et s'il ne convenoit pas de la renvoyer au Code criminel 5 (1).

« C'est ici une loi civile, a-t-on dit ; elle ne doit donc s'occuper de l'adultère que pour en faire une cause de divorce. La peine que ce crime peut entraîner n'est pas de son sujet. Du moment que le divorce est prononcé, l'adultère devient indifférent à la législation civile ; les autres suites qu'il peut convenir de lui donner, doivent être réglées par les lois criminelles et de police. Des dispositions pénales contre l'adultère sont justes et nécessaires ; mais il est d'autant plus convenable de ne pas s'en occuper ici, qu'on pourroit bien, lorsqu'on discutera le Code pénal, reconnoître que le crime est plus grave qu'il ne paroît au premier aspect, et qu'il mérite un châtiment plus rigoureux que celui qu'on lui auroit infligé » (2).

Il a été répondu « qu'à la vérité on pourroit renvoyer les dispositions pénales au Code criminel ; que cependant elles ne sont pas déplacées dans le Code civil » (3).

Cette réponse n'énonce pas les raisons qui ont fait penser non-seulement qu'il n'étoit pas inconvenant, mais encore qu'il étoit nécessaire d'établir certaines peines par le Code civil. Ces raisons ont été exposées ailleurs, à l'occasion de l'article 156 qui détermine la peine à infliger en certains cas aux officiers de l'état civil *.

On a décidé aussi que le ministère public auroit seul le droit de poursuivre l'application de la peine.

« Dans la jurisprudence ancienne, le mari ne pouvoit demander la séparation de corps, même lorsque la femme s'étoit rendue

(1) M. *Portalis,* Procès-verbal du 26 vendémiaire an 10, *tome I.ᵉʳ, page 362 ;* — Le *Premier Consul,* ibid., *page 364.* — (2) Le Consul *Cambacérés,* Procès-verbal du 16 nivôse an 10. — (3) M. *Boulay,* ibid.

* *Voyez tome II, pages 96 et suiv.*

coupable d'adultère, parce que cette action lui étoit absolument interdite : mais il avoit un moyen équivalent ; il poursuivoit la femme au criminel, et la faisoit condamner à une reclusion perpétuelle, ce qui produisoit une séparation de fait, dont les effets étoient les mêmes que ceux de la séparation judiciaire et directe » (1).

Tel étoit le motif qui, dans ce cas particulier, avoit fait déroger à la règle générale, qui veut que « la partie publique ait seule le droit de provoquer la peine publique ; que ce droit n'appartienne jamais à la partie civile, laquelle ne peut, en aucun cas, conclure qu'à des dommages et intérêts » (2) : ce qui est vrai, même lorsqu'il ne s'agit que d'une peine correctionnelle.

Mais ce motif n'existe plus, puisqu'aujourd'hui le mari a l'action directe en divorce et en séparation de corps.

De plus, nous avons vu * que l'esprit du Code est de ne jamais permettre aux époux de poursuivre le divorce par la voie criminelle.

Enfin, lorsqu'au Conseil d'état on demanda « si, pour demander le divorce fondé sur l'adultère, il ne faudroit pas, avant tout, introduire une procédure criminelle, afin de parvenir à la preuve de ce délit » (3), il fut décidé formellement que *l'action en divorce pour cause d'adultère est purement civile* (4).

Cependant le Conseil s'étoit borné à dire que *la femme adultère seroit condamnée à la réclusion* (5), sans exprimer sur quelle poursuite.

Ce fut d'après la demande du Tribunat qu'on ajouta *sur la réquisition du ministère public* (6). Le Tribunat pensa « qu'il étoit convenable que la peine fût demandée par l'officier chargé du ministère public, et non par le mari ** » (7).

---

(1) M. *Tronchet*, Procès-verbal du 26 vendémiaire an 10, tome I.ᵉʳ, page 363.— (2) M. *Tronchet*, Procès-verbal du 4 brumaire an 10. — (3) Le *Consul Cambacérès*, ibid. — (4) *Décision*, ibid. — (5) *Rédaction communiquée au Tribunat*, art. 68, Procès-verbal du 22 fructidor an 10, tome II, page 26. — (6) Observations du Tribunat. — (7) Ibid.

* *Voyez pages 181 et suiv.* — ** *Voyez page 325.*

Enfin, la peine pouvoit être prononcée, ou par le jugement qui admettoit le divorce, ou par un jugement subséquent.

Le Tribunat demanda que ce fût par le même jugement. « Tout doit être ordonné, dit-il, et le divorce et la peine, par le même jugement, et il est à propos de l'exprimer » (1).

Cette observation a été adoptée.

II.ᵉ Division.

Effets du Divorce quant aux Biens des Époux.

(Articles 299, 300 et 301.)

La loi du 20 septembre 1792 privoit la femme contre laquelle le divorce auroit été prononcé, de sa part dans la communauté.

Mais le divorce ne peut pas être pour l'époux offensé un moyen d'augmenter sa fortune. Une telle disposition seroit immorale; elle porteroit à obtenir le divorce par de vils motifs d'intérêt. La propriété des deux époux demeure donc la même; chacun reprend ses biens propres, chacun prend sa part dans la communauté : tout se règle enfin, dans ce cas, de la même manière que lorsque le mariage est dissous par la mort.

Cependant, les avantages que les époux se sont faits et qui ne sont que de pures libéralités, subsisteront-ils?

D'un autre côté, si l'époux que les mauvais procédés de l'autre ont forcé de demander le divorce, se trouve dans le besoin, faudra-t-il l'y laisser?

Le Code devoit prononcer sur ces deux questions.

C'étoient au surplus les seules que pût faire naître le divorce considéré dans ses suites par rapport aux biens.

_____

(1) Observations du Tribunat.

I.re SUBDIVISION.

Du Sort des Avantages que les Époux se sont faits.

ARTICLE 299.

POUR quelque cause que le divorce ait lieu, hors le cas du consentement mutuel, l'époux contre lequel le divorce aura été admis, perdra tous les avantages que l'autre époux lui avoit faits, soit par leur contrat de mariage, soit depuis le mariage contracté.

ARTICLE 300.

L'ÉPOUX qui aura obtenu le divorce, conservera les avantages à lui faits par l'autre époux, encore qu'ils aient été stipulés réciproques et que la réciprocité n'ait pas lieu.

LE Tribunat pensoit « que l'époux qui avoit obtenu le divorce ne devoit pas, par cela seul, conserver les avantages qui lui avoient été faits, et que l'époux contre lequel il avoit été obtenu ne devoit pas, par cela seul, perdre les siens » (1).

Il proposoit en conséquence de substituer aux deux articles un article unique, conçu en ces termes : *Le divorce pour causes déterminées annulle, nonobstant toutes conventions contraires, tous les avantages matrimoniaux stipulés entre les époux, soit par le contrat de mariage, soit depuis, et ceux qui ont pu être faits à l'un d'eux par les père, mère et parens de l'autre ; sauf aux juges à accorder, à titre d'indemnité, à l'époux demandeur, une partie ou la totalité des avantages matrimoniaux, selon la gravité des torts de l'époux défendeur »* (2).

Ce système rentroit, jusqu'à un certain degré, dans celui de la loi du 20 septembre 1792, laquelle portoit : *A l'égard des droits matrimoniaux emportant gain de survie, tels que douaire, augment de*

---

(1) Observations du Tribunat. — (2) Ibid. — *Voyez* aussi Observations de la Cour d'appel de Metz, *page 13.*

dot

dot ou agencement, droit de viduité, droit de part dans les biens meubles ou immeubles du prédécédé, ils seront, dans tous les cas de divorce, éteints et sans effet ; il en sera de même des dons ou avantages pour cause de mariage, que les époux ont pu se faire réciproquement, ou l'un à l'autre, ou qui ont pu être faits à l'un d'eux par les père, mère ou autres parens de l'autre. Les dons mutuels faits depuis le mariage et avant le divorce, resteront aussi comme non avenus et sans effet, le tout sauf les indemnités ou pensions énoncées dans les articles qui suivent (1).

Pour justifier sa proposition, le Tribunat disoit : « Il est dans la nature des choses que la dissolution du mariage par le divorce opère l'extinction des avantages faits en vue de ce même mariage.

» D'ailleurs, les circonstances peuvent être telles, que l'époux qui obtiendra le divorce puisse ne pas être exempt de torts quelquefois assez graves.

» Le système de l'indemnité que le juge pourra accorder, paroît donc préférable à la disposition absolue des deux articles du projet; et la législation de la loi de 1792 sur le divorce, paroît plus conforme à l'équité.

» Ces mots, *nonobstant toutes conventions contraires*, ont pour objet d'empêcher des stipulations dans des contrats de mariage, faites dans la prévoyance du divorce, dont on voit journellement des exemples ; elles sont indécentes et immorales ; et d'après cette addition elles disparoîtront, puisqu'elles seroient sans objet » (2).

Le Tribunat n'avoit pas saisi le vrai motif des articles 299 et 300.

Ces motifs sont ceux qui ont fait admettre la révocation des donations pour cause d'ingratitude *.

---

(1) Loi du 20 septembre 1792, *art. 6.* —(2) Observations du Tribunat.

* *Voyez les art. 953 et 955 du Code.*

« On a dû distinguer l'époux demandeur, dont les plaintes sont justifiées, de l'époux défendeur, dont les excès sont reconnus cons-tans. Le premier ne peut et ne doit être exposé à la perte d'aucun des avantages à lui faits par le second : il les conservera dans toute leur intégrité. La déchéance qu'on prononceroit contre lui seroit doublement injuste, en ce qu'elle frapperoit l'innocent pour récom-penser le coupable ; il ne faut pas qu'un époux puisse croire qu'il anéantira des libéralités qu'il regrette peut-être d'avoir faites, en forçant l'autre époux à se sauver de sa fureur par le divorce.

« L'époux contre qui le divorce a été prononcé, doit-il aussi con-server les avantages qui lui avoient été assurés par son contrat de mariage ? Est-il digne de les recueillir ? Et lorsqu'il se trouve con-vaincu de faits tellement atroces, que le divorce doit en être la suite, jouira-t-il d'un bienfait qui devoit être le prix d'une cons-tante affection et des soins les plus tendres ? Non : il s'est placé au rang des ingrats, il sera traité comme eux. Il a violé la pre-mière condition du contrat ; il ne sera plus reçu à en réclamer les dispositions » (1).

II.ᵉ Subdivision.

Des Alimens dont l'un des Époux divorcés peut avoir besoin.

ARTICLE 301.

Si les époux ne s'étoient fait aucun avantage, ou si ceux stipulés ne paroissoient pas suffisans pour assurer la subsistance de l'époux qui a obtenu le divorce, le Tribunal pourra lui accorder, sur les biens de l'autre époux, une pension alimentaire, qui ne pourra ex-céder le tiers des revenus de cet autre époux. Cette pension sera révocable dans le cas où elle cesseroit d'être nécessaire.

La Commission avoit présenté l'article en ces termes : *Si les*

_____

(1) M. *Treilhard*, Exposé des motifs, Procès-verbal du 19 ventôse an 11, *tome II*, pages 554 et 555.

époux ne s'étoient fait aucun avantage, ou si ceux stipulés ne paroissent pas suffisans pour indemniser l'époux qui a obtenu le divorce, le Tribunal peut lui accorder une pension alimentaire sur les biens de l'époux défendeur, proportionnée aux facultés de celui-ci. Cette pension ne peut être moindre du sixième du revenu de l'époux qui en est chargé, et ne peut excéder le tiers (1).

Quelques Cours d'appel avoient proposé trois amendemens sur cet article. Elles desiroient,

1.º Que ʃ l'obligation de fournir des alimens fût réciproque. Un sentiment de commisération avoit dicté cette proposition ʃ (2) ;

2.º Que « la fixation de la pension fût abandonnée à la sagesse des juges » (3);

3.º Que, ʃ comme la loi du 20 septembre, on limitât l'obligation de fournir une pension alimentaire au cas où les biens de l'époux qui la devroit pourroient la supporter, parce que cette obligation ne peut pas subsister pour l'époux qui n'a étroitement que les moyens de s'alimenter lui-même. Au contraire, disoient les Cours, l'article du Projet accorde indéfiniment le sixième ou le tiers du revenu de l'époux chargé de la pension alimentaire. Seroit-il juste de retrancher encore un sixième de revenu à celui qui n'en a pas de suffisant pour subvenir à ses besoins de première nécessité ʃ (4)?

Le premier de ces amendemens n'a pas été admis.

En effet, les époux divorcés deviennent entièrement étrangers l'un à l'autre. L'obligation de se fournir des alimens, qui leur est imposée par le mariage *, cesse donc à leur égard. Ce n'est que par exception à la règle générale qu'elle lui survit en faveur de

<hr/>

(1) Projet de Code civil, *livre I.ᵉʳ, titre VI, article 53, page 51.* — (2) Observations de la Cour d'appel de Rennes, *page 7.* — (3) Observations de la Cour d'appel de Lyon, *page 37.* — (4) Observations de la Cour d'appel de Rennes, *page 7.*
* *Voyez tome II, pages 337 et 338.*

l'époux demandeur, et cette exception est aussi juste que sage. La justice ne permet pas que celui qui n'a pas violé les lois du mariage soit réduit à la misère par les torts de celui qui les a enfreintes. La prudence oblige de prévoir qu'une femme dépravée seroit encouragée au désordre, si par suite du divorce qu'elle contraindroit le mari de demander, elle recouvroit la jouissance de ses biens sans aucune charge.

Le second amendement a été admis et amélioré : le Code n'oblige pas les Tribunaux d'adjuger une pension au moins égale au sixième du revenu, il se contente de prévenir l'abus qu'ils pourroient faire de leur pouvoir pour accorder une pension trop forte. En aucun cas, ils ne pourront la porter au-delà du tiers du revenu.

Le troisième amendement étoit inutile : de droit commun, les alimens ne sont dus qu'en proportion des facultés de celui qui est obligé de les payer. Ce principe est établi dans toute sa généralité par l'article 208 *.

II.ᵉ PARTIE.

DES EFFETS DU DIVORCE PAR RAPPORT AUX ENFANS. (Articles 302, 303, 304 et 305.)

Lᴇ divorce dissout le gouvernement domestique. Que deviennent alors les enfans qui y étoient soumis?

Le divorce anéantit les conventions matrimoniales. Que deviennent les avantages qu'elles assuroient aux enfans?

Enfin, dans le cas particulier du consentement mutuel, la loi donne aux enfans une partie des biens des époux divorcés.

* Voyez tome II, page 329.

Tels sont les trois points auxquels se rapportent les articles qui forment cette seconde partie.

Elle sera en conséquence partagée en trois divisions.

I.ʳᵉ Division.

De la Personne des Enfans. (Articles 302 et 303.)

Les enfans sont confiés à l'un des époux; l'autre néanmoins a le droit de surveillance et l'obligation de contribuer à leur entretien.

Voilà tout le système des articles 302 et 303.

I.ʳᵉ Subdivision.

Auquel des Époux la direction des Enfans est confiée.

ARTICLE 302.

Les enfans seront confiés à l'époux qui a obtenu le divorce, à moins que le Tribunal, sur la demande de la famille, ou du commissaire du Goùvernement, n'ordonne, pour le plus grand avantage des enfans, que tous, ou quelques-uns d'eux, seront confiés aux soins, soit de l'autre époux, soit d'une tierce personne.

Le sort des enfans est fixé d'après un principe aussi juste que simple. « La règle déjà établie de leur plus grand avantage, doit être constamment suivie. L'époux demandeur qui a obtenu le divorce, est sans reproche : c'est donc à lui en général que doivent être confiés les enfans. Mais l'application stricte de cette règle pourroit, dans bien des circonstances, ne leur être pas avantageuse. Il faut donc que le Tribunal soit libre de les confier, lorsqu'il le jugera convenable, aux soins de l'un ou l'autre époux, et même d'une tierce personne » (1).

On s'étoit d'abord rapporté, sur ce sujet, à la décision de la famille (2).

Au Conseil d'état, on observa « qu'on ne s'étoit pas bien trouvé de ces réunions de parens, dans lesquelles les préventions ne s'affoiblissent point, et où l'on rencontre souvent de la haine » (3).

On proposa en conséquence « de donner la décision aux Tribunaux » (4).

Cette proposition a été adoptée (5).

II.e Subdivision.

Des Droits et des Devoirs des Époux divorcés à l'égard de leurs Enfans.

ARTICLE 303.

QUELLE que soit la personne à laquelle les enfans seront confiés, les père et mère conserveront respectivement le droit de surveiller l'entretien et l'éducation de leurs enfans, et seront tenus d'y contribuer à proportion de leurs facultés.

LE divorce ne change ni les droits ni les devoirs des pères et mères à l'égard de leurs enfans. « Ils conservent toujours la surveillance de l'entretien et de l'éducation ; ils y contribuent en proportion de leurs facultés ; ils ont cessé d'être époux, ils n'ont pas cessé d'être pères » (6).

_____

(1) M. *Treilhard*, Exposé des motifs, Procès-verbal du 19 ventôse an 11, *tome II*, *pages 553 et 554.* — (2) 3.e *Rédaction*, *article 74*, Procès-verbal du 22 fructidor an 10, *tome II*, *p. 27.* — (3) Le Consul *Cambacérés*, ibid. *page 28.* — (4) Ibid.— (5) *Décision*, ibid. — (6) M. *Treilhard*, Exposé des motifs, Procès-verbal du 19 ventôse an 11, *tome II*, *page 554.*

II.ᵉ Division.

Du maintien des Avantages que le Mariage dissous assuroit aux Enfans.

ARTICLE 304.

LA dissolution du mariage par le divorce admis en justice, ne privera les enfans nés de ce mariage, d'aucun des avantages qui leur étoient assurés par les lois, ou par les conventions matrimoniales de leurs père et mère; mais il n'y aura d'ouverture aux droits des enfans que de la même manière et dans les mêmes circonstances où ils se seroient ouverts s'il n'y avoit pas eu de divorce.

« Il étoit peut-être superflu d'exprimer que le divorce ne privoit les enfans d'aucun des avantages à eux assurés par les lois, ou par les conventions matrimoniales de leurs parens; ils ne sont déjà que trop malheureux par le spectacle des dissentions intestines de leur famille.

» Mais si le divorce ne doit pas être pour eux une occasion de perte, ils ne doivent pas non plus y trouver une occasion de dépouiller les auteurs de leurs jours; les droits des enfans ne s'ouvriront que de la manière dont ils se seroient ouverts s'il n'y avoit pas eu de divorce » (1).

---

(1) M. *Treilhard*, Exposé des motifs, Procès-verbal du 19 ventôse an 11, *tome II, page 554.*

III.e Division.

De la Transmission aux Enfans nés du Mariage dissous par consentement mutuel, de la moitié des biens des Époux divorcés.

ARTICLE 305.

DANS le cas de divorce par consentement mutuel, la propriété de la moitié des biens de chacun des deux époux sera acquise de plein droit, du jour de leur première déclaration, aux enfans nés de leur mariage : les père et mère conserveront néanmoins la jouissance de cette moitié jusqu'à la majorité de leurs enfans , à la charge de pourvoir à leur nourriture, entretien et éducation , conformément à leur fortune et à leur etat : le tout sans préjudice des autres avantages qui pourroient avoir été assurés auxdits enfans par les conventions matrimoniales de leurs père et mère.

LE sacrifice que cet article impose aux époux qui divorcent par consentement mutuel, n'est pas moins une des conditions que l'un des effets du divorce par consentement mutuel.

Il a été proposé d'abord comme une garantie contre l'abus du divorce sur simple allégation d'incompatibilité (1). Ce mode ayant été rejeté, on a transporté la condition dans le divorce par consentement mutuel.

On a réfléchi « qu'il n'est pas possible de défendre absolument le divorce par consentement mutuel dans le cas où il y a des enfans , car il faudroit alors l'interdire, même quand il y auroit adultère; mais qu'on pourroit pourvoir à l'intérêt des enfans , et faire de leur existence un obstacle moral au divorce, en leur affectant une portion des biens de leurs père et mère divorcés » (2).

Cette condition a été adoptée (3).

_____

(1) M. *Berlier,* Procès - verbal du 16 vendémiaire an 10, *tome I.er, page 320.* — (2) M. *Emmery ,* ibid. *page 333.* — (3) *Décision ,* Procès - verbal du 4 brumaire an 10.

On

On a demandé « quelle seroit, dans le cas de cet article, la garantie des acquéreurs de bonne foi » (1).

Il a été répondu « que le divorce étant public, ceux qui postérieurement acquerroient des époux divorcés, n'ont aucune excuse » (2).

Mais quel seroit l'effet de la disposition, dans l'hypothèse où il y auroit des enfans de deux mariages?

Le texte de l'article qui nous occupe est absolu; il ne fait pas de distinction.

Néanmoins on ne doit pas en tirer l'injuste conséquence que le divorce par consentement mutuel enlève aux enfans d'un premier mariage une partie de leurs droits. L'article 745, qu'il faut, après tout, concilier avec l'article 305, détruit cette fausse interprétation, en assurant, dans tous les cas, aux enfans nés de mariages différens, une portion égale dans la succession de leurs ascendans.

Les enfans du mariage dissous par divorce ne peuvent donc prendre que la moitié de la part qu'ils auroient eue dans l'hérédité si le mariage avoit été dissous par la mort.

Cette part, au surplus, est facile à fixer, puisque les époux, avant de demander le divorce par consentement mutuel; sont obligés de faire l'inventaire et l'estimation de leurs biens, et de régler leurs droits respectifs *.

---

(1) M. *Jolivet*, Procès - verbal du 22 fructidor an 10, *tome II, page 28.*—
(2) M. *Emmery*, ibid.

* *Voyez pag:s 283 et suivantes.*

CHAPITRE V.

DE LA SÉPARATION DE CORPS.

Les articles 306 et 307 déterminent la manière dont la séparation de corps peut être obtenue;

Les articles 308, 309, 310 et 311 en règlent les suites.

I.re PARTIE.

COMMENT LA SÉPARATION DE CORPS PEUT ÊTRE OBTENUE. (Articles 306 et 307.)

Pour embrasser tout ce qui concerne l'obtention de la séparation de corps, il falloit décider,

Pour quelles causes elle pourroit avoir lieu;

Dans quelle forme elle seroit demandée et prononcée.

I.re DIVISION.

Pour quelles Causes la Séparation de corps peut être demandée.

ARTICLE 306.

Dans les cas où il y a lieu à la demande en divorce pour cause déterminée, il sera libre aux époux de former demande en séparation de corps.

Cet article admet la séparation de corps pour les mêmes causes que le divorce.

Il exige que ces causes soient exposées et prouvées.

J'ai expliqué dans la troisième question préliminaire les motifs qui ont décidé à faire du divorce et de la séparation de corps des institutions parallèles, et par conséquent à les accorder pour les mêmes causes *.

A l'égard de la condition de prouver les causes, j'en parlerai à l'article suivant.

IIe Division.

Dans quelle forme la Séparation de corps est demandée et jugée.

ARTICLE 307.

ELLE sera intentée, instruite et jugée de la même manière que toute autre action civile: elle ne pourra avoir lieu par le consentement mutuel des époux.

ON a toujours pensé que pour suspendre les effets d'un engagement tel que le mariage, qui tient à l'état civil des personnes, et par suite à l'ordre public, il ne suffisoit pas d'une simple convention, fût-elle rédigée devant notaires, et que l'intervention de la justice étoit nécessaire. C'est l'autorité publique qui a érigé en loi, pour les époux, la volonté par laquelle ils se sont unis ; c'est elle qui en a réglé les suites et les effets qu'elle a mis au rang des devoirs, je dirois presque publics ; ce n'est donc qu'elle aussi qui peut en affranchir.

Mais il restoit à régler la procédure qui seroit tenue pour arriver à la séparation de corps.

Le Code Napoléon se borne à dire que la demande sera intentée, instruite et jugée de la même manière que toute autre action civile.

---

* *Voyez pages 63 et suiv.*

V v 2

Cependant, 1.° la nature de la demande en séparation de corps ne permettoit pas de lui appliquer sans modification les règles communes de la procédure.

2.° Les motifs qui avoient déterminé à régler la situation respective des époux pendant l'instruction sur la demande en divorce, devoient aussi la faire régler pendant l'instruction sur la demande en séparation de corps.

3.° Son importance obligeoit de faire intervenir le ministère public.

Mais, sur toutes ces choses, le Code Napoléon s'en étoit référé au Code de la procédure civile, qui devoit bientôt paroître, et qui en effet a rempli toutes les lacunes, levé toutes les difficultés.

Rapprochons donc les deux Codes sur les trois points qui viennent d'être indiqués.

I.re SUBDIVISION.

Des Modifications que les Règles communes de la procédure reçoivent à l'égard de l'action en Séparation de corps.

CES modifications portent,

Sur la conciliation préalable,

Sur la manière de prouver.

NUMÉRO I.er

De la Conciliation préalable à la Demande.

LE Code *De la Procédure civile* porte, article 48 : *Aucune demande principale introductive d'instance entre parties capables de transiger, et sur des objets qui peuvent être la matière d'une transaction, ne sera reçue dans les Tribunaux de première instance, que le défendeur n'ait été* préalablement appelé en conciliation devant le juge de paix, ou que les parties n'y aient volontairement comparu.

L'article 49 dispense de la conciliation certaines affaires à l'égard desquelles cette formalité eût entraîné des inconvéniens.

La demande en séparation de corps n'est pas de ce nombre. Il n'en est aucune, en effet, où la conciliation préalable soit plus nécessaire.

On n'a pas jugé convenable néanmoins de soumettre ces sortes de demandes à la conciliation du juge de paix. Il ne s'agit pas, dans cette matière, de quelques intérêts pécuniaires sur lesquels il est plus aisé d'amener les parties à une transaction : calmer des haines, faire reconnoître des torts, les faire oublier, vaincre des préventions et des répugnances, rétablir l'union des cœurs, renvoyer contens l'un de l'autre des époux aigris et divisés, est une entreprise tellement délicate qu'on ne sauroit la confier à des mains trop habiles.

Autrefois les magistrats les plus élevés en dignité remplissoient ce ministère charitable. Nous avons vu à Paris le vertueux *Angran Dalleray*, ce sage lieutenant civil, dont la mémoire est encore chère à tant de familles, s'appliquer avec zèle à rétablir la paix dans les mariages; et plus d'une fois sa douceur, sa prudence, son esprit conciliateur, ont retenu des époux près de se séparer.

Le Code Napoléon charge du même soin, par rapport aux demandes en divorce, le président du Tribunal ou le juge qui le représente *.

Le Code *De la Procédure*, modifiant à cet égard son article 48, a étendu ses dispositions aux demandes en séparation de corps, par les articles suivans :

---

* *Voyez l'article 236, page 197.*

Art. 875. *L'époux qui voudra se pourvoir en séparation de corps*, *sera tenu de présenter au président du Tribunal de son domicile, requête contenant sommairement les faits ; il y joindra les pièces à l'appui, s'il y en a.*

Art. 876. *La requête sera répondue d'une ordonnance portant que les parties comparoîtront devant le président au jour qui sera indiqué par ladite ordonnance.*

Art. 877. *Les parties seront tenues de comparoître en personne, sans pouvoir se faire assister d'avoués ni de conseils.*

Art. 878. *Le président fera aux deux époux les représentations qu'il croira propres à opérer un rapprochement ; s'il ne peut y parvenir, il rendra ensuite de la première ordonnance, une seconde portant qu'attendu qu'il n'a pu concilier les parties, il les renvoie à se pourvoir, sans citation préalable, au bureau de conciliation.*

Numéro II.

De la Preuve des Causes de Séparation.

Dans les affaires ordinaires, on justifie des faits suivant la nature de la demande, par écrit, par témoins, par l'aveu de la partie adverse ; lorsqu'il s'agit du divorce, l'existence et la légitimité des causes sont tenues pour vérifiées par le consentement mutuel.

La preuve par des écrits quelconques et la preuve par témoins ne peuvent être repoussées quand elles font établir des faits qui ne sont pas susceptibles d'être constatés par des actes, et que la nature de l'action ne s'y oppose point. C'est par cette raison qu'elles sont admises à l'égard des délits. Elles peuvent être employées aussi dans les demandes en séparation de corps.

Mais le divorce et la séparation étant deux institutions paral-lelles *, on auroit pu en conclure qu'en matière de séparation,

---

* *Voyez pages 63 et suiv.*

comme en matière de divorce, le consentement mutuel entraînoit la preuve de l'existence et de la légitimité des causes. Le Code Napoléon prévient cette erreur.

Par la disposition qui rejette le consentement mutuel, il décide aussi implicitement, que l'aveu de la partie, qui est décisif dans les autres affaires civiles, ne suffit pas pour faire prononcer la séparation de corps.

Arrêtons-nous sur ces deux points.

Exclusion, à l'égard des Demandes en Séparation de corps, de la Preuve par le consentement mutuel.

CETTE exclusion, qui est textuellement prononcée par l'article 307, a été critiquée comme rompant le parallèle que la loi devoit établir entre le divorce et la séparation de corps.

On a dit : « Les Catholiques, ou enfin les sectateurs, quels qu'ils soient, de l'indissolubilité, sont traités par la loi avec une rigueur qui n'existe pas pour les autres François : on organise pour eux la séparation ; mais on a soin de dire qu'elle ne pourra avoir lieu que pour cause déterminée, et jamais par le consentement mutuel des époux.

« Or, ces causes déterminées sont au nombre de trois, les *sévices* ou *injures graves, l'adultère,* les *peines infamantes :* rien de plus.

» Ainsi, tandis que la voie du consentement mutuel, voie, à ce qu'on prétend, douce et humaine, est ouverte aux autres citoyens, elle reste fermée à tout Catholique qui, selon l'expression de l'Orateur du Gouvernement, ne voudra pas *fausser sa croyance.*

» On veut les tirer, dit-on, de la dure nécessité d'opter entre une lâcheté ou le malheur de toute leur vie ; et on les place précisément dans cette alternative : car, enfin, s'ils veulent se séparer, ils ne sauroient en venir à bout que par des actions vraies ou feintes en sévices, en adultère, ou par la condamnation à des peines infamantes.

» Est-ce les rendre libres, est-ce faire leur condition égale à celle des autres?

» Quel étrange bienfait que cette séparation, que les Catholiques les plus probes ne pourront acheter qu'en se diffamant, en se calomniant publiquement; tandis que les autres citoyens l'obtiendront, sous le nom de divorce, par des voies qui ménagent la pudeur, la délicatesse, qui laissent un voile officieux sur les arcanes de la vie intime !

» A ces plaintes, les jurisconsultes répondent qu'ils ont remis en vigueur l'ancienne séparation, et qu'elle n'existoit autrefois que pour des causes déterminées : mais cette loi jadis étoit pour tous. Aujourd'hui, on a lieu de se plaindre d'une distinction fâcheuse, odieuse même, d'une acception de personnes, qui fut toujours un légitime sujet de réclamation.

» Sans revenir sur le mérite intrinsèque du divorce en général, ou du consentement mutuel en particulier, il est incontestable que si le consentement mutuel est bon pour le divorce, il doit l'être pour la séparation; que s'il est mauvais pour celui-ci, il doit l'être pour l'autre ; toute réponse évasive sur ce point, tourne évidemment dans un cercle vicieux » (1).

Voici les raisons par lesquelles cette objection a été écartée.

1.º « En considérant la séparation sous le rapport des idées religieuses, on sait que ces idées ont leurs règles qui les dirigent, et que ces règles ne comprennent point le consentement mutuel parmi les causes qui légitiment, au fond des ames, la rupture de la société conjugale. Ce n'est donc point gêner les consciences, c'est respecter au contraire tous leurs scrupules, que de laisser subsister dans la loi les limites qu'elles reconnoissent elles-mêmes à leur propre indépendance » (2).

_____

(1) M. *Carrion-Nisas*, Tribun, *tome I.er*, *pages 473 et 474.* — (2) M. *Gillet*, Tribun, *tome I.er*, *pages 499 et 500.*

2.° « La séparation de corps par consentement mutuel deviendroit infiniment plus abusive que le divorce même, parce que dans la pratique, elle seroit incompatible avec les mêmes restrictions.

» En effet, tant que les époux ne feroient que déroger aux clauses principales de leur contrat, sans dissoudre le contrat lui-même, il seroit déraisonnable d'exiger d'eux ces conditions d'âge et ce consentement des ascendans, qui ajoutent tant de poids à leur volonté lorsqu'elle a le divorce pour objet.

» Il seroit également déraisonnable que deux époux, qui conservent encore tous leurs droits de famille, fussent forcés d'abandonner une partie de leurs propriétés à leurs enfans; et, par cette seule différence, le consentement mutuel introduit dans le système de la séparation de corps, y perdroit cette garantie principale qui en écarte les inconvéniens et les abus dans le système du divorce.

» Il seroit sur-tout déraisonnable d'interdire à ces époux la faculté de se réunir, puisque c'est cet espoir qui fait encore subsister le lien. Ainsi ils pourroient se jouer sans pudeur de la société qu'ils ont formée, la quitter et la reprendre au gré de leurs fantaisies, insultant également à la dignité du mariage par le scandale de leurs divisions, par les désordres de leur isolement, et par l'avilissement qui accompagneroit leur réconciliation même; tandis qu'au contraire le divorce, soumis aux sages conditions que la loi lui impose, rend une seconde union impossible entre ces mêmes époux; et tous deux, prêts à consommer leur rupture, sont encore arrêtés par cette idée qu'une telle rupture est irrévocable, et que leur adieu mutuel est un adieu pour toujours.

» Mais ce qui est digne sur-tout de considération, c'est qu'une certaine force de l'opinion publique et la salutaire influence des idées religieuses, sont encore pour un grand nombre un contrepoids qui leur fait supporter la société conjugale, plutôt que de recourir au divorce, par lequel ils pourroient la dissoudre. Au

3.   X x

contraire la séparation de corps, qui concilieroit tout-à-la-fois les honneurs du mariage avec l'attrait d'une vie indépendante; qui laisseroit subsister tous les droits d'épouse, sans imposer d'autres devoirs envers le mari que celui de porter son nom; qui permettroit de tirer vanité de la fidélité religieuse, lors même qu'il n'y auroit plus de fidélité conjugale: la séparation, dis-je, deviendroit bientôt une mode perverse, dont le torrent entraîneroit tout ce qui est sur le penchant de la licence » (1).

3.° Cette séparation abusive seroit en outre un moyen de fraude: « comme la séparation de corps entraîne de droit la séparation de biens, deux époux de mauvaise foi trouveroient dans leur consentement mutuel un moyen infaillible de ruiner tous leurs créanciers » (2).

L'Aveu du défendeur fait-il preuve!

Au criminel, l'aveu de la partie n'est pas d'un grand poids lorsqu'il ne se trouve pas appuyé d'autres preuves : *non auditur perire cupiens.*

Au civil, au contraire, il emporte par lui-même la conviction et il est la plus forte de toutes les preuves : quand une dette est avouée, il n'y a plus rien à examiner; la condamnation doit suivre immédiatement.

Mais il faut prendre garde que ces sortes d'affaires n'ont pour objet que des intérêts particuliers dont les parties peuvent disposer. Il n'en étoit pas de même de l'ancienne séparation de corps. Notre législation étoit fondée sur le principe de l'indissolubilité absolue du mariage; et parce qu'on craignoit de porter à ce principe l'atteinte même la plus légère, on regardoit la séparation de corps comme

(1) M. *Gillet*, Tribun, *tome I.er, pages 500 et 501;* — Discours de *M. Treilhard, tome I.er, page 510.* — (2) Discours de *M. Treilhard*, ibid.

une affaire d'ordre public et de la plus haute importance; et par suite de cette idée on vouloit qu'elle n'eût lieu que dans le cas d'une extrême nécessité; qu'elle ne fût jamais à la disposition arbitraire des parties. Enfin on ne l'accordoit pas avec moins de précaution que nous n'accordons aujourd'hui le divorce. De là résultoit que pour prévenir la collusion de la part des époux, on ne tenoit pas les faits pour avérés, par cela seul qu'ils étoient avoués par le défendeur.

Cette exception à la règle générale qui, en matière civile, donne à l'aveu de la partie, la force d'opérer une preuve complète; n'est pas rappelée par l'article 307 : il semble ne faire aucune distinction sous ce rapport entre les demandes en séparation de corps et les autres actions civiles; il décide au contraire que les unes et les autres doivent être instruites de la même manière.

Si l'on s'arrêtoit donc à la lettre, on seroit enclin à penser qu'en matière de séparation de corps, le juge doit, comme dans les autres contestations civiles, s'en tenir à l'aveu du défendeur.

Cependant, en remontant à l'esprit de l'article qui nous est découvert par sa seconde disposition, on comprend que cette conséquence seroit fausse, du moins si on la considéroit comme absolue.

A la vérité le principe de notre législation ayant changé, l'indissolubilité absolue du mariage n'étant plus la base des lois qui régissent la matière, il est possible qu'on n'attache pas à la séparation de corps la même importance qu'on y attachoit autrefois. Mais nous sommes loin de la regarder comme un acte indifférent: nous ne voulons pas plus qu'autrefois qu'elle soit accordée avec légèreté et sans des motifs très-graves; qu'elle soit volontaire. La loi s'en explique très-clairement quand elle interdit les séparations par consentement mutuel, et c'est même dans la vue d'indiquer que « les séparations doivent nécessairement subir une instruction, sans égard pour le consentement des parties » (1), que, sur la demande du Tribunat, cette disposition a été ajoutée à l'article 307 (2).

De là résultent deux choses : la première, que le juge n'est pas obligé de s'arrêter, dans tous les cas, aux aveux du défendeur; la seconde, qu'il n'est pas toujours obligé de les regarder comme insuffisans, et d'ordonner une enquête pour les corroborer.

Il doit empêcher que la séparation ne s'opère par consentement mutuel. Voilà la règle que la loi lui donne.

Si donc les circonstances lui prouvent ou lui font soupçonner que les aveux du défendeur sont l'effet de la collusion, qu'ils ne sont qu'un consentement déguisé, son devoir est de ne pas s'en contenter, et d'ordonner une enquête.

Si, au contraire, ces aveux lui paroissent avoir le caractère de la bonne foi, rien ne le force de chercher d'autres preuves.

II.e Subdivision.

Des Mesures provisoires auxquelles la Demande en Séparation de corps peut donner lieu.

Ces mesures sont déterminées par l'article 878 du Code *De la procédure civile*, lequel porte : *Le président autorisera, par la même ordonnance *, la femme à procéder sur la demande, et à se retirer provisoirement dans telle maison dont les parties seront convenues, ou qu'il indiquera d'office ; il ordonnera que les effets à l'usage journalier de la femme lui seront remis. Les demandes en provision seront portées à l'audience.*

---

(1) Observations du Tribunat. — (2) Ibid.

* Par l'ordonnance qu'il rend sur la requête du demandeur, pour ordonner aux parties de comparoître devant lui. (*Voyez page 342.*)

Comme on voit , cet article contient quatre dispositions :

1.º Le juge autorise la femme à poursuivre sa demande.

La même formalité n'est pas exigée pour le divorce.

D'où vient cette différence ?

De celle qui se rencontre entre la fin des deux actions.

La femme qui demande le divorce tend à détruire le mariage , et par conséquent à se placer dans une situation où l'autorisation du mari ne lui sera plus nécessaire. La séparation , au contraire , laisse subsister le mariage, et avec lui l'incapacité qu'il imprime à la femme d'agir sans l'autorisation du mari. Or , il seroit fort extraordinaire que la femme eût besoin d'invoquer la puissance maritale pour exercer une action dont le but est de la détruire ; il est naturel que cette puissance soit respectée , alors qu'elle doit continuer à avoir ses effets, même après le jugement. Mais, comme le mari refuseroit sans doute d'autoriser sa femme à agir contre lui , il doit , dans ce cas particulier, être représenté par le juge, comme dans tous ceux où il intervient un refus de sa part *.

2.º Le juge autorise encore la femme à quitter l'habitation commune.

Cette mesure, qui avoit été établie pour le divorce, devoit aussi être appliquée à la séparation de corps : il y avoit parité de raisons **.

La question de savoir si le mari a le même droit quand il est demandeur, et comment il peut l'exercer, a été traitée ailleurs. à l'occasion du divorce ***.

3.º Le juge ordonne que les effets à l'usage journalier de la femme lui seront remis.

Cette disposition se rapporte sur-tout au cas où il y a communauté de biens. Comme alors le mari dispose, de tous les effets

---

* Voyez l'article 219 , tome II, pages 364 et suiv. — ** Voyez pages 240 et suiv. — *** Voyez pages 213 et suiv.

mobiliers, on pouvoit craindre qu'aigri par l'agression de la femme, il ne s'en vengeât par des refus injustes et déplacés.

On sent qu'il n'étoit pas besoin de prendre la même précaution à l'égard du mari.

4.° Et enfin, l'article 878 suppose que la demande en séparation de corps pourra être suivie de la demande d'une provision ; et il décide que ces sortes de demandes seront portées à l'audience.

Ces deux dispositions sont empruntées de l'article 268 du Code Napoléon.

III.e SUBDIVISION.

De l'Intervention du Ministère public.

1; LE procureur impérial étant le défenseur de l'ordre public, l'article 83 du Code *De la procédure* l'autorise à prendre communication, quand il le juge à propos, de toutes les causes qui sont portées devant les Tribunaux, parce que l'intérêt public peut s'y trouver mêlé accidentellement, et quoique de sa nature l'affaire n'ait pour objet direct que des intérêts privés.

.* Mais il est d'autres contestations qui intéressent certainement et nécessairement l'ordre public. Celles-là, l'article 83 ne se borne pas à autoriser le procureur impérial à en demander la communication et à intervenir, il oblige de les lui communiquer et de ne les juger que sur ses conclusions.

De ce nombre sont, aux termes du même article, les causes *qui concernent l'état des personnes.*

L'article 879 du Code *De la procédure civile* fait l'application de ce principe aux demandes en séparation de corps qui tiennent en effet à l'état des personnes : *il veut qu'elles soient jugées sur les conclusions du ministère public.*

Puisqu'il s'agit ici du mode de juger les demandes en séparation, je rappellerai une observation importante faite par l'Orateur du Tribunat sur cette partie du Code *De la procédure.*

« Ce genre de contestation, a-t-il dit, en parlant des demandes en séparation, est un de ceux où le Tribunal, usant de la faculté que lui donne l'article 87 , pourra ordonner la plaidoirie à huis clos.

» Mais quand elle sera terminée, quand la séparation de corps sera prononcée, comme elle entraîne la séparation de biens, il faudra qu'elle reçoive la même publicité, et le Code l'ordonne » (1).

II.e PARTIE.

DES EFFETS DE LA SÉPARATION DE CORPS, ET COMMENT ILS PEUVENT CESSER. (Articles 308, 309, 310 et 311.)

Le Code Napoléon ne parle que des suites accessoires de la séparation de corps. Il ne s'explique ni sur son effet principal, ni sur la manière dont toutes ses conséquences peuvent cesser avec la séparation elle-même. Les principes qui règlent les points sur lesquels le Code se tait, sont tellement connus, qu'on n'a pas cru nécessaire de les exprimer, quoiqu'ils l'aient été dans la discussion, et que le texte les suppose. Je les rappellerai, afin d'embrasser toutes les parties de cette matière.

Cette seconde partie aura donc deux divisions.

Dans la première, je parlerai des effets de la séparation;

Dans la seconde, de la manière dont ils peuvent cesser.

---

(1) Rapport de M. *Mouricault*, Tribun.

I.re DIVISION.

Des Effets de la Séparation de corps. (Articles 308, 309, 310 et 311.)

L'EFFET principal et direct de la séparation de corps est de suspendre à certains égards le mariage.

Il sera le sujet d'une première subdivision.

Le Code donne en outre à la séparation trois effets accessoires.

Ils seront la matière d'une seconde subdivision.

I.re SUBDIVISION.

Effet principal et direct de la Séparation de corps.

LA séparation de corps n'est qu'une dispense du devoir de cohabitation que l'article 214 du Code impose aux époux : aussi l'appelle-t-on également *séparation d'habitation*, nom qui en indique parfaitement les caractères.

Toutes les autres obligations du mariage qui ne sont pas des conséquences de la cohabitation, continuent donc de subsister.

Le devoir de fidélité demeure : point de doute que si un jour nos lois criminelles punissoient l'adultère, leur disposition ne dût être appliquée à la femme séparée de corps.

Les époux, quoique séparés, se doivent des alimens.

Le devoir d'obéissance de la part de la femme est maintenu en la manière qu'il peut l'être entre des personnes qui n'habitent pas ensemble, c'est-à-dire, que la femme demeure dans l'incapacité de contracter valablement sans l'autorisation de son mari. L'article 217 s'en explique textuellement *.

---

* *Voyez tome II, page 349.*

II. SUBDIVISION.

II.ᵉ SUBDIVISION.

Des Effets particuliers et accessoires de la Séparation de corps.

(Articles 308, 309, 310 et 311.)

CES effets sont,

La punition de la femme adultère ;

La faculté de convertir, après un temps, la séparation de corps en divorce ;

La cessation de la communauté de biens.

NUMÉRO I.ᵉʳ

De la Punition de la Femme contre laquelle la Séparation a été obtenue pour cause d'adultère.

ARTICLE 308.

LA femme contre laquelle la séparation de corps sera prononcée pour cause d'adultère, sera condamnée par le même jugement, et sur la réquisition du ministère public, à la reclusion dans une maison de correction pendant un temps déterminé, qui ne pourra être moindre de trois mois, ni excéder deux années.

ARTICLE 309.

LE mari restera le maître d'arrêter l'effet de cette condamnation, en consentant à reprendre sa femme.

JE n'ai rien à ajouter à ce que j'ai dit à l'article 298, sur la manière dont cette disposition a été insérée dans le Code, et sur les motifs qui l'ont dictée.

A l'égard de la faculté que l'article 309 donne au mari de faire cesser la peine en reprenant la femme, elle est la conséquence du droit qui appartient à l'époux par lequel la séparation a été obtenue,

3.   Y y

d'en faire cesser les effets quand il lui plaît * : la reclusion de la femme ne doit pas y faire obstacle.

NUMÉRO II.

De la Faculté qu'a l'Époux contre lequel la Séparation a été obtenue, de la convertir en divorce après trois ans.

ARTICLE 310.

LORSQUE la séparation de corps prononcée pour toute autre cause que l'adultère de la femme, aura duré trois ans, l'époux qui étoit originairement défendeur, pourra demander le divorce au Tribunal, qui l'admettra, si le demandeur originaire, présent ou dûment appelé, ne consent pas immédiatement à faire cesser la séparation.

JE dirai,

Quels sont les motifs de cette disposition ;

Pourquoi la faculté qu'elle donne a été refusée à l'époux demandeur et à la femme contre laquelle la séparation a été obtenue pour cause d'adultère.

Quels Motifs ont fait admettre l'article 310.

L'OBJET de l'article 310 est de lever § la difficulté que l'usage de la séparation paroissoit présenter lorsque les deux époux n'auroient pas les mêmes principes ; que l'un croiroit à l'indissolubilité absolue du mariage, que l'autre croiroit le divorce légitime § (1).

Cette difficulté existoit du côté du défendeur qui n'ayant pas eu le choix du moyen § demeuroit malgré lui dans un célibat perpétuel § (2), lorsque la séparation étoit prononcée contre lui.

On proposa d'abord « de lui réserver le droit de faire convertir la séparation en divorce » (3).

---

(1) M. *Portalis,* Procès-verbal du 26 vendémiaire an 10, *tome I.ᵉʳ, page* 361. — (2) M. *Berlier,* Procès-verbal du 16 vendémiaire an 10, *page* 321. — (3) Ibid.

* *Voyez page 362.*

۶ Le demandeur, au contraire, ayant eu le choix entre la séparation de corps et le divorce, avoit été libre de suivre ses principes ۶ (1).

On observa cependant ۶ qu'il y auroit peut-être quelque dureté à condamner, contre le vœu de la nature et l'intérêt social, l'époux innocent à un célibat sans terme ۶ (2).

Ensuite le système de la séparation préalable fut proposé.

Dans le projet qui l'organisoit, on ne permettoit la conversion de la séparation en divorce, à aucun des époux, lorsque le demandeur auroit préféré la séparation, dans les cas d'adultère, d'attentat, de condamnation à une peine infamante ; causes pour lesquelles la séparation et le divorce pouvoient être prononcés directement (3).

Mais dans les cas de sévices et mauvais traitemens, causes pour lesquelles le divorce ne pouvoit être obtenu immédiatement et devoit être nécessairement précédé de la séparation de corps, on ne donnoit qu'au demandeur le droit de requérir, après trois ans, la conversion de la séparation en divorce (4).

Cette disposition se lioit au fond du système : la séparation, quoique définitive, étant employée comme un moyen indispensable pour arriver à la dissolution du mariage, le rôle des parties auroit changé, et le défendeur seroit devenu le demandeur, s'il eût pu, à la suite d'une séparation préalable, et que le demandeur originaire n'avoit obtenue contre lui que pour parvenir au divorce, faire lui-même dissoudre le mariage.

Cependant, il avoit été présenté un autre projet qui admettoit

---

(1) M. *Portalis*, Procès-verbal du 26 vendémiaire an 10, *tome I.ᵉʳ*, *page 361.* — (2) M. *Berlier*, Procès-verbal du 16 vendémiaire an 10, *page 321.* — (3) *Rédaction présentée par M. Boulay, articles 1, 2, 3 et 4,* Procès-verbal du 24 vendémiaire an 10, *page 340.* — (4) Ibid., *article 6.* — *Voyez* l'Exposé général du système, *pages 63 et suiv.*

le divorce et la séparation directement pour les mêmes causes, et sans faire de l'une l'échelon de l'autre.

Ce projet contenoit l'article suivant : *Dans tous les cas où le divorce est autorisé, la demande peut être bornée à une séparation de corps; mais quand cette séparation est prononcée, elle se convertit de plein droit en un divorce, lorsque cette conversion est demandée par l'autre époux* (1).

On remarquera que cette disposition étoit absolue ; qu'elle ne laissoit pas même le choix de maintenir la séparation, ou de la convertir en divorce.

Le projet de la séparation préalable obtint la priorité sur ce projet.

En le discutant, on demanda qu'à l'article qui autorisoit directement le divorce pour attentat, adultère, ou condamnation infamante, on ajoutât celui de l'autre projet qui, après un temps, convertissoit la séparation en divorce. Toutefois les motifs sur lesquels on appuyoit cette proposition, prouvent qu'on ne vouloit pas que la conversion s'opérât de plein droit, et par le seul laps de temps ; mais seulement qu'elle eût lieu lorsqu'elle seroit réclamée par l'un des époux. On desiroit en effet que « si l'un des époux n'est pas déterminé par ses principes religieux à ne demander que la séparation, il lui fût permis de demander le divorce » (2).

Cependant cette explication portoit à croire qu'on proposoit de donner au défendeur contre lequel la séparation seroit demandée, ș le droit d'en changer le but pendant le litige, et de s'opposer à cette demande pour y faire substituer *de plano* le divorce ș (3). '

Dans ces termes, la proposition ne pouvoit être admise. ș Elle eût rendu illusoire l'option déférée au demandeur ș (4), quoique la justice exigeât que « le droit de former une demande et de

---

(1) *Rédaction présentée par* M. *Berlier, article* 9, Procès-verbal du 24 vendémiaire an 10, *tome I.er, page 343.* — (2) M. *Tronchet,* ibid., *page 349.* — (3) M. *Berlier,* ibid., *page 350.* — (4) Ibid.

choisir entre les deux moyens, ne fût accordé qu'à l'époux offensé ;
il eût été inconvenant que le crime de l'autre lui donnât le droit
de déranger ce choix et de demander le divorce » (1).

Si au contraire il ne s'agissoit de donner au défendeur la faculté
dont on vient de parler, qu'après que la séparation auroit été prononcée contre lui, la question changeoit de nature.

C'est sous ce dernier rapport qu'elle a été examinée.

On a dit que l'admettre ce seroit « interdire aux ames timorées
la ressource de la séparation , puisqu'elles auroient à craindre
d'arriver au divorce par la séparation ; que la demande en séparation ne doit jamais pouvoir aboutir au divorce, puisqu'elle est pour
en tenir lieu : ce sont deux voies parallèles , qui dès-lors ne doivent
jamais coïncider » (2).

Il a été répondu « que le défendeur , après la séparation de corps
prononcée , ne doit pas rester perpétuellement dans cet état, s'il
lui plaît d'en changer ; que la distinction d'époux offenseur et
d'époux offensé est plus subtile que solide ; et que si l'on veut bien,
par respect pour le domaine des consciences , admettre d'abord la
séparation de corps, si elle est demandée , et même maintenir
ensuite cette bizarre situation , cela ne doit avoir lieu, sans doute,
qu'autant que l'autre époux s'en contente; mais qu'une institution
qui laisse subsister le mariage en séparant les époux, est trop peu
favorable pour que le corps social veuille la faire prévaloir contre
la volonté même de cet autre époux, après la séparation prononcée
et consommée » (3) ; « qu'il ne faut pas priver la femme qui a des
torts, d'un moyen de revenir à la vertu, et de reprendre les titres
honorables d'épouse et de mère » (4).

On a conclu de là « que le défendeur doit essentiellement avoir

(1) M. *Boulay*, Procès-verbal du 24 vendémiaire an 10, *tome I.ᵉʳ* , *page 349.* —
(2) Le *Ministre de la justice* , ibid. — (3) M. *Berlier*, ibid. , *page 350.* — (4) M. *Regnaud* (de Saint-Jean-d'Angely) ibid. , *page 349.*

la faculté de faire convertir en divorce la séparation de corps; nonobstant l'opposition du demandeur originaire, dont les scrupules ont été suffisamment respectés, et ne doivent pas devenir pour un tiers un perpétuel sujet d'entraves » (1), et « qu'il suffit de donner des facilités à la conscience de l'époux offensé » (2).

Cette opinion a depuis été adoptée et consacrée par l'article 310.

Il faut avouer néanmoins que quand on rapproche cet article des motifs qui ont fait penser que le divorce ne pourroit pas suffire, et que la liberté de conscience exigeoit qu'on admît la séparation de corps comme une institution parallèle, on peut être tenté, au premier aspect, de reprocher au Législateur de n'avoir pas été conséquent dans ses principes.

En effet, ainsi que je l'ai exposé, la Commission, et tous ceux qui rejetoient avec elle la séparation de corps, avoient soutenu qu'elle étoit inutile aux personnes convaincues de l'indissolubilité absolue du mariage, parce qu'il suffisoit à ces personnes de ne pas se remarier pour concilier l'usage du divorce avec leurs principes *.

On avoit répondu que par ce moyen les partisans de l'indissolubilité absolue ne satisferoient pas à leur conscience, attendu qu'ils craindroient de mettre l'autre époux dans la possibilité de former de nouveaux liens **.

Cette considération qui avoit fait admettre la séparation de corps, ne devoit-elle pas faire également rejeter l'article 310?

Il importe de faire apercevoir la différence qui existe entre les deux cas.

Si l'usage de la séparation eût été rejeté, la faculté de se remarier

---

(1) M. *Berlier*, Procès-verbal du 24 vendémiaire an 10, *tome I.ᵉʳ*, *page 349.* —
(2) M. *Regnier*, ibid.
* *Voyez pages 61 et 62.* — ** *Voyez* ibid.

auroit appartenu au défendeur sans aucune condition. Ici, au contraire, elle est très-modifiée.

D'abord, elle n'est pas accordée à la femme adultère ;

Ensuite, le défendeur n'en peut user qu'après trois ans.

Enfin, et ceci est le plus important, il ne peut en faire usage que de l'aveu du demandeur, c'est-à-dire d'après le refus que fait ce dernier de rompre la séparation.

Ainsi, le nombre des époux défendeurs qui pourront demander la conversion de la séparation en divorce, se trouve de beaucoup restreint. Il faut en retrancher la femme adultère, l'époux coupable d'attentat ; car il est difficile, les faits étant révélés et prouvés, qu'il échappe à la peine que son crime mérite. L'adultère du mari n'étant presque jamais accompagné des circonstances qui permettront à la femme de s'en plaindre, ne donnera presque jamais lieu à la séparation. Il ne reste donc à-peu-près que les séparations pour sévices et injures, c'est-à-dire celles dont les causes s'effacent par l'effet du temps.

Espérons que trois années d'éloignement et d'abandon auront adouci l'époux coupable, ou affoibli la sensibilité de l'époux qui s'est plaint. Alors ce dernier n'hésitera plus à faire cesser la séparation. Si cet oubli généreux étoit suivi de nouveaux outrages, il y auroit aussi de nouveaux motifs pour rompre encore une fois la vie commune ; et le succès de la seconde demande seroit d'autant mieux assuré, que le souvenir du passé feroit croire plus facilement les accusations présentes. C'est ainsi que le droit réservé au demandeur, de prévenir le divorce en mettant fin à la séparation, semble tout concilier.

Pourquoi la faculté que donne l'article 310 a été refusée au demandeur et à la femme adultère.

Cette faculté, on vient de le voir, a été établie dans l'intérêt du défendeur, et la loi ne devoit pas s'occuper, sous ce rapport, du demandeur : elle avoit assez fait pour lui, en lui donnant l'option entre la séparation et le divorce ; elle n'eût pu en faire plus sans favoriser le caprice et la légèreté. Celui qui, fidèle à ses principes, s'est borné à la séparation et y a vu un moyen suffisant pour assurer sa tranquillité, ne peut venir ensuite demander le divorce que parce que ses vues ayant changé, il aspire à former d'autres nœuds.

D'ailleurs, il peut arriver que le défendeur, tout coupable qu'il soit, tienne aussi au principe de l'indissolubilité absolue du mariage ; il peut se faire que, revenu de ses égaremens, il espère, par sa bonne conduite, fléchir l'époux qu'il a mécontenté : ne seroit-il pas injuste d'aggraver sa condition et de lui ôter ses avantages, sans qu'il se soit souillé par des fautes nouvelles, et peut-être au moment où il va réparer ses torts anciens?

On a demandé, cependant « si l'époux qui, à raison de sa croyance religieuse, a préféré la séparation de corps, doit être admis ensuite à prétendre qu'il ne professe pas le culte auquel il a annoncé être attaché et dans lequel il a été marié, et demander que la séparation soit convertie en divorce » (1).

Il a été répondu que « la loi ne voit plus dans le mariage qu'un contrat, et n'en fait dépendre la validité que de formes purement civiles. Les cérémonies du culte n'ajoutent rien à cette validité ; c'est aux parties à se régler, à cet égard, d'après leur conscience. Cette question est donc purement théologique. Il est possible que des personnes se soumettent à un acte religieux prescrit par un culte qu'elles ne professent pas ; que, dans la suite, elles changent de culte : elles ont, à cet égard, la plus entière liberté. La double

_____

(1) M. *Tronchet*, Procès-verbal du 22 fructidor an 10, *tome II, page 29.*

action

action en divorce et en séparation de corps n'a été établie que pour mettre toutes les consciences à l'aise » (1).

Je passe à la femme contre laquelle la séparation a été obtenue pour cause d'adultère.

Le motif de l'exception que l'article 310 établit contre elle, est que « lorsque le mari offensé préfère au divorce la séparation de corps, ce seroit favoriser l'adultère, que de permettre à la femme coupable de s'affranchir du lien du mariage que la séparation n'a pu rompre » (2).

Numéro III.

De la Dissolution de la Communauté de biens.

ARTICLE 311.

La séparation de corps emportera toujours séparation de biens.

Les époux ne confondent leurs intérêts par la communauté de biens, que pour deux motifs :

Pour contribuer, par leur travail et par leurs soins, aux charges communes et à l'amélioration de leur sort ;

Pour que chacun d'eux profite également de leur collaboration.

La séparation de corps fait cesser cette collaboration ; elle dissout le ménage commun, elle détruit donc les motifs de la communauté de biens. La communauté ne peut donc pas survivre à la cohabitation.

_____

(1) M. *Portalis*, Procès - verbal du 22 fructidor an 10, *tome II*, *page 30.* —
(2) Le *Consul Cambacérés*, ibid.

II.e Division.

Comment la Séparation de corps peut cesser, et des Suites de cette cessation.

La séparation de corps ne dispense du devoir de cohabitation que l'époux qui l'obtient. L'autre y demeure assujetti : ses torts ne doivent pas être pour lui un titre pour se soustraire à ses obligations.

Voilà pourquoi l'époux demandeur, qui a conservé les droits que le mariage lui a donnés, peut, quand il lui plaît, renoncer à la dispense qui lui avoit été accordée, et exiger de l'autre l'accomplissement du devoir imposé aux époux de n'avoir qu'une même demeure.

La séparation cesse donc aussitôt que le demandeur y renonce. L'article 309 du Code suppose ce principe, lorsqu'il décide que le mari qui consent à reprendre sa femme, fait cesser la peine à laquelle elle avoit été condamnée.

Mais quelles seront les suites de cette cessation ? N'aura-t-elle d'effet que pour l'avenir ? Rétroagira-t-elle ?

Nous ne pouvons chercher la solution de ces questions que dans les principes de la matière et dans le droit ancien. Si, d'après l'article 7 de la loi du 30 ventôse an 12, les lois et la jurisprudence qui existoient avant le Code, ont perdu leur force légale, elles ont du moins conservé le caractère de règles, et à défaut du Code, les juges peuvent encore les prendre pour guides *.

Pour résoudre par le droit commun les questions qui nous occupent, distinguons entre les tiers et les époux.

Ceux-ci sont maîtres de leurs intérêts et de leurs droits ; mais ils ne peuvent disposer des droits d'autrui.

Lors donc que la puissance publique a dissous la communauté,

---

* Voyez tome I.er, page 108.

et que des tiers ont traité avec l'un des époux dans la nouvelle situation où il se trouvoit placé, la convention est valable et doit être respectée.

Au surplus, ces difficultés ne peuvent se présenter que dans un très-petit nombre de cas.

Il ne sauroit y en avoir sur les actes faits par le mari, par rapport aux biens qui lui sont échus pour sa part dans la communauté; car, même pendant que la communauté subsistoit, il avoit la libre disposition de tous les biens qui la compósoient. A plus forte raison, la femme ne peut-elle critiquer les dispositions qu'il a faites à l'égard des choses qui sont sorties de la société conjugale pour passer dans son patrimoine.

Le mari, de son côté, ne seroit pas recevable à attaquer les actes d'aliénation, d'acquisition, de donation que la femme auroit faits sous son autorité, à laquelle elle demeure toujours assujettie * : que si, sur son refus, elle s'est fait autoriser par justice, le mari n'a encore rien à dire : le magistrat, dans ce cas, exerce la puissance maritale.

Mais il n'en est pas de même des actes d'administration faits par la femme. Ils sont faits sans le concours du mari, la femme acquérant, par la séparation, l'administration de ses biens meubles et immeubles, et la libre jouissance de ses revenus ** ; elle peut donc à ce titre faire différens actes, tels, par exemple, que des baux à ferme.

Ces actes seront valables, quoique la communauté soit rétablie, puisque la femme avoit le droit de les faire.

Ainsi, la question ne peut réellement exister qu'entre les époux; non par rapport aux actes d'aliénation, car, encore une fois, la femme ne pouvoit les faire seule, et le mari a toujours le droit de les faire; mais par rapport à la qualité des immeubles acquis, aux bénéfices et aux dettes.

---

* *Voyez l'article 217, tome I.ᵉʳ, page 349.* — ** *Voyez l'article 1536.*

Supposons, par exemple, que, pendant la séparation, soit le mari, soit la femme, ait acquis un immeuble; ce bien entrera-t-il de plein droit dans leur communauté rétablie? Supposons encore que, soit le mari, soit la femme, se soit enrichi par le commerce, qu'il lui soit échu une succession mobilière qui, d'après l'article 1401, fût tombé dans leur communauté si elle eût encore subsisté, l'époux qui a été moins heureux pourra-t-il en réclamer la moitié?

Supposons, *ex diverso*, que le mari, ou la femme avec l'autorisation du mari, ait contracté des dettes mobilières qui, d'après l'article 1409, sont à la charge de la communauté, l'autre époux pourra-t-il se dispenser d'y entrer?

Dans tous ces cas on a intérêt d'examiner si le rétablissement de la communauté, opéré par la cessation de la séparation, est rétroactif.

L'ancienne jurisprudence admettoit la rétroactivité. On tenoit pour principe que, quelle qu'eût été la durée de la séparation, elle étoit considérée comme n'ayant jamais existé, et on regardoit la communauté comme n'ayant jamais été dissoute, de manière qu'elle avoit, pendant le temps intermédiaire, tous les effets qu'elle auroit eus si elle n'eût pas été dissoute.

OBSERVATIONS GÉNÉRALES

SUR L'ÉTENDUE DES DISPOSITIONS DU TITRE DU DIVORCE.

Avant d'abandonner ce titre, je crois nécessaire de fixer l'étendue qu'on a voulu donner à ses dispositions.

—Devoient-elles influer sur les divorces prononcés ou demandés antérieurement?

Il faut d'abord voir comment elles auroient pu y influer.

On auroit pu prétendre que les effets des divorces prononcés devoient cesser d'être réglés par la loi du 20 septembre 1792, et l'être désormais par les dispositions du chapitre IV de ce titre; qu'en conséquence il étoit défendu aux époux de se réunir; que dans le cas du divorce par consentement mutuel, il ne leur étoit permis de contracter un mariage nouveau que trois ans après la dissolution du premier ; que les avantages matrimoniaux étoient éteints pour le demandeur en divorce pour causes déterminées , comme pour le défendeur, &c. &c.

On auroit pu prétendre aussi qu'on devoit prononcer conformément au droit nouveau sur les divorces demandés, mais non encore jugés avant la publication de ce titre, soit qu'il ne fût pas encore intervenu de jugement, soit que celui qui auroit été rendu fût attaqué.

Sans doute que, pour écarter ces prétentions, il auroit suffi d'invoquer l'article 2 du Code, qui décide que les lois n'ont pas d'effet rétroactif; et voilà comment cette disposition, que quelques personnes croyoient inutile d'insérer dans le Code, peut cependant, comme on l'a dit, régler quelquefois la conduite du juge *.

Mais on a cru devoir porter les précautions plus loin.

On a eu soin de prévenir, par la rédaction même, l'erreur de ceux qui penseroient que les effets des divorces prononcés d'après les lois antérieures au Code, seroient, à partir de sa publication, réglés par lui.

En effet, la Section ayant présenté l'article 295 dans les termes suivans : *Les époux qui auront divorcé pour quelque cause que ce soit, ne pourront plus se réunir* (1), on demanda « si cet article, ainsi que

_____

(1) *Rédaction communiquée au Tribunat, article 66,* Procès-verbal du 22 fructidor an 10, *tome II, page 26.*

* *Voyez tome I.ᵉʳ, page 142 et 143.*

les articles 296 et 297, s'appliquoient également aux époux dont le divorce est consommé » (1) ; et l'on observa que « la rédaction sembloit le faire croire » (2).

Ce n'étoit pas l'intention du, Conseil d'état ; et, « pour lever toute équivoque, on proposa de substituer le mot *divorceront* à ceux-ci, *auront divorcé* » (3).

Cet amendement fut adopté (4).

Depuis, on a fait plus : on s'est attaché à prévenir toutes les difficultés par la loi transitoire du 26 germinal an 11, laquelle porte : *Tous divorces prononcés par des officiers de l'état civil, ou au- torisés par jugement avant la publication du titre du Code civil relatif au divorce, auront leurs effets conformément aux lois qui existoient avant cette publication.*

A l'égard des demandes formées antérieurement à la même époque, elles continueront d'être instruites, les divorces seront prononcés, et auront leurs effets, conformément aux lois qui existoient lors de la demande (5).

Cette loi embrasse tout : elle soumet également à la législation antérieure les effets des divorces consommés, et les demandes for- mées mais non encore jugées.

Il est bon d'observer que cette loi ne laisse sous l'empire de la législation antérieure que les demandes formées et les jugemens rendus, mais qu'elle n'a pas en vue les causes mêmes de divorce qu'on n'a pas encore fait valoir. Ainsi, si le divorce avoit été demandé depuis le 30 ventôse an 11, époque de la promulgation de ce titre, pour des faits antérieurs, il faudroit prononcer suivant le droit nouveau.

Dans la suite, on a eu occasion de s'expliquer sur quelques diffi- cultés particulières.

---

(1) M. *Forfait*, Procès-verbal du 22 fructidor an 10, *tome II, page 27.* — (2) Ibid. — (3) Le *Consul Cambacérès*, ibid. — (4) *Décision*, ibid. — (5) *Voyez* Bulletin des lois, *tome XXIII, Bulletin 272, page 151.*

Plusieurs personnes contre lesquelles le divorce avoit été obtenu pour cause d'absence ou d'émigration, voulurent, sous divers prétextes, faire anéantir les jugemens.

Leurs prétentions furent écartées par l'avis suivant :

« Le Conseil d'état, réuni au nombre de membres prescrit par » l'article 75 du sénatus-consulte organique du 28 floréal an 12, » après avoir entendu le rapport de la Section de législation sur » le renvoi qui lui a été fait de la question de savoir si les émigrés » ou absens rentrés peuvent attaquer les actes de divorce faits pen- » dant leur disparition;

» Vu les dispositions des lois du 20 septembre 1792, celles de » la loi du 26 germinal an 11 relative aux divorces faits ou aux » demandes formées antérieurement à la publication de la loi du » 30 ventôse précédent, sur les divorces;

» Vu pareillement les dispositions du sénatus-consulte du 6 floréal » an 6 *,

» Est d'avis que les émigrés ou absens ne peuvent attaquer les » actes de divorce faits pendant leur disparition. Les actions qu'ils » intenteroient à ce sujet seroient également contraires au texte et » à l'esprit des lois précitées, et elles tendroient à perpétuer une » agitation et des souvenirs qu'il faut au contraire éteindre le plutôt » possible. Les émigrés et absens rentrés ne peuvent examiner que » le point de fait s'il existe un acte de divorce revêtu de sa forme » extérieure et matérielle; mais ils ne peuvent jamais être recevables » à remettre en question l'affaire, et à discuter les causes du divorce. » Il n'est pas à présumer que les Tribunaux méconnoissent cette

---

* Il étoit dans l'esprit de ce sénatus-consulte, que les émigrés amnistiés prissent les choses dans l'état qu'ils les trouveroient à leur retour, et ne dérangeassent rien de ce qui auroit été fait en conséquence et à l'occasion de leur absence.

» intention précise de notre législation; et s'ils s'en écartoient, le
» Tribunal de cassation ne balanceroit pas à les y rappeler.

» Pour extrait conforme : *le Secrétaire général du Conseil d'état,*
» Signé J. G. Locré.

» Approuvé, à Saint-Cloud, le 18 Prairial an 12.
» Signé NAPOLÉON.

» Par l'Empereur :
» *Le Secrétaire d'état,* signé Hugues B. Maret. »

FIN

DU TITRE DU DIVORCE.

ADDITIONS AUX TOMES PRÉCÉDENS.

TABLE DES MATIÈRES

DU TITRE

DU DIVORCE.

Ire QUESTION.

LE DIVORCE DEVOIT-IL ÊTRE MAINTENU EN FRANCE ?

II.ᵉ QUESTION.

III.ᵉ QUESTION.

*LE DIVORCE ET LA SÉPARATION DE CORPS
DEVOIENT - ILS EXISTER COMME DES INSTI-
TUTIONS PARALLÈLES !* 63

CHAPITRE I.ᵉʳ

DES CAUSES DU DIVORCE

I.ʳᵉ PARTIE.

DES CAUSES DÉTERMINÉES DU DIVORCE.

II.ᵉ PARTIE.

DU CONSENTEMENT MUTUEL CONSIDÉRÉ NON COMME CAUSE DIRECTE DU DIVORCE, MAIS COMME SIGNE QU'IL EXISTE DES CAUSES LÉGITIMES. (Art. 233.)

Bbb 2

CHAPITRE II.

DU DIVORCE POUR CAUSES DÉTERMINÉES. 177

SECTION I.ʳᵉ

DES FORMES DU DIVORCE POUR CAUSES DÉTER-MINÉES................................ 178

I.ʳᵉ PARTIE.

DU TRIBUNAL COMPÉTANT. (Articles 234 et 235.) 179

II.e PARTIE.

III.e PARTIE.

IVe PARTIE.

3. Ccc

VIe PARTIE.

SECTION II.

Ire PARTIE.

IIe PARTIE.

LIMITES DE LA FIN DE NON-RECEVOIR QUI RÉSULTE DE LA RÉCONCILIATION DES ÉPOUX.

IIIe PARTIE.

COMMENT LA RÉCONCILIATION EST PROUVÉE.

CHAPITRE III.

DU DIVORCE PAR CONSENTEMENT MU-

Ire PARTIE.

DES CONDITIONS SOUS LESQUELLES LE DIVORCE

III.e PARTIE.

DE LA PROCÉDURE EN PREMIÈRE INSTANCE.

IV.e PARTIE.

V.e PARTIE.

CHAPITRE IV.

I.re PARTIE.

II.ᵉ PARTIE.

CHAPITRE V.

I.ʳᵉ PARTIE.

II.ᵉ PARTIE.

OBSERVATIONS GÉNÉRALES

FIN

DE LA TABLE DES MATIÈRES DU TITRE DU DIVORCE

ET

DU TOME TROISIÈME.

IMPRIMÉ

Par les soins de J.-J. Marcel, Directeur général de l'Imprimerie
impériale, et Membre de la Légion d'honneur.

www.ingramcontent.com/pod-product-compliance
Lightning Source LLC
Chambersburg PA
CBHW061009220326

41599CB00023B/3889